本书撰写人员名单

主　　编：孙兆霞

副 主 编：王春光　毛刚强

撰写人员：徐　磊　张　建　毛刚强　孙兆霞　陈志永
　　　　　宗世法　雷　勇　曹端波　梁　坤

新时代中国县域脱贫攻坚案例 研究丛书

湟中

全要素治理脱贫

全国扶贫宣传教育中心／组织编写

人民出版社

目录 CONTENTS

序 ……………………………………………………………………… 001

第一章 | 导论：湟中县脱贫攻坚的体系与成效 …………… 001
  第一节 湟中县脱贫攻坚的组织体系与政策体系 ………… 002
  第二节 脱贫摘帽的做法与成效 …………………………… 015

第二章 | 脱贫攻坚中的村庄共同体建设 ……………………… 027
  第一节 村治现状 …………………………………………… 028
  第二节 建设村庄治理的政治经济基础 ………………… 033
  第三节 下好"第一书记"这盘棋 ……………………… 042
  第四节 营造多元参与的公共空间 ……………………… 052
  本章小结 ……………………………………………………… 065

第三章 | 产业扶贫与农村治理推进 …………………………… 067
  第一节 产业扶贫的自然与历史背景 …………………… 069
  第二节 党政体制下的产业扶贫机制创新 …………… 075
  第三节 湟中县产业扶贫实践创新 ……………………… 080
  第四节 多领域推进产业扶贫 …………………………… 092

· 001 ·

本章小结 ·· 098

第四章 | 精准社会保障与易地扶贫搬迁 ···················· 103

　　第一节　整合型社会救助体系 ···························· 105
　　第二节　多重社会福利供给机制 ························· 121
　　第三节　扶贫搬迁户的可持续生计体系 ················ 135
　　本章小结 ·· 149

第五章 | 以教育助推减贫发展 ································ 151

　　第一节　教育公平的在地化践行 ························· 154
　　第二节　提升减贫行动能力 ······························· 173
　　第三节　特殊群体的教育扶助 ···························· 180
　　本章小结 ·· 187

第六章 | 健康扶贫与"医联体"建设 ······················ 191

　　第一节　健康脆弱性及应对措施 ························· 193
　　第二节　阻断因病致贫的恶性循环 ····················· 202
　　第三节　多举措推进"医联体"健康扶贫 ··········· 214
　　本章小结 ·· 226

第七章 | 民族文化资源与脱贫攻坚 ························· 229

　　第一节　多元共生共融的民族文化 ····················· 231
　　第二节　发掘文化资源促进旅游脱贫 ·················· 238
　　第三节　文化传承与脱贫攻坚融合推进 ··············· 245
　　本章小结 ·· 256

第八章 东西部扶贫协作 ………………………………… 257

第一节 区域扶贫协作与湟中实践演进 ………………… 258
第二节 "栖霞—湟中扶贫协作"的制度创新 ………… 263
第三节 以"项目制"为载体的协作行动推进 ………… 275
第四节 扶贫协作战略的溢出效应 ……………………… 284
本章小结 …………………………………………………… 290

第九章 制度优势转化为贫困治理效能 ………………… 293

第一节 决胜脱贫攻坚的湟中经验 ……………………… 295
第二节 县域贫困治理的理论价值 ……………………… 301
第三节 溢出效应、对挑战的回应及建议 ……………… 305

附 录 村庄资源及脱贫攻坚示意图与村庄概述 ………… 309

附录一：群加藏族乡上圈村村庄资源及脱贫攻坚示意图与村庄概述 ………………………………………………… 310
附录二：拦隆口镇卡阳村村庄资源及脱贫攻坚示意图与村庄概述 ………………………………………………… 313
附录三：土门关乡上山庄村村庄资源及脱贫攻坚示意图与村庄概述 ………………………………………………… 316
附录四：葱湾村村庄资源及脱贫攻坚示意图与村庄概述 ………………………………………………………………… 318
附录五：汉水沟村村庄资源及脱贫攻坚示意图与村庄概述 ………………………………………………………………… 321

后 记 …………………………………………………… 325

序

青海省西宁市湟中区，原名湟中县，2020年7月22日正式撤县设区。位于青海省东部，青藏高原和黄土高原的接合部，西、南、北三面环围省会西宁市，海拔2225—4488米，总面积2444平方公里。辖10镇、5乡、1个街道办事处，380个行政村、16个社区居委会，常住人口46.39万人，户籍人口47.94万人。湟中是多民族聚集、多宗教并存的地区，有回、藏、土、蒙等24个少数民族，少数民族人口占总人口的32.99%。

一、湟中县贫困状况与贫困成因

湟中县在2001年被国家确定为扶贫开发工作重点县，2011年被国务院列为六盘山集中连片特困地区。进入脱贫攻坚阶段之后，湟中县精准识别出贫困村156个，占全县行政村总数的41%；建档立卡贫困人口9672户、31418人，贫困发生率达13.7%，因病因残致贫占比高达41.8%。

湟中县的贫困成因主要如下。一是生态环境脆弱。湟中县地处青藏高原，平均海拔3000多米，高寒缺氧、生态环境脆弱，资源承载力低。干旱高原大陆性气候，导致湟中县气候湿凉，降水不足，蒸发强烈。森林覆盖率较低，植被稀疏，自然灾害频繁，水土流失严重。二是产业路径较窄。湟中县是青海省农业大县，土地较为贫瘠，工业先天不足，服务业低端落后，产业结构单一、产业基础薄弱，低效产出突出。三是专业人才缺乏。湟中县由于经济滞后，缺乏懂经济、会经营、头脑活、技术精的"土专家""田秀才"，带动辐射能力不强，脱贫攻坚缺乏人才支撑。四是能力动力不足。部分群众受教育程度低，发展能力不足。极少数贫困户"等靠要"依赖思想严重，自我发展的内生动力不足。五是县域发展功能不强。受经济发展水平限制，财政底子薄，基础设施欠账多，导致县域经济发展水平不高，富民强县整体动能不足，带领群众增收致富力量匮乏。

二、湟中县脱贫攻坚的成效及主要做法

湟中县决胜脱贫攻坚，是在以习近平同志为核心的党中央坚强领导下，中国反贫困重大胜利的一个缩影，也是中国政治制度优势转化为贫困治理效能的集中呈现。湟中县聚焦"三率一度"要求，紧紧围绕"两不愁三保障"目标，按照贫困人口、贫困村、贫困乡、贫困县退出标准，经过三年的不懈努力，实现了全县156个贫困村全部退出，在动态调整基础上累计减贫8954户、28565人，综合贫困发生率由2016年初的13.7%降为0.23%。2019年5月经青海省人民政府公告，退出贫困县序列，2019年底剩余172户、503人全部脱贫，实现绝对贫困"清零"目标，历史性地消除了区域性整体贫困。脱贫户人均可支配收入8930元，义务教育巩固率98.05%，医疗保险参保率达98.10%，养老保险参保率达95.22%；贫困村退出率达100%；全县错退率、漏评率为0，群众认可度达到99.9%。由于脱贫攻坚成效明显，2017年，湟中县被评为"青海省脱贫攻坚先进集体"；2019年，在"全国脱贫攻坚奖表彰大会暨脱贫攻坚先进事迹报告会"上，湟中县荣获"全国脱贫攻坚奖——组织创新奖"。

湟中县脱贫攻坚成效的取得，得力于如下六个方面：

一是建立党政体制下脱贫攻坚组织体系、政策体系。

建立健全组织体系。湟中县建立了以县委县政府主要领导为"双组长"的脱贫攻坚指挥体系，层层签订目标责任书，立下脱贫"军令状"。纵向建立"五级"责任体系，横向设立"九大"职能部室，统筹协调乡镇、部门开展各项工作，形成"九横五纵"的脱贫攻坚组织体系。建设坚强有力的基层堡垒，通过选优配强村干部、持续整顿软弱涣散党组织等措施，配强善战善成的扶贫队伍，不断强化基层党组织建设。湟中县充分下好第一书记这盘棋，发挥156名第一书记和313名驻村工作队员的引领性作用。完善政策体系，制定《湟中县"八个一批"脱贫攻坚行动计划》和涉及交通、水利等《十个行业扶贫专项行动方案》以及涵盖资金使用、项目管理等方面的制度措施33项，打出"1+8+10"脱贫攻坚"组合拳"。构筑起全过程责任考评体系与全方位监督问责体系。严格落实各级党组织"一把手"负责制和县级领导包保乡镇、县直机关单位包保非贫困村的"双包"责任工作机制。制定出台《湟中县精准扶贫工作考核细则》《湟中县第一书记和驻村工作队干部日常管理细则》《湟中县精准扶贫工作责任追究细则》《湟中县精准扶贫工作督查制度》等制度，强化对扶贫干部的硬性约束，强化对扶贫项目资金的监督管理。

二是巩固乡村治理、乡村建设的村庄共同体载体。

通过"三基"（加强基层组织，夯实基础工作，提升基本能力）建设，以第一书记和扶贫工作队为引领，激活村庄共同体，巩固乡村治理、乡村建设的载体。加强基层组织建设，整顿软弱涣散基层党组织。健全党内关爱机制，加强对流动党员管理。开展村级综合办公服务中心项目，全域推进村级阵地建设。着力提升村两委干部的福利，推出村干部报酬改革的机制创新方案。全面实施集体经济"破零"工程，为每个非贫困村安排100万元村级集体经济发展资金，"破零"工程强化村级层面的服务提供能力，从而提升村庄共同体的团结力和凝聚力基础。

以第一书记作为脱贫行动牵引主体，搭建新的村级引领平台，撬动村支两委组织力的重建,解决"最后一公里"的现实困境,重建村庄共同体的组织、思想、政治基础,强化党在农村执政地位。积极营造多元参与的公共空间,推进减贫发展与社会建设同步。建立"乡贤参事会"和"幸福乡村党建基金",撬动社会参与支持脱贫攻坚。通过"励志爱心超市"项目和奖励脱贫光荣户活动,促进村庄价值共同体和治理共同体的建设。通过"互助基金"项目,强化了社区层面产业发展的合作机制和统筹规划长处等。

三是培育新兴产业业态与新型经营主体。

湟中县利用三面围绕西宁市的地域优势进行产业结构调整,培育扶贫产业。建立了云谷川特色种植(马铃薯)产业园,积极申请并获得农产品区域公用品牌"圣域"商标;建立油料生产基地2个、中药材加工基地1个,延长农业产业链、增加农业产业的附加值;按"两川一线一区"优化区域布局,培育区域优势,建成共和镇浅山万亩露地高原夏菜生产基地和西纳川川水万亩蔬菜生产基地,百栋以上规模设施基地达到32个,百亩以上露地蔬菜生产基地达到65个,千亩露地蔬菜基地达到11个。注重金融信贷支持,为每个贫困村安排50万元互助资金,搭建财政支农扶贫融资、互助协会等担保服务平台,撬动银行贷款3.56亿元,财政贴息963万元。

借力精准扶贫促进新型经营主体发展,2018年底,全县农牧业企业达到100家、农民专业合作社达到1106家(注册)、家庭农牧场503家。此外,还建成拦隆口镇卡阳村等9个乡村旅游扶贫项目,以及田家寨千紫园等一批田园旅游综合体,带动1100名贫困群众实现多元增收。挖掘民族地区文化资源,发展藏传佛教相关的文化产业。发展光伏产业,整合贫困村集体经济发展资金1.6亿元,建成2处光伏扶贫电站,覆盖全县156个贫困村、550余户建档立卡贫困户、16000余人。注重就业创业扶持,瞄准西宁市区和南川、甘河工业园区生产生活服务用工需求,有针对性地开展家政服务、园林绿化等实用技能培训。注重集体经济发展,在贫困村全面推动集体经济"破零"行动。

四是推进社保、教育医疗等领域基本公共服务均等化。

社会保障方面，实现农村低保制度与扶贫开发制度的有效衔接，形成农村低保与其他的社会救助制度相结合的"整合型"社会救助体系。为贫困村老人、妇女、儿童和残疾人等特困群体，建立政府、市场、社会多元供给的福利模式，并创新推动"工作福利"机制。

教育方面，实施差异化办学，支持规模较小而意义重要的教学点、幼教点，对边远地区、艰苦地区的学生、教师实施特惠政策，在全面落实乡村教师岗位补助、生活补助政策的基础上，对在这些地区工作的教师的待遇进行较大幅度的倾斜，相关区域教师工资高出同级城镇教师平均月工资750元。严格落实贫困家庭学生15年免费教育、"三免三补"等政策。加大控辍保学力度，实现全县建档立卡贫困户义务教育阶段学生"零辍学"。此外，湟中县还建设青海省规模最大的中等职业学校，发展职业技术教育，并积极落实"雨露计划"，开展贫困人口就业技能培训。

医疗卫生方面，补齐医疗卫生服务的村级短板，2015—2017年累计投入981万元，新建和改扩建贫困村标准化卫生室156个，卫生室配备5万元常用医疗设备。通过免费培养村医等方式，建立村医制度化培训机制，提高村医待遇水平，2017年将村医补助从1万元提高到1.3万元。实现医疗保险与医疗救助"一站式"结算。利用健康扶贫推进全县"医联体"建设，建立以家庭医生和乡镇卫生院共同组成的以家庭医生团队为核心的"双签约"服务机制，2018年全人群签约率达46.1%，重点人群签约率达85.6%，建档立卡贫困户签约全覆盖。利用对口帮扶、医联体内部帮扶资源，提升县级医院与乡镇卫生院的服务能力，完善基层首诊与分级诊疗制度。充分发挥"互联网+"技术支撑，解决本地医疗卫生服务人才短缺问题。

五是探索文化自觉基础上的民族文化资源利用路径。

湟中县充分利用藏传佛教文化、塔尔寺酥油花、陈家滩传统木雕、塔尔寺藏传佛教舞蹈等34项非物质文化遗产资源，研究出台了《湟中县加快推进文化产业发展实施意见》《湟中县文化产业奖励扶持办法》等，将文化旅游、民间工艺、演艺娱乐作为产业培育核心，着力打造以农民画、壁画、堆绣、泥塑、雕刻、藏毯、镶丝、铜银器等非物质文化遗产为内涵的"八瓣莲花"文化产业品牌。开发文化旅游产品，依托鲁沙尔民族文化旅游产业园建设，按照"一园三区一轴"的功能布局，集中建设陈家滩特色文化产业园，先后引进培育8家文化产业龙头企业，辐射带动300余户个体加工户；投资4.76亿元建成河湟文化博物馆等项目，形成文化产业聚集区。通过产业园区带动，先后吸纳全县7个乡镇、55个贫困村、3617余户贫困户产业资金入股，累计分红585.33万元。到2018年，全县实现文化产业产值11.55亿元，文化产业带动就业达2.3万人，其中，贫困人口8100余人。

六是探索区域协调、协同发展的东西部扶贫协作机制。

栖霞—湟中扶贫协作，以党委、人大、政府、政协"四位一体"的高位对应上的体制创新为起点，采取"双向对接交流"运行机制，形成年初、年中、年末的闭环设计和实施，保障扶贫协作工作顶层决策及运行的科学性和落地实效性。建立"湟中县东西部扶贫协作办公室（办事处）"，直接接受江苏省对口帮扶青海省的省级扶贫工作队领导。东西部扶贫协作强化了人的能动性发挥与制度建构共嵌，使干部队伍也在这一过程中得到锻炼和成长。

栖霞—湟中扶贫协作，发达区域（栖霞）整合资源，组建协作团队，开放本地市场，从社会治理、脱贫攻坚、社会服务、文化交流、产品销售、旅游推介、人才培养等各领域协同欠发达地区（湟中）展开行动，是后工业化时代中国解决区域发展不平衡、不充分问题的有效实践。

三、湟中县脱贫攻坚的主要经验

湟中县的脱贫攻坚实践的主要经验表现如下：

一是发挥党政体制的政治制度优势。

湟中县的脱贫攻坚历程，充分体现了我国"党政体制"的政治制度优势。湟中县以脱贫攻坚引领经济社会发展，形成对脱贫攻坚大格局、大目标的共识。全县构建了"县级统筹抓、乡镇直接抓、部门齐力抓、村级具体抓"的工作格局和"横向到边、纵向到底、责任到人"的责任体系，引导所有工作都向脱贫攻坚聚焦、各种资源都向脱贫攻坚聚集、各种力量都向脱贫攻坚聚合。各级党委与政府对脱贫攻坚的支持，是第一书记和驻村工作队的坚强后盾；第一书记和驻村工作队队员，则是脱贫攻坚的排头兵；而村两委则是脱贫攻坚的坚实堡垒。以村庄共同体的建设推动村庄治理能力的提升，为党政体制的政治制度优势落地并转化为贫困治理效能，奠定了坚实的社会基础。

二是底线公平基础之上的基本公共服务均等化。

湟中县坚持贫困村与非贫困村、建档立卡贫困户与普通农户"底线公平"，保证底线（贫困线）以下部分社会成员的"权利一致性"，致力于探索长效脱贫机制。通过推动农村低保与其他社会救助制度的结合，促进了整合型社会救助体系的建设，形成市场、社会与政府多元福利供给的格局。

促进教育公平，切实尊重县域内不同地方在自然条件、发展水平、民族分布和生产生活等方面存在的特点，实施差异化办学；开设教学点、幼教点等小规模教育点，对边远、艰苦地区的学生、教师实施政策倾斜；对残疾儿童提供"送教上门"等，都让贫困儿童接受教育的权利得到真正保障，对阻断贫困的代际传递，促进农户自身能力建设等有重要作用。

以贫困村标准化村卫生室建设为基础的"填平补齐"政策，使贫困农户在家门口就能享受到基础医疗与公共卫生服务，有效应对了贫困群体的健康脆弱性问题。对于因病致贫农户的医疗保障体系建设，在一定程度上阻断了贫困的恶性循环。以县域医疗服务联合体建设为核心的医疗改革，不但能够减少患病贫困农户的医疗费用，而且有力促进了城乡医疗卫生资源的均等化配置，减少贫困农户陷入"疾病—贫困"的恶性循环。

三是注重村落共同体与农户能力建设。

湟中县在脱贫攻坚上尊重贫困群体的社区主体性，在保障贫困群体参与的基础上激发其内生动力，通过村庄共同体建设、支持社区团结和合作来发动和组织群众。在实现路径上，通过"三基"强化基层党组织建设，作为村庄治理的主心骨；全面实施集体经济"破零工程"，增强村庄治理的经济基础；以第一书记和驻村工作队伍"精准"保障公平和公正机制，解放和激发社区发展的能力和活力；以"励志爱心超市"深化社区公共空间，互助资金成就社区合作能力，"乡贤参事会"扩展社区发展能力。

四是形成"三位一体"的大扶贫格局。

湟中县积极构建专项扶贫、行业扶贫、社会扶贫"三位一体"大扶贫格局，动员和凝聚全社会力量广泛参与脱贫攻坚。在脱贫攻坚阶段，为贫困农户提供的多种产业发展项目及社会福利，均是在"大扶贫"格局下建立起的由政府、市场和社会力量共同参与的。在行业扶贫方面，湟中县深入实施十个行业扶贫专项行动，统筹整合高原美丽乡村建设、农村人居环境综合整治、农村公共服务设施建设等项目资金，狠抓贫困村基础设施建设，全面补齐了全县贫困村和非贫困村水、电、路、网、房等方面存在的短板和欠账。在社会扶贫方面，湟中县加强与国家住建部定点扶贫对接，住建部先后选派两名业务骨干到湟中县挂职帮扶，建立健全"双帮双联"工作机制。无论是东西部扶贫协作还是联点帮扶，都呈现出脱贫攻坚已经从党的政治目标弥散为一种动员社会个人资源、政府或企业等组织资源甚至区域资源的社会共识，从而形成脱贫攻坚的全体系行动力和全社会聚合力。

四、湟中县脱贫攻坚的经验价值

湟中县脱贫攻坚经验，总体上呈现出以下重要价值：

一是党政体制能够有效克服单一科层制行政体制的局限，增强贫困治理的效能。脱贫攻坚构建的省、市、县、乡、村五级书记抓扶贫工作格局，有效克服了条块分割的行政体制弊端，凝聚全社会形成脱贫攻坚的合力，以脱贫攻坚引领经济社会发展全局。

二是持续支持村落共同体作为农户生产生活的重要依托及扶贫落实的基础。脱贫攻坚期间，用好第一书记和扶贫工作队，推动基层党组织建设，进而以实现村集体经济"破零"为核心，实现从贫困治理到村庄治理的贯通，体现出村落共同体对于贫困农户脱贫的当代价值。

三是重视贫困农户内生动力激发与生计能力建设，是持续脱贫的关键。只有把贫困群众脱贫致富的积极性、主动性充分调动起来，把贫困群众的内生动力激发出来，脱贫才有基础、发展才可持续。

四是为乡村振兴奠定了基础。通过脱贫攻坚，村庄共同体建设为乡村振兴奠定了社会基础和治理基础，基层组织建设为乡村振兴奠定了组织基础和人才基础，产业发展和集体经济发展为乡村振兴奠定了物质基础。这些基础将为农村的可持续发展注入源源不断的动力。

五是"栖霞—湟中"扶贫协作，超越了梯度理论与反梯度理论的发展判断，同时也形成了超越城乡的发展推进模式，在全球反贫困行动和区域发展领域贡献了独特的经验。

六是充分尊重并利用好少数民族的文化传统资源，将文化自觉与文化反思作为推动策略，将文化权力和权利转化为资本权利、将文化资源转化为发展资产，并在不断发展的过程中提升自身文化成长能力，成为脱贫攻坚和可持续发展的基本支撑，积极探索民族地区文化可持续发展的重要路径。

湟中县决胜脱贫攻坚，从始至终贯彻了"人民性"的价值观和方法论，把发挥制度优势的着力点放在激发贫困群体、贫困社区发展意愿和能力上，取得的成果堪称辉煌，实为中国反贫困县域行动的样本，值得敬重和钦佩！

第一章

导论：湟中县脱贫攻坚的体系与成效

第一节　湟中县脱贫攻坚的组织
体系与政策体系

脱贫攻坚是一项复杂的系统工程，需要构筑起稳固的四梁八柱，方可保证其良性运行。围绕脱贫这一目标，湟中县以结果为导向，以过程为保障，整合人力、物力以及政策资源，充分发挥党政体制的优势，在实践中不断探索，形成了一套行之有效的组织体系和政策体系，成为其攻坚的重器。以湟中县为对象的研究，其方法论意义可以拓展到中国脱贫攻坚研究的整体。

一、决胜脱贫攻坚的组织体系

（一）紧盯脱贫攻坚目标构建高效指挥体系

在脱贫攻坚的指挥体系上，湟中县建立健全以县委县政府主要领导为"双组长"的脱贫攻坚指挥体系，层层签订目标责任书，立下脱贫"军令状"。纵向建立了由县委书记、县长担任指挥长负总责—县级领导"包保"乡镇—县直机关单位"包保"贫困村—乡镇成立由乡镇党委书记担任站长的扶贫工作站—各贫困村由驻村工作队和村"两委"共同负责的"五级"责任体系。横向设立产业发展、项目建设、资金监管等"九大"职能部室，由县级领导担任各部室指挥长、各职能部室分工负责，统筹协调乡镇、部门开展各项工作。构筑起"横向到边、纵向到底、责任到人"的指挥体系，形成"县级统筹抓、乡镇直接抓、部门分工抓、村级具体抓"的工作格局。这一格局有效地压实了脱贫攻坚的领导责任。

而脱贫攻坚上升为党中央的重大决策和战略任务时，原有的以扶贫办为专职扶贫机构的组织体系便不能适应新的形势需要了。湟中县虽然成立了脱贫攻坚指挥部，按照与青海省对应的"八个一批"和"十个行业"，成立科室，由专人负责，但是当时扶贫办只有十几个人，而且按照传统思维，扶贫被认为就是扶贫办的事，与各个行业部门之间的协调也很不顺畅。在此情况下，时任湟中县扶贫办主任向县主要领导汇报，县领导高度重视，以高度的魄力，两天时间就从多个部门抽调41名脱贫攻坚需要的工作人员，充实到指挥部，成立职能部室，并腾空一栋办公楼，仅用三天时间便将全部扶贫工作人员搬入其中，集中办公。此时，仍由县扶贫办作为扶贫组织体系的牵头部门。

随后，湟中县认为由扶贫办牵头的战略力度不够，便上升到以县委县政府统领。由县委书记、县长担任脱贫攻坚指挥体系的"双组长"，将九大职能部室上升为九大部署，并由归口管理的副县级领导担任相应的负责人，形成"九横五纵"的脱贫攻坚组织体系。指挥部办公室三位主任由县委副书记、分管副县长和县扶贫局局长担任。

除了上述两大指挥机制外，湟中县还实行27个县级领导每人包保一个乡镇，进一步将脱贫攻坚的领导责任机制落实。

而在这一体系的最末端，湟中县一方面着力建设强有力的基础组织，牢固树立抓党建促脱贫的导向，通过选优配强村干部、持续整顿软弱涣散党组织等措施，不断强化基层党组织建设，先后有880余名农村致富带头人选配为村两委干部，培育村级后备干部2985名，88个软弱涣散村党组织得以整顿转化；另一方面选优配强扶贫队伍，向

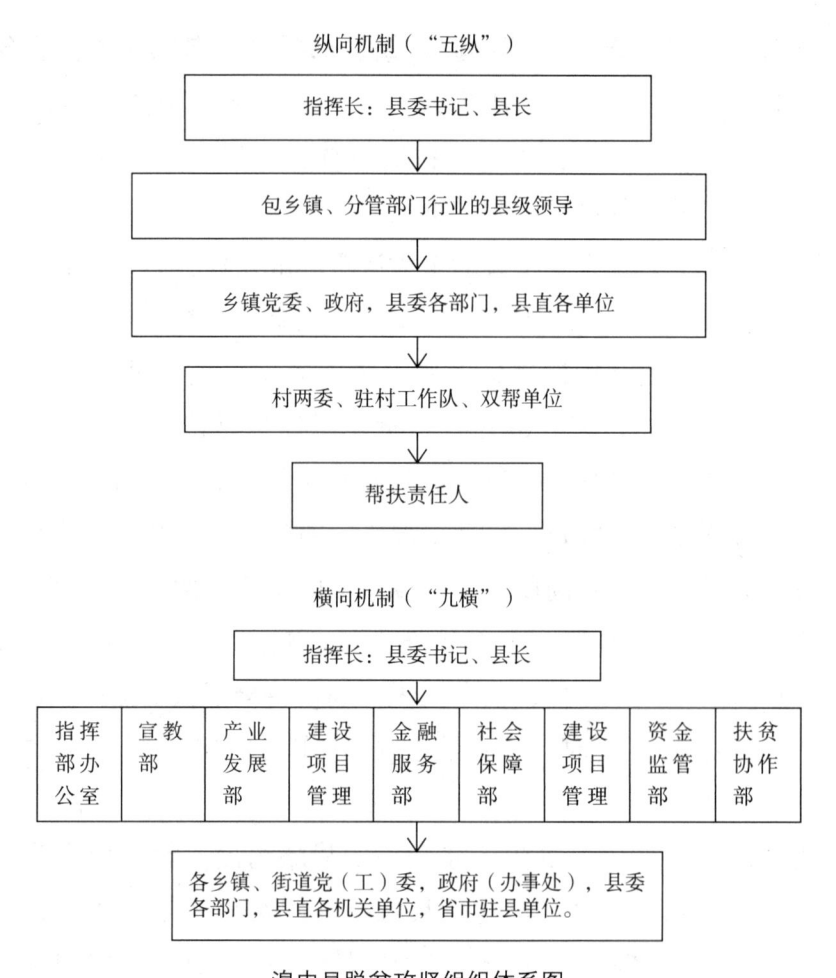

```
纵向机制（"五纵"）

┌─────────────────────────┐
│  指挥长：县委书记、县长  │
└─────────────────────────┘
            ↓
┌─────────────────────────┐
│ 包乡镇、分管部门行业的县级领导 │
└─────────────────────────┘
            ↓
┌─────────────────────────────┐
│ 乡镇党委、政府，县委各部门，县直各单位 │
└─────────────────────────────┘
            ↓
┌─────────────────────────────┐
│ 村两委、驻村工作队、双帮单位 │
└─────────────────────────────┘
            ↓
┌─────────────────────────┐
│      帮扶责任人          │
└─────────────────────────┘

横向机制（"九横"）

┌─────────────────────────┐
│  指挥长：县委书记、县长  │
└─────────────────────────┘
            ↓
```

指挥部办公室	宣教部	产业发展部	建设项目管理	金融服务部	社会保障部	建设项目管理	资金监管部	扶贫协作部

```
            ↓
┌─────────────────────────────────────┐
│ 各乡镇、街道党（工）委，政府（办事处），县委
│ 各部门，县直各机关单位，省市驻县单位。 │
└─────────────────────────────────────┘
```

湟中县脱贫攻坚组织体系图

贫困村选派第一书记156名、驻村干部313名，保证了每个贫困村有3名扶贫工作队员。这样的自上而下、直插末端的组织体系，为脱贫政策的执行提供了强有力的组织保障。

（二）机理分析与理论对话

湟中县的脱贫攻坚组织体系是其顺利打赢脱贫攻坚战的组织保障，这一体系既具有湟中县的特色，同时也在中国的脱贫攻坚中具有一定的普遍性，不少贫困县都采用了类似的组织机制。对这一组织体系进行学理分析，使其上升到理论高度，方能厘清其中之要义，也能更好地总结中国县域贫困治理的基本经验。

运动型治理和科层制治理是用于分析中国各级政府治理行动的常用分析框架。但是，如何更好地理解各级党委在其中的作用，以便更深入地理解中国政治治理的独特性，这两种分析框架均缺乏解释力。从主体的角度看，中国的治理主体虽然已经多元化，但是在所有治理主体中，最重要的是中国共产党的各级组织，因此，中国的公共治理结构，是一种"以党领政"的治理结构。[1] 党的领导是中国国家治理的核心。[2] 基于此，有学者提出，党政体制才是中国县域治理中最重要的治理体制。[3] 党政体制就是中国共产党领导的政治体制，其核心要义是中国共产党对政治体制的全面领导，包括政治、思想、组织三个方面。从结构上看，党政体制由党委（组）制和归口管理制、临时机构制、常委分管制"一体三元"组成。其运行机制为：设定中心工作确定目标、整合部门资源开展治理和实施督促检查验收评比。在县域范围内，党政体制是较科层体制具有更高权威的治理体制，弥补了科层体制的局限性，如难以实现短期治理效果、难以完成具有整体性和系统性的治理事务、治理成本高等，而党政体制的权威性使得它能够调动和协调不同部门资源进行整体性治理，同时它讲求特事特办极大地提高治理效率，使治理面貌在短时期内得以改观。党政体制向党政部门布置的任务属于政治任务，对于部门主要领导而言即是硬任务和强激励。

就湟中县的脱贫攻坚来看，其组织体系正是上述党政体制的生动实践。俞可平认为，碎片化、短期行为、政出多门以及部门主义和地方主义，是我国治理体制和公共政策的致命弱点。[4] 但是在脱贫攻坚中，以县域为主体的治理体系很好地克服了这一问题。在湟中县脱贫

---

[1] 俞可平：《论国家治理现代化》，社会科学文献出版社，2015年，第109页。
[2] 许耀桐：《中国国家治理体系现代化总论》，国家行政学院出版社，2016年，第67页。
[3] 杨华：《县域治理中的党政体制：结构与功能》，《政治学研究》2018年第5期。
[4] 俞可平：《论国家治理现代化》，社会科学文献出版社，2015年，第9页。

攻坚指挥体系中，"双组长"（指挥长）的制度设计，使得县党委能够利用其权威，打破原有的部门之间的条块壁垒，充分调动和整合全县的资源，实现"集团化作战"，其协调能力远远超越于任何一个职能部门。如此，党的领导成为贫困治理中整合性力量的根源。而书记抓扶贫，使扶贫上升到政治高位，是党的意志的体现，使全县干部的思想都统一到脱贫攻坚这一中心任务上来，并利用党的组织体系，将这一任务逐级落实，从而能够在短时期内迅速实现脱贫攻坚的目标任务。而这正是我国政治制度优势的集中体现，更是制度优势向治理效能转换的体现。

除此之外，我们还应该看到，党政体制作为中国的一种常态化的治理体制，其在脱贫攻坚领域的实践，除了完成脱贫这一相对短期的任务外，也具有普遍性的意义。在以脱贫攻坚引领经济社会全面发展的过程中，原有的以行业部门、党政机关为代表的科层体系，除了按照其职能分工和专业技能进行运转外，其行动能力也得到了重塑。这种重塑以落地的人民性为核心，以人的培养为基础。制度和人是治理体系的两个根本维度，这两个因素影响到治理的水平和效益。治理体系和治理能力的现代化最终也要通过制度和人两个维度的现代化才能得以实现。在中国的党政体制下，党的领导通过党的组织体系得以实现，而组织中的人则是落实这种领导的载体。在湟中县的脱贫攻坚组织体系中，首先是对各类有能力的干部的优化配置和培养，这些干部以人民的需求为导向，以党性为指引，积极发挥自身的创造性，出色完成了脱贫攻坚的任务。各类干部在脱贫攻坚中得到锤炼，极大提升了自身的能力，这将成为县域治理能力提升的源源动力。也正是通过人的因素，乡村振兴和可持续的组织基础、发展基础、人才基础得以奠定起来，为脱贫攻坚的短期治理向长期治理的转换提供了条件。

二、决战脱贫攻坚的政策体系

（一）完善政策体系

在总体设计上，湟中县按照"六个精准"的要求，立足自身实际，研究制定了《湟中县"八个一批"脱贫攻坚行动计划》和涉及交通、水利等《十个行业扶贫专项行动方案》以及涵盖资金使用、项目管理、监督检查、考核考评等方面的制度措施33项，打出"1+8+10"脱贫攻坚"组合拳"，多途径、系统化精准发力，靶向施策，保障了脱贫攻坚有序开展。"1"指的是《湟中县"十三五"脱贫攻坚规划》；"8"指的是湟中县的特色产业脱贫、转移就业脱贫、资产收益脱贫、教育脱贫、低保兜底脱贫、生态保护脱贫、医疗保障和救助脱贫、易地搬迁脱贫"八个一批"行动计划；"10"指的是湟中县交通扶贫、电力扶贫、电子商务扶贫、医疗卫生扶贫、通信扶贫、文化惠民扶贫、金融扶贫、科技扶贫、水利扶贫、高原美丽乡村建设精准扶贫的"十个行业"扶贫专项方案。

在组织保障方面，中共湟中县委印发《湟中县进一步强化脱贫攻坚组织保障的若干措施》，把善抓脱贫攻坚工作的干部作为重点培养对象，提拔重用脱贫攻坚中担当意识强、措施办法多、工作作风实、脱贫成效好的干部37名，激发干事创业、决胜脱贫的正能量，其中2名村干部因成绩突出，被提拔到乡镇领导班子中，担任副乡镇长。同时，着力加强扶贫工作力量，先后为县扶贫局调整配备科级领导4名、充实优秀干部20余名，乡镇扶贫站均有3—6名工作人员专项负责脱贫攻坚，构建了坚强有力的攻坚力量体系。在村级层面，湟中县配齐建强脱贫攻坚的基层堡垒力量，大力整顿软弱涣散党组织，大力发展村集体经济，实行集体经济清零行动。

在产业发展方面，湟中县坚持把持续巩固扶贫产业作为实现脱贫最稳固、最持久、最根本的路径,制定《脱贫攻坚农牧业产业发展三年行动方案》《一二三产融合发展方案》等措施办法,选聘525名贫困户产业指导员,对贫困户产业发展实行"产前、产中、产后"全方位指导。大力支持带动式脱贫产业,投资780万元,按照"政府推动、市场运作、资金扶持、龙头带动"的思路,巩固新型经营主体带动助益建档立卡贫困户的成果,重点支持156个贫困村专业合作社在贫困村发展特色产业,与贫困户建立稳定的利益联结机制,拓宽贫困户就业增收渠道。积极鼓励自主式脱贫产业发展,制定《湟中县贫困户"产业保"保险项目实施方案》,投资300万元,对全县发展种植业、养殖业的建档立卡贫困户产业进行投保,全面增强扶贫产业抗风险能力;制定《湟中县已脱贫贫困户种养殖产业项目巩固提升奖补方案》,投资400万元,对有发展潜力、发展产业成效突出的脱贫户,给予每户1000元后续产业巩固提升奖补,通过保险+奖补方式,充分调动贫困群众发展产业积极性,切实保障贫困户种养殖产业发展的持续性和稳定性。

在资金支持方面,湟中县积极用好上级政府的各项政策,整合各类资金,为脱贫攻坚提供充分的资金保障。从2016年开始,湟中县开展了金融扶贫工作。出台《关于印发湟中县2016年贫困村互助资金实施方案的通知》,湟中县农商银行与140个有互助资金的贫困村签订了合作协议,将各村扶贫资金共7000万元存入湟中县农商银行,作为这140个村的风险防控资金,按放大5倍的比例为贫困户发放扶贫贷款。2017年,出台《关于印发湟中县财政支农扶贫融资担保平台实施方案的通知》,由财政注入风险防控资金1850万元,按1∶5的放大倍数为非贫困村的贫困户及带动贫困户脱贫的能人大户、家庭农牧场、专业合作社、龙头企业发放贷款。2019年,与共青团湟中县委员会、湟中县农商银行签订《青春创业扶贫行动贷款三方合作协议》,向湟中县农商银行存入青春创业扶贫行动风险防控资金190万元,按1∶5的放大倍数向贫困村创业致富带头人和青年领头雁等符合青春创业贷款申请条件的对象发放贷款。在资金使用方面，研究制定《湟中县扶贫专项资金共管账户管理办法（试行）》，按照"专户管理、独立核算、监督使用"原则，采取"项目户+第一书记（村干部）+信用社+乡镇"的四方监管模式，对扶贫专项资金从拨付到使用全程监管，共管账户的设立使扶贫专项资金拨付更快捷、使用更安全、过程更透明，真正保障了扶贫资金每分钱都花在贫困群众身上。

（二）强化监督考核

湟中县严格落实"一把手"负责制和县级领导包保乡镇，县直机关单位包保非贫困村的"双包"责任工作机制，通过预警提醒、通报督办等措施，层层传导压力，倒逼责任落实。县级领导要深入包保乡镇、联点贫困村和各自分管的行业领域，不定期检查指导扶贫工作，协调解决工作中存在的困难和问题，县委、乡政府主要领导要遍访全县所有贫困村。

在考核环节，对乡镇和各部门，湟中县制定出台了《湟中县精准扶贫工作考核细则》，将脱贫攻坚工作纳入各级班子绩效目标考核责任制考核范围，加大考核权重，强化专项考评、日常考评、成效考评和结果运用，保证了脱贫攻坚责任到位、人员到位、措施到位。

在监督环节，湟中县构筑起全方位的监督问责体系，强化内部监督，先后制定了《湟中县第一书记和驻村工作干部日常管理细则》《湟中县精准扶贫工作责任追究自责》等制度，强化监督问责体系，纪检、组织部门强化对扶贫干部的硬性约束和管理。印发《湟中县精准扶贫工作督察制度》《脱贫攻坚工作督察方案》，抽调34名责任心强、经验丰富的干部，组建专项督查组，不定期深入乡镇、贫困村督导检查，督促干部履职尽责，并强化行业监督，督促扶贫、审计、财政等行业部门，充分发挥职能监管作用，不断强化项目建设、资金使用、干部作风等领域和环节的监督管理，确保资金安全、项目安全、干部安全。

在社会监督方面，湟中县通过政府门户网站、官方微信平台、镇村公告栏等多种形式，向社会公示扶贫对象、脱贫政策、扶贫措施、扶贫资金等内容，提升脱贫政策的入户率、知晓率和群众满意度。

通过强化执纪监督，湟中县大力开展扶贫领域专项巡察和作风问题专项治理活动，严肃查处扶贫领域各项违纪违规问题，受理处置扶贫领域问题线索65件，其中，立案27件，共处理95人，其中，给予党纪政务处分49人，组织处理44人，移送司法机关2人。还专门出台《2018年扶贫领域腐败和作风问题专项治理工作方案》，将解决落实主体责任不力的问题、履行监督责任不力的问题、扶贫领域违纪违规问题、搞形式主义的问题、扶贫领域涉黑涉恶问题作为执纪监督的重点任务。

（三）注重脱贫成效可持续

除了以全方位的政策体系支持脱贫攻坚目标任务的完成，湟中县还充分考虑到脱贫成效的可持续性，为防止返贫，以及脱贫后如何实现发展，制定了相应的政策措施。

在金融政策方面，湟中县编制了《湟中县贫困户"产业保"保险项目实施方案》《湟中县防贫基金管理暂行办法》两个政策文件。前者为提高贫困户在发展产业中抵御自然灾害、市场风险能力，构建贫困户发展产业安全保障体系，推动贫困户产业项目稳定健康发展提供政策保障；后者为持续巩固脱贫成效，积极消除贫困存量，主动控制贫困增量，探索建立防贫长效机制奠定了基础。每年统筹1500万元设立防贫基金，并积极吸纳金融资金、社会资金、帮扶资金及政府投入扶贫资金产生的收益资金注入，将因病、因学、因灾等情况可能导致返贫的已脱贫户和处于贫困边缘的易致贫农村低收入家庭纳入防贫对象，明确防贫预警监测线，分因病救助类、因学救助类、因灾救助类三类设置防贫保障线，以防贫预警线实时监测进行框定，及时启动防贫保障救助工作，进一步筑牢防贫"保护墙"，有效防范贫困人口新增风险，控制贫困增量和防止"边脱贫、边返贫"现象发生。

帮助易地搬迁户后续发展，改善生产生活条件，进一步加强易地扶贫搬迁后续产业发展和就业，提高易地搬迁贫困群众发展能力，确保搬迁后有稳定增收来源，实现搬迁群众由"搬得出"向"稳得住"转变，出台了《湟中县易地扶贫搬迁后续产业和就业规划（2019—2020年）》。在脱贫的基础上，通过后续产业、转移就业、低保兜底等措施使搬迁群众持续稳定增收，如期实现脱贫致富奔小康。

湟中县还出台了《湟中县全面巩固提升脱贫攻坚成果行动方案（2019—2020年）》，以全面巩固脱贫攻坚成果为目标，着力在夯实贫困人口稳定脱贫基础上下气力，着力在激发贫困人口内生动力上下功夫，着力在补齐贫困地区发展短板上出实招，着力在加强扶贫领域作风建设上求实效，以实实在在的工作成效全面巩固脱贫质量，切实提高贫困人口获得感，实现一年一个新成效、一年一个新进展，确保打赢打好脱贫攻坚战，到2020年步入全面小康社会。

三、湟中县脱贫攻坚的方法论意义

（一）作为研究方法的县域

县城是最大的现代经济活动中心，县（区、市）是当前中国独立的、完整的基层行政单元。在中国历史上，郡县制已有2000多年的历史，地市以上的行政设置在不断地调整和变更，唯独县这个设置自从郡县制实施以来几乎没有被撤销或取缔。

王春光认为，县域社会作为研究方法的价值在于，首先，县域社会作为基层社会，具有完整的、独立的形态和系统，可以有效连接个体、家庭、村落、乡镇与更宏观的社会，兼具现代性、城市性和传统性、乡村性，具有传承与发展的功能。其次，县域社会进一步扩展和丰富了将社区限于村落或乡镇的传统，同样也拓展和丰富了社会学的社区研究传统，弥补了传统的一些不足。最后，在县域社会研究的基础上逐步积累了一些研究经验和方法，即混合型研究方法。[①]

刘岳也指出，从政府内在体系的角度观察，县是真正理解中国的要害所在。因此，在大规模村庄研究的基础上，我们必须逻辑性和规模化地展开对县的研究。这是因为，从组织构成的角度看，县一级政府是中国行政体系中最末端的完备政府，具有很多乡镇所不具备的权力和能力：一方面，县的统筹力量比较强，对部门的约束和制约能力较为充分，而乡镇行政权力严重受限，社会管理和发展经济的职能被切割得支离破碎；另一方面，从资源能力上讲，县一级在人、财、物方面有比较充分的调度权力。如县有权力进行行政事业单位的人员考选考录，有充分的干部管辖、选拔、调配、使用权力；有县本级国库，具备完整的财政能力；有充分的国土空间规划权，具备使用多种政策工具能力，可以通过成立平台公司，形成土地财政；进而对接国家开发银行、农业发展银行等政策性金融机构和其他商业性金融机构；可以发债，可以利用杠杆大规模融资。这些资源能力和政策工具、政策手段，乡镇几乎没有。此外，县一级也构成基本文化单元，能塑造民众的历史感和地域传统文化心理，乡镇则没有这个能力。"县"在中国，既是一个行政层级，也是一个行政区域和治理单元，同时还是一种独特的治理方式和国家意志的实现方式——这就是作为方法的县的内涵。在理论上对县进行深入透彻的研究，达成深刻的理解，对于认识中国，理解和发挥中国道路的独特优势，意义重大。[②]

（二）作为政治治理单元的县域

县是我国国家政权体系中的基本单元，县域是中国最基本的治理

---

① 王春光：《对作为基层社会的县域社会的社会学思考》，《北京工业大学学报》2016年第1期。
② 刘岳：《作为方法的县》，《文化纵横》2019年第5期。

单元。郡县治，天下治；郡县安，天下安。从政治的角度看，县域的有效治理对中国国家治理体系和治理能力现代化的实现有着重要意义。2015年1月，习近平总书记在中央党校县委书记研修班座谈会上指出，县一级在党的组织结构和国家政权结构中"处在承上启下的关键环节，是发展经济、保障民生、维护稳定、促进国家长治久安的重要基础"。①

在推进当代中国国家治理现代化的历史进程中，县域治理的地位与作用殊为重要，构成了国家治理体系的基础性环节。县域治理的状况在很大程度上决定着整个国家治理的效能，深刻地影响着国家治理现代化进程的总体格局。作为一种以特定的行政区划为基础的地域空间，县域乃是一定经济的、政治的、社会的、文化的、历史的、民俗的、人口的乃至地理环境等诸方面社会与自然要素的特定行政层级的基层政治载体，包含着极为丰富的社会与政治意蕴，有着多样化的表现形式。在中国，源远流长的大一统体制，赋予县制及其治理活动以特有的价值取向，县域治理构成了国家治理机器运转的基础。② 因此，无论是适应新时代城乡融合发展在经济、社会、治理等方面提出的实践需求，还是回应学理层面上国家治理体系与治理能力现代化所必需的逻辑演进，都要求关注和研究作为国家与社会联系接点的县域治理的任务、困境及其发展方向。③

（三）县域视野下的党政体制与贫困治理

贫困治理是中国国家治理的重要维度和重要任务之一。改革开放以来，中国逐渐探索形成了具有自身特色的一条贫困治理的有效道路，实现了减贫发展的人类奇迹，表明了中国贫困治理道路的有效

---

① 《习近平谈治国理政》（第二卷），外文出版社，2017年，第139—150页。
② 公丕祥：《传统中国的县域治理及其近代嬗变》，《政法论坛》2017年第4期。
③ 于建嵘、张正州：《理念、体系、能力：当前县域治理的转型困境与发展方向》，《学术界》2019年第6期。

性。而以县域为单位，正是中国贫困治理体系的基本特征之一。

1986年，中国从上到下正式成立了专门扶贫机构，确定了开发式扶贫方针，并划定了258个国家级贫困县。这也是第一次明确以县域作为贫困治理的基本单元。1993年，"八七"扶贫攻坚计划开始制定和实施，国家贫困县的数量增加到592个，这一规模在随后一直被保持。进入21世纪，虽然中国的贫困治理重点有所调整，如2001年5月，国务院扶贫领导小组颁布了《中国农村扶贫开发纲要（2001—2010年）》，扶贫对象改变了过去以贫困县为基本扶持单位的做法，将扶贫开发重点转向了14.8万个贫困村；《中国农村扶贫开发纲要（2011—2020年）》将扶贫开发的重点转向集中连片特殊困难地区。但是在这些调整的背后，县级政府始终都是贫困治理的最重要责任主体。

到了精准扶贫时期，中国的贫困治理依然是以县为单位，并且强化了县级在脱贫攻坚中的责任与权力，为了更好地实现资源配置的有效性，充分发挥县级政府的主动性和创造性，国家按照目标、任务、资金和权责"四到县"的原则，让县级政府承担起了打赢脱贫攻坚战的重担。特别是在资金方面，为贯彻落实《中共中央国务院关于打赢脱贫攻坚战的决定》精神，优化财政涉农资金供给机制，进一步提高资金使用效益，保障贫困县集中资源打赢脱贫攻坚战，2016年4月国务院办公厅发布《关于支持贫困县开展统筹整合使用财政涉农资金试点的意见》，提出改革财政涉农资金管理使用机制，赋予贫困县统筹整合使用财政涉农资金的自主权，即财政涉农资金整合到县，项目审批权下放到县。试点区域涉及连片特困地区县和国家扶贫开发工作重点县范围内三分之一以上的贫困县。2017年，试点推广到全部贫困县。与此相应的，对脱贫攻坚的目标绩效考核也同样是以县为单位，最终以县为单位完成现行标准下的脱贫任务。

从脱贫攻坚研究的视角看，以县域为单位，深入研究中国贫困治理的路径，认真总结好贫困县脱贫攻坚的经验，对于讲述好脱贫攻坚的中国故事，总结好贫困治理的中国道路，有着重大的现实意义和理论意义。本书以党政体制为基本理论框架来阐释脱贫攻坚实践，这一理论可以从宏观层面解释整个中国的扶贫行动。但是作为实证研究，需要选取合适的研究层次。很显然，如前所述，县域是最佳的研究层次，因为县域才是具有相对独立性的完整的党政体制运作体系。我们从湟中县的脱贫攻坚中，看到了党政体制在贫困治理中的生动实践。在党的领导下，湟中县打破原有科层制的界限和体制惯性，将资源最大化整合，将执行力最大化贯彻，将效益最大化实现，将贫困治理的体制充分转化为治理效能，这也是湟中县能够第一批实现脱贫摘帽的要旨所在。

综观湟中县的脱贫攻坚组织体系和政策体系，其以高度的宗旨意识和强烈的共识凝聚形成合力，全县围绕脱贫这一具体目标，创新体制机制，整合人力、物力，目标具体了，行动也就更有针对性，也更能做实。为了保障人力、物力、政策朝着目标不偏不倚地运行，就需要一套行之有效的监督机制，湟中县从内部监督和社会监督分别入手，对发现的问题及时处理，对出问题的人按照规定进行惩罚。目标明确、保障有力、监督严格，这就使得整个脱贫攻坚的制度和实践形成了一个良性的闭环，从而导向预期的结果。

从普适性角度而言，对湟中县脱贫攻坚的理论提炼和经验总结，也同样适用于其他县尤其是尚未脱贫的县，而对于后脱贫时代的县域经济社会可持续发展，尤其是乡村振兴，这样的总结提炼同样具有指导价值。

第二节　脱贫摘帽的做法与成效

湟中县结合县域实情，紧紧围绕精准扶贫、精准脱贫基本方略，按照"三年集中攻坚,两年巩固提高"的总体部署,汇全县之策,举全县之力,集全民之智,在科学制定《湟中县"十三五"脱贫攻坚规划》基础上,推进特色产业脱贫、转移就业脱贫、资产收益脱贫、教育脱贫、低保兜底脱贫、生态保护脱贫、医疗保障和救助脱贫、易地搬迁脱贫的"八个一批"行动计划,实施交通扶贫、电力扶贫、电子商务扶贫、医疗卫生扶贫、通信扶贫、文化惠民扶贫、金融扶贫、科技扶贫、水利扶贫、高原美丽乡村建设扶贫的"十个专项"扶贫方案,深度聚焦"两不愁、三保障"目标要求,综合发力、定点聚力,终在2019年5月顺利退出贫困县序列,扶贫开发工作取得重大成效。

一、全方位保障资金投入

在《湟中县"十三五"脱贫攻坚规划》中,估算总投资为39.60亿元。其中,"八个一批"脱贫攻坚行动计划投入资金5.83亿元,占总投资14.72%;"十个专项"行业扶贫工程投资33.77亿元,占总投资85.28%。资金来源:财政扶贫资金5.45亿元,占总投资13.77%;行业配套资金23.61亿元,占总投资59.61%;金融扶贫资金10.35亿元,占总投资26.14%;农户自筹1.92亿元,占总投资0.48%。

2016年,根据青海省人民政府办公厅《关于支持贫困县开展统筹整合使用财政涉农资金试点工作的实施意见》(青政办〔2016〕123号)文件精神,湟中县启动试点工作,按照"制度一个笼子、资金一个盘子、项目一个单子"的要求,逐渐建立"多个渠道进水、一个池子蓄水、一个口子放水"的财政涉农资金统筹整合使用机制。湟中县2016—2019年资金整合及使用情况如下。

2016年,统筹整合各类涉农资金138573万元,省级116381万元,市级9592万元,县级12600万元。统筹整合用于全县156个建档立卡贫困村的资金规模为40193万元，用于建档立卡贫困人口的资金规模为16235万元，用于224个非贫困村的资金规模为52505万元。来源类别：扶贫开发资金17699万元；农牧业发展资金23807万元；水利发展资金8678万元；林业发展资金9935万元；农村综改资金10871万元；农业综合开发资金10275万元；教育发展资金34087万元；社保资金（危旧房改造）14507万元；库区移民及后续扶持资金16万元；新增建设用地土地有偿使用费（高标准基本农田建设补助）4315万元；农村环境连片整治资金2046万元；车辆购置税用于一般公路建设资金（农村公路）706万元；产粮大县奖励资金1183万元；供销发展资金400万元；卫生发展资金48万元。

2017年，调整整合涉农资金规模98658万元，其中财政扶贫资金29172万元（中央资金12513万元、省级资金7532万元、市级资金1276万元，县级资金7851万元），行业部门投入69486万元。来源类别：财政专项扶贫资金29172万元；水利发展资金15606万元；农业生产发展资金13698万元；林业改革资金56万元；农业综合开发补助资金9559万元；农村综合改革转移支付10434万元；农村环境连片整治示范资金2515万元；农村危房改造补助资金6250万元；中央专项彩票公益金支持扶贫资金9万元；服务业发展专项资金（支持新农村现代流通服务网络工程部分）400万元；旅游发展基金260万元；其他10699万元。

2018年，调整整合涉农资金规模134977万元，其中财政专项扶贫资金30672万元（中央资金14081万元、省级资金8374万元、市级资金1843万元、县级资金6394万元），行业部门投入104305万元。来源类别：财政专项扶贫资金30672万元；水利发展资金8555万元；农业生产发展资金24147万元；林业改革资金14758万元；农业综合开发补助资金5721万元；农村综合改革转移支付12041万元；新增建设用地土地有偿使用费安排的高标准基本农田建设补助资金4715万元；农村环境连片整治示范资金3790万元；农村危房改造补助资金 5520 万元；中央专项彩票公益金支持扶贫资金 339 万元；生猪调出大县奖励资金 298 万元；产粮大县奖励资金 700 万元；服务业发展专项资金（支持新农村现代流通服务网络工程部分）390 万元；中央预算内投资用于"三农"建设部分 11194 万元；其他 12137 万元（卫生 208 万元、文化体育 1691 万元、民政 1225 万元、教育 8238 万元、组织部 775 万元）。

2019 年，调整整合涉农资金规模 61756 万元（中央资金 39901 万元、省级资金 14730 万元、市级资金 4458 万元、县级资金 2667 万元）。来源类别：扶贫开发资金 27093 万元；水利发展资金 4354 万元；农业生产发展资金 4139 万元；林业改革发展资金 1581 万元；农田建设补助资金 2500 万元；农村综合改革资金 9975 万元；车辆购置税收入补助地方用于一般公路建设项目资金 3061 万元；农村危房改造资金 425 万元；中央专项彩票公益金支持扶贫资金 100 万元；产粮大县奖励资金 700 万元；农业资源及生态保护补助资金 390 万元；供销社服务业发展专项资金（新农村现代物流服务网络）310 万元；旅游发展基金 200 万元；中央预算内投资用于"三农"建设资金 6928 万元。

二、系统性实施脱贫工程

湟中县紧盯"两不愁、三保障"工作目标，全力推进"八个一批"行动计划和"十个专项"扶贫方案，以"钉钉子"精神推动脱贫攻坚各项举措落地落实。

（一）强化举措，做足贫困群众增收文章

湟中县狠抓扶贫项目、产业培育、就业扶助、金融保障等专项行动，通过强化贫困群众造血功能，提升贫困村落的自我发展能力，实现群众增收目的。

一是发展特色产业脱贫一批。立足贫困村、贫困户的资源禀赋及区位和生态优势,通过党建驱动、项目推动、园区拉动、企业带动等方式,探索推行了"园区+企业+合作社+贫困户""党支部+合作社+基地+贫困户"等扶贫模式,打造形成川水现代都市农业、浅山精品农业、脑山高效特色生态农业的立体农牧业发展格局,培育出一批适合当地实际、市场前景良好的特色产业。1. 三年先后实施特色种养、资产收益、光伏扶贫、乡村旅游、电子商务等扶贫项目565个。2. 发展扶贫龙头企业和专业合作社76家,通过土地流转、入股分红、就业带动、订单合作等方式,带益贫困群众1.3万人。3. 立足已有产业基础,打造鲁沙尔民族文化旅游产业园区,8100余群众实现增收。4. 在多巴、鲁沙尔镇建成2处光伏电站,5500余户贫困群众从中受益。5. 打造了"乡趣卡阳""田家寨千紫缘""上山庄花海""拦隆口慕家古寨"等集休闲度假、旅游观光、餐饮娱乐为一体的田园旅游综合体,带动1100余贫困群众实现多元增收。

二是转移就业脱贫一批。1. 注重就业创业扶持,通过瞄准西宁市区和南川、甘河两大工业园区生产生活服务用工需求,整合培训资源,有针对性地开展家政服务、园林绿化、生态管护、电子商务等实用技能培训,组织开展"春风行动"等大型专场招聘会,助推贫困劳动力就业创业,累计培训贫困劳动力20507人(次),转移输出贫困劳动力18673人。2. 积极开发特设就业扶贫公益性岗位,全区380个行政村共开发生态管护、防疫消杀、巡河保洁等公益性岗位4502个,其中,贫困劳动力公益岗位3291个。3. 推进电子商务扶贫,推行电商+扶贫模式,发展电子商务配送站点120家,大力促进城乡市场对接,200余名贫困群众搭上了电商致富的"顺风车"。

三是强调金融专项扶贫。充分发挥财政资金的杠杆作用,合计投入7000万元,为每个贫困村安排了50万元互助资金,以搭建财政支农扶贫融资、互助协会等担保服务平台的方式,加大信贷资金支持力度。截至2019年6月，累计发放金融扶贫贷款68833.91万元，6634户，贷款余额19445.75万元，1782户，其中向建档立卡贫困户发放贷款26413.91万元，6577户，贷款余额7599.23万元，1748户；向省、县级扶贫专业合作社（含龙头企业）发放贷款42420万元，57户，贷款余额11846.52万元，34户，带动贫困户3684户，从而切实解决贫困群众、扶贫专业合作社和扶贫龙头企业贷款难、融资难问题。值得注意的是，在以财政扶贫专项资金为引导建立的生产发展村民互助协会中，根据农村实情，以贫困群体意愿和主体性为出发点，湟中县探索了两种运行模式：1. 金融扶贫模式，即将50万元互助资金注入信用社专户作为风险防控金，放大3—5倍规模给贫困户发放贷款，涉及140个贫困村。2. 自主运行模式，即将50万元互助资金存入村级互助协会账户，由贫困村互助协会自主运行，为贫困户发放借款，循环使用，涉及16个贫困村。

四是注重集体经济发展。累计投资4.7亿元，大力实施村级集体经济"破零"工程，整合156个贫困村集体经济发展资金2.32亿元，通过实施34.1兆瓦村级联建光伏扶贫电站项目发展壮大村集体经济，村级光伏电站累计实现经济效益6530.49万元，156个贫困村每村收益资金达28万元，按每村0.6%占股完成156个贫困村34.1兆瓦村级光伏电站确权颁证工作。224个贫困村投入资金2.24亿元，通过盘活集体资源、兴办实体经济、入股优质企业等方式，大力推进村集体经济发展，380个行政村实现集体经济收入7290万元。

（二）突出领域，做实贫困群众"保障"文章

湟中县围绕义务教育、基本医疗、安全住房三大领域，切实推进低保兜底脱贫、易地搬迁脱贫、教育脱贫、医疗保障和救助脱贫、生态保护脱贫等专项行动，织紧扎密社会保障网络，全面提升农村贫困群众的可行能力，促进农村经济社会的可持续发展。

一是落实低保兜底脱贫。在坚持应保尽保、重点保障、动态管理

工作原则基础上，全面落实社保、民政、残联等各领域政策，并积极开展建档立卡与农村低保两项制度的有效衔接，农村低保标准线从2016年底3316元/年，提升到2019年4200元。

二是强化安全住房保障。1. 结合国家危房改造政策，争取项目与自我加压相结合，重点关注无能力建房户，投资2.4亿元，累计改造农村危旧房9636户，其中建档立卡贫困户2189户，全区脱贫户危房全部"清零"。2. 大力实施易地扶贫搬迁项目，先后投入1.06亿元，按照政府主导、群众自愿、因地制宜、多样化安置、资源整合、精准脱贫六项工作原则，搬迁安置8个乡镇、24个行政村714户、2337名群众（其中建档立卡户358户、1242人），从根子上解决了长期以来困扰群众的出行难、就医难、成家难、增收难等突出问题，实现了搬得出、稳得住、能发展、可致富的目的。

三是强化义务教育保障。遵循"扶贫先扶智，彻底斩断贫困链条"总体思路，通过构建学前教育到高等教育家庭经济困难学生救助体系，让贫困学子安心就学，确保不让一个贫困学生因贫失学，确保贫困家庭稳步脱贫。具体举措：1. 优先发展乡村教育，相继实施全面改薄、学前教育等农村教育项目，改扩建校舍面积44万平方米，农村教育基础得到全面巩固，学校已经成为农村最漂亮的建筑。2. 严格落实贫困家庭学生15年免费教育、"三免三补"（"三免"即义务教育阶段免收杂费、作业本费、教材费，"三补"即农村义务教育学生营养改善计划、寄宿生"蛋奶工程"、寄宿制学生生活补助）等政策，城乡贫困家庭大中专学生资助实现全覆盖。3. 加大控辍保学力度，全县建档立卡贫困户义务教育阶段学生"零辍学"。

四是强化基本医疗保障。全面落实农村低保等惠民政策，将无劳动能力贫困户全部纳入农村低保范围，实现贫困群众兜底保障全覆盖，累计为贫困户发放农村低保金2.072亿元。认真落实贫困群众就诊"一免十减十覆盖"、健康扶贫"三个一批""一单式"结算等医疗保障政策，先后为3.57万人（次）贫困人口住院病人报销基本医疗、大病医疗、医疗救助、托底保障21954.12万元，为2.05万人（次）贫困人口报销慢性病门诊费用449.94万元，为8716户发放临时救助金2443.92万元。建成15个乡镇卫生院、新建改建贫困村村级标准化卫生室156个，全区贫困村标准化卫生室覆盖率达到100%。2016年至2018年，全面推行"精准扶贫健康保"项目，将所有贫困人口纳入商业健康保险范围，财政全额出资补贴保费，提高保险赔付比例，全区建档立卡贫困人口"精准扶贫健康保"覆盖率达100%，并从2019年起设立"防贫基金"，实现贫困户住院费用个人自付比例控制在10%以内，全面增强了贫困户抗风险能力。

（三）强化规划，做好贫困村落"补短"文章

湟中县按照贫困村退出"六有"标准，认真摸排贫困村基础设施、公共服务短板，强化规划设计，强化项目整合，强化资金统筹，全力夯实贫困村的硬件基础。

一是完善基础设施建设。围绕贫困村在水、电、路、网等方面存在的短板和不足，投资3.84亿元，大力实施村道硬化、饮水安全巩固提升、农村电网改造升级、4G信号及宽带网络提档升级等工程，所有贫困村安全饮水、道路硬化、安全用电、宽带网络实现全覆盖。其中，在补齐交通基础设施短板中，三年来重点组织实施扶贫领域交通基础设施建设项目8项，总投资1.5亿元，经多方争取资源，先后建成总投资3923.269万元、全长26.615公里的拦隆口镇卡阳村和土门关乡贾尔藏村旅游扶贫公路。湟中县交通发展逐渐实现由原单一行业主导向交通+扶贫+全域旅游的深度融合发展。

二是配套公共服务设施。以贫困村和贫困群众公共服务需求为导向，统筹整合行业领域资源配置，在贫困村医疗、卫生、教育、文化、管理等公共服务设施建设上，累计投资2.27亿元，配套建设贫困村标准化卫生室、村级综合服务中心，完成贫困村环卫设施、文体活动设施配置，全县所有贫困村基本公共服务设施整体水平得到全面

提升。其中，在文化惠民扶贫专项方面，湟中县积极投入各种资源、动员各种力量，加快乡镇与村级图书馆、文化馆等农村文化场所的建设，推进"视听乡村"、农村电影放映、农家书屋等工程，实施中央广播电视节目无线数字化覆盖工程、牧民定居点惠民工程，有效提升了贫困村落居民的文化生活质量。

三是改善人居生活环境。推进高原美丽乡村建设，先后实施了上新庄镇等5个建制镇的美丽城镇项目，土门关乡贾尔藏村等5个村的传统村落项目，实现156个贫困村高原美丽乡村的全覆盖。同时，结合农村环境综合整治、生态环境保护等项目建设，实施落实了一批农村污水处理和垃圾处理项目，致力于绿化美化群众家园，综合治理环境卫生，涵育培养文明乡风，贫困村村落群众的生活质量得到显著提升。

三、决胜脱贫攻坚的主要成效

村庄共同体建设保障脱贫成效。湟中县在脱贫攻坚中，一是以第一书记为切入口创新基层制度实践，巩固了党的执政基础，也奠定了政治制度的人才根基；二是深耕村级党组织建设，通过抓"三基"、建机制，构建了脱贫攻坚的村级政治基础，使脱贫攻坚与党的建设得以嵌构并进；三是以集体经济"破零"成长为核心，实现了农村福利的自我生产的同时，村庄内在治理机制形成，并以基层党组织引领村庄共同体建设，系列举措为湟中县相对贫困地区的脱困和乡村振兴奠定了坚实的基础。

产业扶贫呈现贫困治理成效。湟中县产业扶贫实践中，通过体制机制创新，在宏观层面上，做实了"党建+产业扶贫"模式，将产业扶贫与社会建设、乡村治理有机结合，地方社会经济实现了长足发展；中观层面上，湟中县在落实产业扶贫目标的过程中，条块体制的结构性矛盾得以缓和，资源整合力度增强，集体经济"破零"，贫困村与非贫困村得到同步推进，地方政府权威增强；而微观层面，湟中县通过产业扶贫政策的落实，培养了村民参与村庄公共事务的意识和积极性，村民收入及村集体收入上升的同时村集体的动员能力也稳步增强。

社会保障与易地搬迁增强农户能力。湟中县通过增强"家户能力"而将个人—村集体—国家联系起来，以应对贫困人口由于个人特征与集体环境而导致的贫困。一方面，针对农村救助对象及贫困农户，湟中县建立了精确瞄准基础上的整合社会救助体系，同时面向老人、妇女、儿童等农村特殊弱势群体，建立起政府、市场、社会多元供给的福利模式，农户生活得到极大改善；另一方面，针对因地质灾害、生态环境脆弱、生产生活条件恶劣等原因，必须整体搬迁的建档立卡贫困户和非贫困户，湟中县采取多项措施重构农户的可持续生计体系，在保留农户原住村庄的生计资本的同时，让农户获得了现在居住乡镇的生计资本，并扩张了原有生计资本的规模和范围，使得易地搬迁农户的生活富有弹性，获得更多、更新的发展空间和机会，也降低了潜在的社会风险。

以教育扶贫助推减贫发展。湟中县的教育扶贫行动有力地助推了当地脱贫攻坚事业的有效展开：一是通过教育扶贫，贫困群体在教育机会和资源获得方面最大限度获得了实惠，教育服务的公平性及其可及性得到实现，奠定了贫困群体、贫困地区减贫发展的基石；二是通过系列举措，湟中县职业技术教育得到长足发展，同时在对农民开展技术技能培训时聚焦当地的社会文化、地方性知识和特色旅游，扎根乡土真正助力地方减贫发展；三是通过对残疾学生和建档立卡贫困家庭的大学生所采取的教育扶助帮扶措施，使得"扶志"与"扶智"成为脱贫攻坚的重要指向和抓手，为当前及其今后的可持续减贫与发展提供了重要支持。

以健康扶贫应对农户健康脆弱性。在健康扶贫行动中，湟中县不断构建整合型医疗卫生服务体系，着力解决"因病致贫、因病返贫"

问题，逐步切断"疾病—贫困"的恶性循环因果链条。一方面，湟中县以贫困村标准化村卫生室建设为抓手，使贫困农户在家门口就能享受到基础医疗与公共卫生服务，同时，完善因病致贫农户的医疗保障体系，减少了贫困农户的就医费用和患病风险，一定程度上阻断了贫困的恶性循环；另一方面，在健康扶贫有效落实的同时，紧密推进以县域医疗服务联合体建设为核心的医疗改革，从而减少患病贫困农户的医疗费用，有力促进城乡医疗卫生资源的均等化配置，进一步减少了贫困农户陷入"疾病—贫困"的恶性循环。

发掘民族文化资源助力脱贫攻坚。湟中县在脱贫攻坚行动中，深耕本地历史和民族传统，注重挖掘地方文化，积极开发具有当地特色的文化产业，使文化建设服务于脱贫攻坚，又通过脱贫攻坚行动助推文化发展，在此过程中，形成了独具特色的文创产业，也使乡村文化与村落经济得到协调发展，并在传统智慧中摸索出小农经济的现代化道路，县域各民族文化得到深入融合，为乡村文化振兴奠定了坚实基础。

东西部扶贫协作实现区域协调发展。湟中县东西部协作的实践过程，表征出中国政治制度优势在全局性发展、可持续发展的制度创新以及贫困治理能力方面的深刻内容。通过东西部扶贫协作，湟中县与南京栖霞区在组织领导、人才交流、项目合作、招商引资、劳务协作、产业协作、社会帮扶等方面开展深入协作，同时注重制度创新，建立了"四位一体"高位统筹体系、"办事处"制度平台、相应的监督考核体系等，特别是在项目制的运行过程中双方注重科学规划的编制与部署实施，这些制度设计为湟中县的教育扶贫、医疗卫生健康扶贫、产业扶贫、就业扶贫的发展奠定了基础，彰显出国家推动区域协调发展的政治制度优势。

第二章

脱贫攻坚中的村庄共同体建设

事实上,当脱贫攻坚遭遇乡村社会剧烈变化的现实,脱贫攻坚战的"人民性"和"初心"实现、人力和资源输入村庄的渠道建设、有效激发贫困群体脱贫内生动力等,面临的挑战还是巨大的。通过村落共同体建设,在村级层面建设持续减贫和共同发展的机制基础,并将制度优势转化为社区层面脱贫与发展效能,是有效回应这一问题的前提。湟中县的脱贫攻坚战,以"三基"建设为基础,以第一书记(包含扶贫工作队的广义概念)建设为切入口,深耕村级党组织建设和村落建设,并以集体经济"破零"成长为核心,构建了从贫困治理到乡村治理的有效形式,表明了以脱贫攻坚为牵引开展村庄共同体建设,是实现"两不愁、三保障"、消除绝对贫困的成功做法,同时,也是村庄产业发展和文化、精神生活自我供给的重要手段和基本前提。其建设机理的整体性、综合性、发展性特质,包含着从特殊到一般的方法论辩证法。

第一节 村治现状

一、村庄共同体建设理论基础

扶贫济困是中国历史上村庄治理的重要内容之一,也是村庄共同体运行的重要任务内容,主要通过乡村贤达(即乡绅)或者宗族力量引领或主动承担来实现。[①] 新中国成立后,一方面彻底瓦解了乡绅存在的政治、社会和组织基础,另一方面对宗族势力进行了压制和打击,以村落为基础的扶贫济困,作为社区层面的公共品或者福利供给的传统社会基础消失。而随着中国社会主义建设的推进,特别是合作化运动和乡村的集体化改造,在党的基层组织建设的基础上,扶贫济困的需求,固然需要在集体内通过统筹安排回应,但作为集体的村落的福利供给自主性,也因为其经济的自主性较弱而瓦解。通过自上而下的政府工作运作模式,形成了主要由政府来承担的任务,以"回销粮""冬令春荒""救济补助"等方式完成。改革开放后,随着土地承包制度的推行和巩固,所有权和承包权"两权分离",在家庭承包权特别是使用权被激活的同时,依靠集体产权满足公共需求的能力有所弱化。[②] 总体上"村"作为共同行动单位、经济主体和社区福利供给主体的功能被进一步削弱,更难承担扶贫济困的任务,贫困群体的支持救济基本上完全由政府提供。

因此,济贫或者叫救济式扶贫成为政府的完全责任,加之济贫工作机制本身原因,"接济"只能是唯一的减贫方式,当只有"接济"而缺乏发展支持行动,"脱"贫就变得遥遥无期,也难以成为贫困群体的主动选择。开发式扶贫模式启动后,强调扶贫要从"输血"变为"造血",在扶贫观念上进步很大,但由于没有解决好精准问题,至少没有在村落或社区层面真正建立"贫困治理"机制,脱贫工作又面临新的挑战,贫困群体的被动角色问题还是没能得到解决。精准扶贫工作启动后,基层党组织建设、激发贫困群体内生动力、发展集体经济、保障贫困群体参与等都作为扶贫工作的应有

[①] 参见陈春声:《清代广东社仓的组织与功能》,《学术研究》1990年第1期;白丽萍:《清代长江中游地区的宗族、乡绅与社仓》,《求索》2011年第2期。
[②] 邓大才:《中国农村产权变迁与经验——来自国家治理视角下的启示》,《中国社会科学》2017年第1期。

之义，作为集体的村和作为共同体的村落建设，在整体上被纳入。①开启脱贫攻坚战后，随着五级书记一齐抓与第一书记、扶贫工作队、减贫摘帽监督评估制度整体推进和不断完善，抓好集体经济建设也作为支持村一级在公共服务、生产性服务和社区服务层面发挥作用的重要举措，村作为治理主体、经济主体和福利供给主体的角色也越来越重要，同时，因为需要以有效、公正渠道对接国家扶贫资源，重建村庄共同体也成为脱贫攻坚的必然选择。

从激发贫困群体内生动力出发，或者说从扶志、扶智的新减贫行动要求出发，解决贫困问题，既要重视"脱贫"即增加经济收入的目标，更要解决"脱困"即全面提升贫困群体、贫困地区通过行动持续改善贫穷生活处境的能力提升问题。贫困群体往往地处偏远，经营规模较小，同时，因为受教育程度低，视野受限，综合能力不足，脆弱性较高，对主动行动改善生活处境的预期不足，内生动力有限。另外，就贫困地区产业扶贫行动而言，面临的重大挑战是，产业发展所需要的技术能力、市场能力、信息能力非常欠缺，同时技术成本、市场成本和信息成本往往因为过于高昂而无法支付，导致扶贫产业在面对诸如自然灾害风险、技术风险和市场风险时呈现极高的脆弱性，整体上影响了产业的可持续性。所以，通过推进村庄治理，促进村落共同体建设，增强共同体的服务能力和组织、团结能力，促进村庄作为集体行动单位，使产业发展的各种成本因集体行动分担从而变得可承受，能从根本上提升产业发展的行动预期，保障扶贫产业的可持续。②

二、脱贫攻坚面临的村治困境

习近平总书记指出，要把夯实农村基层党组织同脱贫攻坚有机结

---

① 参见王春光等：《社会建设与扶贫开发新模式的探求》，社会科学文献出版社，2014年。
② 毛刚强：《可持续产业脱贫》，载王春光、孙兆霞等：《脱贫攻坚的可持续性探索——贵州的实践与经验》，社科文献出版社，2018年，第12、35—36、48页。

合起来，选好一把手、配强领导班子，特别是要下决心解决软弱涣散基层班子的问题，发挥好村党组织在脱贫攻坚中的战斗堡垒作用。但是，无论是作为贫困治理最后一公里的村庄共同体，还是作为具有更广泛意义的村庄治理的公共空间的实载平台，在2014年实施精准扶贫，特别是2016年开展脱贫攻坚之前，湟中县的村落共同体建设及村庄治理情况，是普遍缺乏主体能力，从而难以承担起引领减贫发展的重任。

（一）基层干部队伍现状

2016年湟中县委组织部组织了一次《新形势下如何提振村干部干事创业积极性问题研究调查》，深入全县15个乡镇207个村开展了为期3个月的调研，调研报告呈现了基层村干部队伍普遍存在的主要问题。

一是部分村干部自身综合素质和能力难以适应新形势，普遍受教育程度偏低，面对农村社会结构发生的深刻变革，对新事物消化慢，对各类问题矛盾的产生认识不深，思想观念跟不上，工作方法和办法不多，存在本领不足、本领恐慌、本领落后的问题，难以满足社会发展和服务群众的需要。

二是村干部队伍年龄断层，小于35岁的村干部只有8.5%，村干部队伍普遍呈现年龄偏大问题。同时受城镇化步伐加快、失地农民不断增多等因素影响，农村优秀人才多数外出务工创业，大中专毕业生、复退军人多数不愿回农村发展，担任村干部长期扎根农村的意愿逐渐淡化，造成部分村级组织"后继乏人"，成为村干部队伍建设的突出问题。

三是部分村干部履职尽责意识欠缺。随着农村工作量增大和精细化程度不断提高，部分村干部认为付出与回报不符，导致责任意识、服务意识、担当意识不强，工作主动性、积极性、创造性不够，存在慢作为、不作为等现象，降低了服务群众和管理村务的水平；部分村干部缺乏"在其位谋其政"的责任意识,不能协调好"小家"与"大家"、个人利益与集体利益之间的关系,未将主要精力投入工作,个别村干部甚至长期脱岗,影响群众利益;一些村干部吃拿卡要、优亲厚友,在党员群众中造成恶劣影响。

四是组织管理方面思想引导滞后。个别村干部遇到困难和问题"绕着走""撂挑子"。据统计,2014年村两委班子换届以来,湟中县已经有33名村干部辞职,其主要原因是各级党组织对村干部缺乏思想教育引导,特别是对村干部的理想教育、纪律教育、法制教育、发展教育还不够到位。

村庄基层干部队伍的状况,使脱贫攻坚的基层组织基础成为瓶颈问题。

(二) 村治面临的社会转型挑战

传统村落的解体和变化在当下已成必然,但是,传统消解过程中面临的一系列问题,又成为制约当下决胜脱贫攻坚的重大现实问题。湟中县也面临这一重大挑战。

一是人才缺乏。家庭兼业成为家庭生计的多元收入来源,农村青壮年大量外出,村庄组织建设及经济发展缺乏生力军和后备团,村庄人口结构发生重大变化。留守劳动力又多是贫困群体,普遍缺乏产业发展的技术和市场能力,难以在项目推动下通过个体行动解决贫困问题。

二是传统文化观念中有消极因素。大办酒席、人情来往、婚娶支出等问题,成为影响相当一部分人脱贫的重大问题,也严重影响村庄共同体的集体行动能力;某些文化、宗教活动偏执性也严重村庄团结和合作,导致村庄内部很大的和谐问题,也削弱了村级层面公平、公正开展扶贫工作;村落离散化加剧,内部难以有超越性力量来克服具体且下沉的利益分歧甚至利益冲突。

三是部分有一定影响力的村庄能人,因看重村庄声誉,包括民族族别、宗教文化传统地位和自己在政治、社会影响力上的增益回村争当村干部，在扶贫项目落地实施过程中放任甚至主动参与争夺，消解和隔阂了党政、党群关系，加重村庄治理的危机。

（三）普遍缺乏集体经济的空壳村

湟中县绝大部分村都没有集体经济，甚至不少村在负债运行，严重缺乏提供村庄服务的能力。

一是对村庄公共事务和公共设施管理，以及急需的社区服务缺乏必要的财政支持，各项事务难以落到实处，基层干部也缺乏推动公共事务管理的动力。

二是不能承担对扶贫产业发展的技术、信息和市场服务的成本，缺乏必要支出以提升基层组织的各项服务能力，难以提供、创造社区层面的服务岗位，吸引不了优秀人才下乡、返乡推动脱贫攻坚事业发展。

三是前述原因影响了基层干部在群众中的公信力，也大大影响了其组织力和凝聚力，从而对基层党组织政治引领力的发挥也带来负面影响，反过来也影响了村民在治理参与、发展参与方面的积极性。

第二节　建设村庄治理的政治经济基础

与精准扶贫向纵深推进的节奏相一致，2015年2月，中共湟中县委印发《关于加强"三基"①建设提升执政水平的实施意见》的通知。由此开启了以"三基"建设为制度框架，不断夯实脱贫攻坚基层治理基础的历史进程。

---

① "三基"即基层组织、基础工作、基本能力。

一、政治站位下的"最后一公里"

"三基"建设工程是从中央顶层到省、到市的纵向制度安排在湟中县的具体落地，呈现出贯通顶层与基层"最后一公里"的特征。湟中县《关于加强"三基"建设提升执政水平的实施意见》开宗明义指出：实施意见是"为深入贯彻党的十八大和十八届三中、四中全会精神，巩固和扩大党的群众路线教育实践活动成果，根据省委《关于加强"三基"建设提升执政水平的意见》和市委《关于加强"三基"建设提升执政水平的实施意见》"而提出的。

湟中县将"三基"建设的目标任务确定为："以提升执政水平为总目标，实现基层组织全面加强，基础工作全面进步，基本能力全面提升。按照两年见成效，四年上台阶，七年大变样三个阶段分步实施。"[①] 加强"三基"建设的阶段安排，在第一阶段起步和第三阶段起步期间，正好与湟中乃至中国脱贫攻坚时段相嵌。从实践逻辑上看，2020年后的7年之始，也是从绝对贫困的任务完成走向相对贫困治理体制机制建构的转型，如果说"三基"建设在前两个阶段已经与脱贫攻坚相嵌构，并成为其工作推进的前提和基础的话，那么，2020年开始，"三基"建设也仍然是可持续减贫工作的前提和基础。这也是中国政治制度优势进行效能转换的体制机制创新路径。

二、"三基"强化基层党组织建设

一是"整顿基层党组织"。通过对全县行政村实行ABC分类定级管理。对A类村在项目、资金安排等方面重点给予扶持，进行表彰奖励；对B类村要找差距，补不足，适当安排项目资金，推动向A

---

① 两年、四年和七年的时间节点分别为2016年7月、2018年7月和2020年。

类转化；对 C 类村加大整顿力度，促使 C 类村晋位升级。持续开展软弱涣散基层党组织整顿工作，持续强化党员队伍建设，实行发展党员"双推双选"党员记实、票决、公示、审校和问责等制度，注重在民族团结创建、维护稳定、反分裂斗争、应对突发事件、参与重大项目、抢险救灾等一线考察和发展党员。健全党内关爱机制，对外出务工党员，探索建立党员党组织关系网络接转平台，推行"流动党员证"手机网络联络平台定期登录注册等多种方式管理流动党员。统筹基层组织建设。湟中县还通过完善党员激励机制，组织开展"最美基层干部"、大学生"村官"表彰奖励机制等活动促进基层党组织建设。

二是强化基础工作。通过坚持推行乡村干部包村包户、记民情日记、发放民情联系卡、现场办公等制度，经常性地联系服务群众，开展村"两委"班子"四个承诺"活动，进一步改进农村基层干部工作作风；全面提高村级组织民主管理水平，进一步完善村级组织运转经费和村干部报酬动态增长机制，推行乡镇与村"两委"联席会议制度，切实提升乡镇、村解决实际问题的能力。推进作风建设常态化，大力整顿信仰缺失、党性淡薄、滥用职权、吃拿卡要、损公肥私、与民争利等突出问题，纠正不正之风，完善作风建设群众评议机制；加快上下贯通的信息化建设，完善系统内部县、乡、村三级网络联动机制，特别是以"国家农村信息化示范省"建设为契机，加快宽带进村入户工作，促进"三农"工作信息化。

三是提升基本能力。通过加强理想信念教育、宣传教育、法治和国防教育，加强基本能力精准培训，建立健全理论基础、党性教育和基本能力并重的教育培训内容体系；实施农民党员党性教育+技能培训"双育"工程；发挥农村党员干部教育培训时间基地，远程教育终端站点等资源优势，分层分批对党员进行培训。如开办"农家课堂""基地课堂""党校课堂""送教课堂"四大课堂。

四是强化经费保障。乡村为强化"三基"建设，公共服务经费保障机制按大型村6万元，中型村5万元，小型村4万元的标准拨付村级运转经费。为强化"三基"建设，加强组织领导是体制要务。为此，落实领导责任，精心组织实施，强化督促落实是县级发力的三驾马车。

湟中县加强"三基"建设的目的是提高执政水平，但落实于基层组织能力全面提升，所有举措都是从强化政治定位基础上围绕基层组织建设，基础工作做实，基本能力提升而作的制度安排。换用"以党建促扶贫"的视角看在农村的"三基"建设，即是脱贫攻坚体制机制在农村基层党建上的根本发力。落实2017年中组部召开的抓党建促脱贫攻坚工作经验交流会精神，即是湟中县加强"三基"建设工程在开展两年后村级党建工作的同构展开。自上而下与自下而上相结合的贫困治理机制打通，既是长时段制度逻辑延续的表征，也是适时性制度创新空间不断出现的鲜活实践。

三、阵地建设与村干福利提升

一是开展村级综合办公服务中心项目，全域推进村级阵地建设。农村综合办公服务中心被定位为"党在农村的核心阵地"。湟中县2016年总投入近3800万推进综合办公服务中心项目在14个乡镇71个行政村进行，项目总建筑面积20230平方米。作为"三基"建设中"基本能力"的物质载体，其在农村的堡垒硬件作用是不言自明的。2017年湟中县决定对341个不能取暖的村实施"阵地增温"工程，当年实施185个村，第二年实施158个村。湟中还把阵地运转和维护机制建设，作为村级组织建设的重要内容。农村综合办公服务中心提供了干部为老百姓办事的固定场所，办公楼前一面红旗插着，党和群众的血脉联系就真实存在着。

二是落实村干部待遇，解决村干部服务村民的后顾之忧。湟中县委组织部在全县深入调查的基础上，对影响村干部干事创业积极性的原因进行深入分析,总结出"个人生产生活与村集体事务的矛盾、家庭成员对村干工作不理解、实际收入与理想期望的矛盾、村干部职位吸引力减弱"是村干部难以很好履职的四大原因。提出必须加强对基层干部的关怀,提供更合理、更具支持的基层干部报酬方案。2016年,湟中县在自身财政十分吃紧的情况下,推出村干部报酬改革的机制创新方案,既提升了村干部的收入空间,又建立了良好的激励机制。

通过加强阵地建设和提升基层干部待遇,同步改进了村庄服务和共同体建设的公共空间需求和队伍建设问题,为全县以服务强化治理、推动村庄共同体建设、打赢脱贫攻坚战建立了坚强基础。

四、全面实施集体经济"破零工程"

"集体经济对于贫困村来讲,就好比是'压舱石、定盘星'。村集体经济强了,村级组织才能更好地发挥组织与动员作用,村民的参与积极性才能建立起来,各项工作才能有力推进,然后又回过头来促进集体经济发展,实现良性循环。"对于贫困村来讲,把集体经济做起来,才能为贫困户脱贫致富提供保障。

湟中县结合中共青海省委办公厅、青海省人民政府办公厅印发的《关于实施全省村集体经济"破零"工程的指导意见》,省扶贫开发局《关于健全扶贫资金扶持村集体经济发展的指导意见》等文件的要求,始终把发展壮大村级集体经济作为基层党组织建设、党建引领扶贫的一项重大而紧迫的任务来抓,制定了《湟中县壮大村集体经济"破零"工程实施方案》,把发展壮大村集体经济作为增加村集体经济收益,促进农民增收,提升村集体自我发展、自我服务、自我管理能力和水平的一项重要措施。全县整合贫困村集体经济发展资金1.6亿元,用于发展壮大村集体经济,一是按每村50万元资金入股到光伏发电项目,覆盖全县156个贫困村,2018年每村分红资金3万元，彻底解决了贫困村集体经济"破零"的问题。二是经多方筹资，为每个非贫困村安排100万元村级集体经济发展资金，按照"宜农则农、宜工则工、宜商则商、宜游则游"原则，因村制宜选择项目，通过入股分红，购买商铺，建设仓储库房、蔬菜保鲜库、马铃薯深加工等项目，发展壮大村集体经济。

集体经济收益用途，一是用于补助因病、因残或突然遭遇灾害、横祸的贫困家庭；二是支持设置打扫卫生、清理沟渠等公益性岗位，让建档立卡户通过劳动获取收入；三是用于维修村内的公共基础设施，或用于开展各项公共活动；四是用于进一步壮大集体经济，为村庄可持续发展奠定经济基础。为防止集体经济产生的收益被滥用，确保收益用于村庄及村民，凡是用于村庄公共事务的集体收益，需通过召开村民代表大会集体表决，然后进行公示。公示结束后，将表决之事以书面形式提交给所属乡镇政府"三资办"（资金、资源、资产），待"三资办"审核通过后，方可开展。集体项目实施中，村里成立由退休老干部、德高望重之人组成的财务监督领导小组，负责监督集体资金使用。"三资办"不定期到村里检查，确保集体资金合理、合法。

湟中县卡阳村，就是通过发展集体经济实现了全村的脱贫。

五、案例：卡阳村的集体脱贫之路

卡阳村位于湟中县拦隆口镇西南部，风景优美，空气清新，是距离西宁市区最近的原始林区和高山牧场。但这里山大沟深，交通极为不便，经济发展较为落后，全村270户961人，其中贫困户45户131人，是省定贫困村之一。

2015年春，爱好摄影的鲍武章偶然发现了卡阳村迷人的景色，萌生了发展乡村旅游业的想法。当时，西宁市委组织部是卡阳村党支部的城乡手拉手帮建单位，鲍武章的想法很快就得到了西宁市委组织部的肯定与大力支持。市委组织部创新工作思路，与湟中县拦隆口镇党委对接协商，由拦隆口镇党委聘任鲍武章为卡阳村的第一书记。这也是青海省唯一一个从民营企业中被选派到扶贫村的第一书记。鲍武章任董事长的"西宁乡趣农业科技有限公司"也被引进，对卡阳景区进行整体开发和建设。

初到卡阳村，鲍武章发现村里基础设施落后，连路面都没有硬化。党员群众由于长时间贫困，已经形成了"靠天吃饭，等政策给钱"的思想，更麻烦的是老百姓对企业有抵触情绪，不信任也不配合，工作难以推开。鲍武章就与市委组织部扶贫工作队成员挨家挨户地查看村中贫困户的住房条件，了解收入情况和贫困原因，为村民们一遍遍地讲解脱贫攻坚政策。同时，通过组织村民培训、参观和观摩活动，转变村民原有的"等、靠、要"的旧观念，村民的情绪也由景区开发建设之初的"抵触"转变为主动参与和配合。

鲍武章将争取扶贫资金以优化基础设施作为驻村工作的突破口。在对口帮扶单位西宁市委组织部的帮助下，驻村扶贫工作队先后为卡阳村申请"美丽乡村"建设资金2000余万元，解决扶贫物资资金300余万元，完成村级道路硬化，购买太阳能路灯90盏，为村两委购置办公桌椅、方凳数百套，组织建造临时垃圾处理厂1处，村里的基础设施得到全面改善。此外，鲍武章启动公司资金先行垫付40万元，为村民购买了5辆农用轮式拖拉机；还协调相关单位为贫困户申请免息贷款，目前为31户贫困农户发放贷款108万元。

鲍武章的第二步要发挥党支部的"火车头"作用，将加强村党支部建设与学习经济管理相结合。一方面，定期组织卡阳村党支部支委和党员白天、夜晚学习、开会统一思想认识，通过"两学一做"专题学习教育，重点突出村党支部的扶贫攻坚"火车头"作用。提出并树立"党建就是生产力"的坚定信念，发挥党组织的战斗堡垒作用和优势，使广大党员成为扶贫攻坚战的主力军。另一方面，组织党员学习和交流西宁乡趣农业科技有限公司开发乡村旅游的经验。让每一位党员多增加一些政策知识、市场经济的知识，在以后的发展产业大局中都能起到真正的带头作用。2016年，为了更好地发挥景区带动产业扶贫的作用，逐步形成卡阳地区乡村旅游扶贫产业带，在市、县委组织部的指导和帮助下，由卡阳景区和周边8个党支部组成，并由鲍武章担任书记的卡阳乡村旅游中心党委正式成立。

同时，鲍武章还不断创新工作机制，在卡阳村建立"两公开一监督"工作法。"两公开"即决议的公开、组织实施决议和实施结果的公开。"一监督"就是决议和决议实施全过程要接受党员、村民的监督。"两公开一监督"工作法的实施步骤为：（一）村党支部在充分征求党员、村民代表及广大村民意见和认真调查论证的基础上，集体研究提出初步意见和方案，最终经全体支委会人员的三分之二以上同意后，形成决议意见。（二）根据村党支部的提议意见，组织村"两委"班子成员充分讨论，进一步论证，经全体村"两委"委员的三分之二以上同意后，形成商议意见。（三）将村"两委"形成的商议意见提交党员大会讨论审议。参加会议的正式党员人数必须达到应到会人数的五分之四以上。村"两委"根据讨论情况不断修改完善实施方案。与会党员对修订完善后的实施方案进行表决，经与会党员的三分之二以上同意，形成审议意见。（四）经村民会议通过的决议事项，向全体村民进行公开，广泛听取群众意见。（五）村民会议形成的决议在党支部领导下由村委会负责组织实施。实施过程接受监委会和全体村民的监督。（六）充分发挥党员大会、联户代表大会、村民大会的作用，对决议的实施结果进行审核、审查并及时公开。

2015年，卡阳村党支部被青海省委、省政府评为"全省先进基层党组织"。

在取得村民的支持，并理顺机制后，卡阳村的景区建设全面铺开。重点是打造卡阳观光旅游、休闲娱乐、户外锻炼为一体的生态旅游景区。目前景区已投入资金7000余万元，修建了18公里木栈道、招待中心、山地自行车越野道、石子按摩徒步道、花海游泳区、房车露营基地，种植花卉苗木200余亩。要想让村民从旅游开发中受益，就需要建立起一套合理的利益链接机制。旅游景区建成后，依托扶贫产业园的加工、销售，采取种养殖结合、参与性管理、小规模加工等方式，让所有的村民参与到景区旅游服务区、保障区、生产区的各项工作，并定期组织开展各项技能培训，拓宽村民致富道路。同时，积极发挥产业优势，通过"内部消化"的方式，吸纳村中有劳动能力的贫困户和其他非贫困户在景区和产业园务工，优先收购卡阳村及周边村民种植的菜籽、蚕豆、蔬菜等进行加工生产。吸纳本村劳动力100余人，仅支付人员工资就达到600多万元。景区完全建成后，可吸收当地群众长期在景区内从事各类工作，如护林员、收银员、财会人员等，带动就业260余人。此外，景区鼓励、扶持本村农户开办"农家乐"20余户，并争取有关部门支持，为每户配分了价值2万元的餐厨设备。

2018年12月19日，卡阳村满分通过省扶贫开发局考核验收，正式宣告脱贫。经过近三年的不懈努力，卡阳村年人均可支配收入由2015年的4950元一路提高至2018年的14000余元。过去5年时间娶不上一个媳妇的贫困村，三年来已陆续迎娶了60余位新娘，大大彰显了卡阳发展集体经济的成就。

在带领村民成功脱贫，实现村庄发展后，卡阳村又将视野转向村集体经济的建设和发展。2018年8月9日，卡阳村村集体经济项目正式启动，两辆满载村民希望的旅游中巴投入运营，顺利实现村集体经济"破零"。此次卡阳村着手村集体经济"破零"工作,就是依托景区的区位资源优势,通过购置旅游车辆运营,以党建为引领,发展壮大村集体经济。经同村全体党员商议后,38名党员决定先借钱给党支部购买运营车辆。一周内全村党员筹集了45万余元。这两辆车在旅游旺季时为景区运送游客,淡季时为村民服务,而所得收入将在还清党员借款之后,在惠及村民缴纳水电、养老金、医疗保险等的同时,不断发展壮大村集体经济。如今,旅游运营车有专门的司机、售票员,由村民监督委员会成员监督车辆运营收入情况,此外,村委会定期召开会议对收入情况进行公示,让每个村民心里都有一本明白账。

卡阳村成功推进资源资本化实现集体经济的成长,基层党建强化与治理推进,解决了谁来引领、如何推进、如何凝聚共识、如何建立公平机制实现利益链接,把文化权力转化为发展动力,文化权利转化为经济权利,把资源转化为发展资本。卡阳村引入民营资本,支持、推动民营资本负责人的"人民性"成长和"初心"坚守,将支持民营资本的市场行为纳入发展视角,将民营资本的经营活动与反贫困行动有机结合,创新完善资源资本化的产权机制,治理机制和整合行动机制。

第三节 下好"第一书记"这盘棋

脱贫攻坚中的第一书记机制,是解决"最后一公里"的现实困境、重建村庄共同体的组织、思想、政治基础、强化党在农村执政地位的重要战略。作为湟中县表征的我国政治制度优势行动机制的第一书记的性质及功能认知,和作为扶贫工作的制度创新,第一书记在乡村治理和脱贫攻坚过程中,发挥了重大的政治价值和铸人价值。

一、承载制度优势的效能转化

2019年，湟中县脱贫摘帽后，对多年来实施的往159个贫困村派驻第一书记的做法不但没有撤销，反而根据脱贫攻坚期间因"第一书记"制度的运行带来的即时成果及可持续减贫发展的制度内蕴，增加了往200多个非贫困村和社区派驻工作队的做法，这充分说明了第一书记推进减贫与发展的制度动力。

湟中县抓第一书记和扶贫工作队派遣的具体措施，建基于制度建设。

一是严格选派人员。对选派第一书记和扶贫工作队员，习近平总书记有明确要求：在村级层面，要注重选派一批思想好、作风正、能力强的优秀年轻干部和高校毕业生到贫困村工作，根据贫困村的实际需求精准选配第一书记、精准选派驻村工作队。湟中县于2015年制定《湟中县第一书记和扶贫（驻村）工作队干部管理办法》等相关文件，根据"切实履行第一书记及驻村工作队工作职责，严肃扶贫干部工作纪律，始终紧盯脱贫攻坚目标任务不放松，全面掌握村情民意，坚持因村因户施策，精准到户到人，按照时间节点，稳步推进脱贫攻坚各项工作任务"的原则，从党政部门、事业单位、驻县国有企业（林场等）抽调干部履职。选派干部强调党的初心和使命，提升干部的光荣感和责任感。特别是当地从农村走出来的干部，助力贫困家庭脱贫，报效农村发展的情怀被深度激发。

二是强化能力建设。湟中县对下派的第一书记和扶贫队员，均要经过少则一周，多则10天、半个月的岗前培训；驻村期间，也会实行过程中的岗中"加油"培训，培训内容包括：习近平总书记扶贫开发战略思想的学习与理解、电子商务、乡村振兴战略、乡村治理、驻村工作实务等。这些培训从扶贫工作的政治站位、思想提纯、组织机制、实务操作等方面对第一书记们持续奋进的扶贫工作提供了有效支持，切实提升了他们脱贫攻坚工作能力。

三是提升制度优势效能转化。第一书记们来源广泛，既有行政部门的科层制干部，也有党委组织内的工作人员，还具有来自人民团体、国企、民企等不同领域的实干家，在驻村帮扶过程中推动脱贫攻坚"最后一公里"的渠道与行动整合。这种整合的有效性又建基于服从脱贫攻坚方略的宏观体制逻辑和社会动员的机制要求。这群扎根于脱贫事业的行动者，客观上是扶贫创新体制机制的思考者、行动参与者和创新实践者，在具体实践行动中支持和承担了制度优势的效能转化。

二、担当村级贫困治理平台牵引

湟中县县级脱贫攻坚九个体系建构机理（参见第一章第一节），回应的是科层制体制与党委制领导在脱贫攻坚实践中在县级的嵌构平台创新问题。这一县级平台从结构上，是常规性政府机构科层制与战役型集中资源办大事动员体制的嵌构，保障脱贫攻坚统揽经济社会全面发展的顶层资源整合。是科层制体系下延，由乡镇级、再通往村级（贫困村）最后一公里的纵向落地，第一书记在体制结构中的功能得到发挥。特别是在贫困村普遍存在村庄共同体坍塌、原有传统社会关联松弛、村级原有公共性的功能组织消解、村党支部战斗力锐减等状况下，由第一书记作为脱贫行动牵引主体，搭建新的村级平台所拥有的功能，已经成为最后一公里村庄治理平台的结构性基础。

一是作为村庄主心骨的政治功能重新开启。第一书记进村，就是肩负着贫困治理的政治任务而来的。怎样使国家和社会因减贫而汇聚的资源，公平正义地在村精准落地，既是第一书记推动下的村党支部和村委会及全体党员的主体性参与，更是贫困治理讲政治的在村践行。县委组织部分管第一书记队伍的领导告诉我们："在第一书记和扶贫工作队帮带下,村干部综合能力一下子上去了,跑个项目知道咋跑,村级民主事务、民主决策,比以前明显提高,包括说话呀,办事情呀,比以前明白多了。"[1] 第一书记拉着村支两委一起干的过程中,公正秩序的重建都在静悄悄地进行。"评低保户、贫困户,支部开会,必须有党员参加,党员一开会,组织的人文意识就增加了,党员的主人翁意识,荣誉感也出来了,以后呢,人家自然而然地参与到村里面的事务中。"[2] 从制度建设角度看,第一书记制度已成为农村基层党建的着力点。

二是引领在地化村庄减贫发展规划的形成和项目落地的进程。脱贫攻坚直接目标是实现"两不愁三保障",湟中县通过"八个一批"作为具体减贫路径,而系统性培育实现"八个一批"的条件,打通"八个一批"之间的相关通道,以村庄整体性为对象的脱贫规划,则是第一书记们精准扶贫的重要举措。来自党委、政府及其他各行业、部门的第一书记们,普遍具有村级干部不太能够达到的素养、能力、眼界、办法,而情怀和担当则支持他们成为牵引村庄规划制定的领路人。

> 帮助贫困村脱贫最重要的是要走对路子,这就需要深入细致调查贫困原因。按照上级党委和政府的安排,我和工作队员驻村期间,对全村39户贫困户逐一走访,记录每家每户的真实情况,走访中,我们对贫困户进行详细分类,深入调查,并结合全乡经济社会发展的情况,与村"两委"一起拟定了全村产业发展规划,最终在上级部门的支持下得以顺利实施。[3]

---

[1] 访谈湟中县委组织部副部长,2019年9月3日。
[2] 访谈湟中县委组织部副部长,2019年9月3日。
[3] 海子沟乡顾家岭村第一书记宋长财,摘自湟中县脱贫攻坚指挥部编印:《决战贫困:湟中县"第一书记"脱贫攻坚实录》,第43—44页。

三、使命践行过程中的自我成长

"党政体制能够履行党的政治使命。中国共产党是一个有使命感和紧迫感的政党,一方面其历史使命体现为带领中国人民实现中华民族伟大复兴,另一方面它又有强烈的时不我待,只争朝夕的使命感。"[①] 第一书记制度成为党政体制下战役型贫困治理与常态化贫困治理基层粘合点,既担当了全村贫困治理的战役指挥和引领,又在与科层体制对接中展现了良好的沟通力。2016—2019 年三年脱贫攻坚过程中,大量的扶贫资金使用,大量的扶贫项目落地,大量的实际问题解决,一点一滴都浸透着第一书记们的心血和汗水。湟中县脱贫攻坚指挥部对此概括道:

> 脱贫攻坚以来,作为最前沿的指挥员,战斗员,全县第一书记心怀"不忘初心、矢志于斯"的赤子之情,不以事艰而不为,不以任重而畏缩,驰而不息,坚定不移,在脱贫一线挥洒汗水,攻坚拔寨。
>
> 念兹在兹,唯此为大!他们身负组织重托,远离家乡,远离亲人,奋战在脱贫攻坚最前沿。他们把群众当家人,进家入户,嘘寒问暖,让乡亲父老感受到党的温暖,生活的希望。他们把山村当家乡,夙兴夜寐,宵衣旰食,让乡村产业红火发展,村容村貌焕然一新。他们把脱贫攻坚的重任扛在肩上,义无反顾、无怨无悔,为乡亲们圆了小康梦,留给家人的只有背影和亏欠。
>
> 让我们铭记,他们为脱贫攻坚努力的日日夜夜;让我们铭记,他们在田间地头奔忙的身影;让我们铭记,他们给湟中贫困

---

① 杨华:《县域治理中的党政体制:结构与功能》,《政治学研究》2018 年第 5 期,第 14—19 页。

群众带来的希冀；但愿苍生俱饱暖，不辞辛苦入山林！①

第一书记还作出了重要制度性贡献。

一是践行党的初心的同时巩固了党在农村的执政基础。通过与贫困群众的密切互动和助其脱贫的各项支持，将党的宗旨和使命，做实到社区和每个贫困群体，从根子上将党和人民紧紧地连接在一起。"村民反映的大大小小的事情在我们扶贫干部的眼里、心里，村里村民的家庭构成、健康状况、生活来源等情况都了然于胸，仅仅几个月的时间，我们已然是这里土生土长的人，不论大事小情，家长里短，村民都乐意拿出来与我们分享。冶永顺家的牛生牛犊了，冶生录、冶永靖、冶文昌扩建养殖棚了，马登虎、马永梅家的孩子考上重点大学了……时间久了，我们深深地融入了北纳这片土地，乡亲们也把我们看成这个村的一员。在驻村的日子里，我们亲自体验并见证着北纳村的蜕变，我们看到的不仅仅是物质上的富足，更大的欣慰是村民脸上洋溢着幸福、自信的笑容。我们为村民点亮了致富路上希望的明灯，他们则给予了我们砥砺前行的动力和家人般的温暖，慢慢地我也领悟出了习总书记'人民群众对美好生活的向往就是我们奋斗目标'的深刻内涵。"②"在得知贫困户邓昌明的爱人因脑梗塞、肺心病等综合并发症突发，我立即联系医院并送病人住院救治。病人出院后找到工作队说道：我们全家人一辈子都不会忘记您。此情此景让我为之动容，我们能做的事也许不多，但贫困户的点滴小事就是我们的大事。"③

二是决胜脱贫的同时培养了一大批优秀人才。"党政体制以政治任务的形式布置工作，能够极大地激发党政机关及其工作人员的积极性和主动性，从而创造性地开展工作，最大限度地调动一切可以调动

---

① 湟中县脱贫攻坚指挥部编印：《决战贫困：湟中县第一书记脱贫攻坚实录》"编者按"。
② 上五庄镇北纳村第一书记李德钧。
③ 鲁沙尔镇阿家庄村第一书记肖西强。

的资源集中到中心工作上,在较短时期内一件接一件地把工作完成,推动经济社会和治理面貌的整体改观。"① 第一书记们自身的成长成为党和国家事业进步的有机构成,通过这一制度锤炼的"懂农业,爱农村,爱农民"的三农工作队伍,是湟中县与全国共同建设现代化的人力资本。

  回顾来路,反思过往,我有三点认识:第一是坚持,作为第一书记,最大的梦想是为所驻村带来一些改变,得到农民的认可,为此我只有坚持初心,热爱这份农村工作,喜欢这农村的老百姓。第二是认真,和村民认认真真地打交道,以百分之百的真情对待村民,用我的认真为村民做好服务,最后就可以用我的真情真心换来大实话,甚至是让老百姓主动给我出主意,出点子。第三是真心,保持一颗仁爱之心,是做好扶贫工作的基础和必要,农村的贫困人口大部分是因病、因残等一些不可抗力造成,面对这样的工作对象,面对贫困落后的村庄,只有付出自己的爱心真心,方能主动地,尽心尽力为村庄办实事。②

四、案例:回族贫困村的第一书记

  李家山镇汉水沟村在 2015 年被确定为重点贫困村,2018 年退出贫困村,与村第一书记——李栋的付出密切相关。李栋,1967 年生人,2002 年入党。2017 年 5 月,在得知所在单位对汉水沟村的帮扶已经断了半年多之后,身为土族的李栋主动向局长请缨,要来汉水沟村这一回族村当第一书记。

  李栋回忆说,2017 年 7 月,他第一次进村时,村口的垃圾

---

① 杨华:《县域治理中的党政体制:结构与功能》,《政治学研究》2018 年第 5 期,第 14—19 页。
② 共和镇南村第一书记杨敏文。

场臭气熏天，脚下根本没有路。村里没有办公地点，他就租了村民一间小房办公；无法做饭，他就到老乡家搭伙，但是对回族的饮食极为不习惯；入户走访，老乡爱答不理，工作真难！但他仍然挨家入户了解情况，将汉水沟村的致贫原因总结为"六多两少两不足"，即贫困人口多、矛盾是非多、留守妇女儿童老人多、残疾人多、老旧房屋多、村内垃圾多、致富带头人少、人均耕地少、脱贫自身发展不足、致富技能不足。

针对回族村村情，他主动向村干部请教，还找来《古兰经》等经书自学。渐渐地，他跟村里四位有阿訇资质的教徒交上了朋友，和两个清真寺信教群众也能坐到一起了。在摸清村庄情况、成功融入当地之后，李栋很快就找到驻村工作两个的突破口。

一是寻找突破多样性，组织社会生活。

针对"六多"动态性和易突破性的关键环节，找准"小学生"为突破口，形成特定人群的集体意识和行动扎根入户，再由家庭拓展到村庄再造的机理落地。垃圾多、留守儿童多是汉水沟村"六多"问题中的重点，从学校发起"讲卫生，从我做起"的号召，由村干们到学校演讲、与学生互动，组织卫生知识比赛，以村路上、家院里、学校和广场的周期性打扫卫生评比等活动为抓手，带动一户一个垃圾桶，全村垃圾不乱丢的村庄共同体行为规范形成与持续。并通过励志爱心超市积分对李家山镇每周五环境卫生大扫除的卫生运动加以鼓励，使学校学生、家庭中的"老人—邻居—全村"的讲究卫生健康链条衔接起来。

针对留守妇女、留守老人多的现状，将他们组织起来。自2017年底开始，每年大年初三举办"汉水沟脱贫攻坚杯篮球运动会"；精心开展三八妇女节活动，在妇女群众中讲解社会主义核心价值观和中华民族传统美德；开展好婆婆、好媳妇评比活动，为建立良好家风、村风进行共同理解的舆论生产；通过开展扶贫产业、发展先进个人、脱贫光荣户等的表彰活动，让"等靠要"的懒汉有危机感，让真正勤劳致富的村民有荣誉感和精神获得感。

二是以基层党建为核心重建村庄凝聚力。

2017年前，汉水沟村"六多"问题中，从村落共同体的状态维度看，"矛盾是非多"是一个核心问题。首先是村支两委主要干部得不到村民的信任。其次是历史以来上、下三个庄，两个清真寺的类分，存在宗教信教群众间的内在张力，同时潜藏着扶贫等外部资源入村后的利益争夺问题。再次是党组织软弱涣散，在与全村群众利益密切相关的问题上，应该主持公平正义的党支部往往失声，全村没有一个主持公平正义、治理有效的主心骨的组织，全村23名党员都在外或打工或自我经营，对村里的事务一无所知。针对村庄共同体的正式组织难以发挥减贫发展主心骨作用，作为非正式组织却拥有各自为政的公共空间（清真寺），村民生产、生活一盘散沙的问题，从2017年起，新一任第一书记李栋到位，新一届村支两委上任，汉水沟村牵引村庄脱贫攻坚和发展的平台建设及作用发挥便走上了快车道。

首先，针对回族村村情，将党的民族宗教政策作为脱贫攻坚一体两翼相嵌构，从清真寺的工作做起，针对村里的宗教矛盾，第一书记和党支部帮助成立寺管会，用民主的方式选出新阿訇，恢复正常宗教生活。党和政府的扶贫政策、乡村振兴政策、民族宗教政策的宣讲，甚至有时需要召开的村民大会都进了清真寺。其次，针对29名党员中有23名不在村的情况，用微信群+返村社会习惯相结合的办法，使全体党员在外也能因村庄需要而参与村庄治理的全过程。具体做法是：平时村里公共事务进展及时通过微信群发布，让党员有责任地参与讨论，出主意、监督、执行等；党员按组织要求的"三会一课""两学一做"等，每天晚上定时开机，由党支部书记带领大家一块学习。让党员身在外、心在村，知晓参与村里的所有公共事务，发挥党员的先锋作用。

在重建了村庄的凝聚力和村党组织的战斗力之后，汉水沟村做了以下几个方面的努力，走出贫困。

第一，基础设施建设方面，以"高原美丽乡村建设为"契机，硬化道路5.9公里，安装节能路灯16道；村内电力设施得到改造，达到生产生活用电标准；通过电信网络改造提升，网络覆盖全村；户户通自来水，水质及水量达到安全饮水标准。

第二，在保障性施策上，一是危旧房改造，不但逐年针对贫困户，还使非建档立卡户享受危旧房改造补助施策，在解决贫困户住房安全问题的同时，也以相应的政策补贴让更多农户享受到不同层次和类别的合理普惠，2019年，汉水沟村常住户全部有安全住房。二是城乡居民医疗保险逐年提升，城乡医疗保险参保率100%，贫困户报销比例达到93.5%，2018年为全部贫困户购买了健康保险。三是城乡居民养老保险参保率逐年提升，贫困人口100%参保。四是义务教育阶段学生无因贫辍学情况，贫困学生按照规定全部享受各项补贴和补助。

第三，立足本地资源发展产业。汉水沟村人均一亩山地，根本就养不活这片土地上的人，经过第一书记和村支两委的认真研究，汉水沟村选择了两个产业：一是从粮食种植向高附加值的中药材种植、加工上突围。二是为馍馍先树品牌，后立规矩，再联城乡，直奔产业化生产目标的探索。汉水沟村的馍馍手工艺，在湟中县、西宁市乃至周边其他省市县具有200多年的"品牌"效应，但是，怎样使之长成参天大树，克服脆弱性？李栋带着大家一起思考和探索。2017年，汉水沟村注册了"汉水沟村馍馍"品牌，将分散的、各自为政的馍馍店整合起来，用统一的商标、统一的门面，将馍馍发展为一个产业，做到标准统一、宣传统一、包装统一。在村里做开发中心，质量和创新基地，为村民在全国的小店提供技术和品牌体系支持，再建监督体系，严格质量管理。最后把它作为馍馍研发、生产、加工、培训、展示为一体的综合体，通过1—3年的打造，让汉水沟馍馍成为像沙县小吃、化隆拉面一样家喻户晓的品牌，把汉水沟村做成"夏都馍馍第一村"。到2019年10月，在县财政扶贫资金栖霞—湟中东西部扶贫协作机制专项支撑下投入近100万元、400平方米的汉水沟馍馍产业发展中心已经建成投产，"汉水沟馍馍"商标，连同"汉水沟小米""汉水沟当归"两个商标，也在第一书记带领的专业团队努力下，与当地乡镇，县、省市行政机构的协同助力中于2019年初通过国家商标局批准注册。

经过三年多的努力和美丽乡村建设的推进，现在的汉水沟村容村貌、人居环境、村民的精神面貌都发生了很大的变化，从当初的"六多"转化为比经商、比产业、比教育、比教育、比干净、比孝敬老人、比团结友爱的"六比"新风尚。经过三年多的努力，2018年底，汉水沟村建档立卡贫困户全部脱贫，贫困村退出。

第四节 营造多元参与的公共空间

以第一书记为切入口，以外力改变村庄脱贫攻坚的弱力现状，撬动"村支"两委组织力的重建，贫困治理和村庄治理同步，为村庄共同体的生长和发力夯实基础。脱贫攻坚下的村庄共同体建设，是在减贫视域下，为追求社区和贫困群体的行动力而生发的，但共同体本身建设和持续发展成长的前提，又是以共识目标，实质参与和有效参与，公平、公正机制为主要依托的。总体上来看，因脱贫攻坚目标，在实践层面推进的共同体建设，本质上扣合了减贫发展与社会建设需同步推进的路径要求，形成了贫困治理与乡村治理一体两面的事实。

在操作层面，自上而下、自下而上相结合，及多元参与、技术手段较完备的精准扶贫，其精准识别、精准施策、精准考核评审、验收等环节无缝衔接的过程，既是贫困治理的范畴，也是村庄治理的内容。因此形成的参与机制、议事平台、公共空间、协同行动等，反过来又成为村庄共同体的存在和发展的重要内容。因为村庄共同体的重建运行，作为整体的村庄自身的治理能力、经济发展能力、福利能力、文化等得到成长，反过来对脱贫攻坚提供成效结果的支持。村庄共同体建设的另一个结果是，为公共事务管理、公共品生产和社区公共生活供给，提供了制度性建构和行动的支持，对于当下乡村生活价值、未来生活预期和在地农民生活意义，也有着重要价值。

脱贫攻坚不只是要解决脱"贫"问题、更要解决解"困"问题，从收入增长到组织重建，从经济发展到社会建设，从外源到内生，做实了以人民福祉为初心和使命的中国反贫困的价值出发点和最后一公里。

一、"精准"带动的主体性和参与性

到人到户的识别精准，驻村工作队是关键，社区参与是前提，社区公平机制是保障；项目施策要精准，扶贫人员是关键，贫困群体主体性是基础；监督评估要精准，关键在机制，落实到治理，成效要精准，既要看脱贫经济指标，也要看受助群体和社区的能力成长指标，关键是可持续性考量。

"精准"贫困治理促进了村庄共同体建设，一是促进了村庄共识，二是促进了村庄共同行动，三是促进从户到村的多维连接机制或通道的建立，四是促进了公共参与。因此，精准到户的制度落地，便直接成为促进村庄治理能力提升上的基本抓手。

（一）精准识别促成村庄治理

2016年底，根据省市要求，湟中县发布了相关文件，对精准识别工作程序和标准上有了更加明确的要求，派出第一书记 156 名，驻村扶贫工作队拓展为 313 名。县里始终把精准识别当作精准扶贫、精准脱贫的第一粒"扣子"，严格按照识别程序，扎实开展识别和动态调整工作，并且，愈加环环紧扣，贯彻到底。

以李家山镇为例：2015 年识别 591 户 1880 人；2016 年自然增加 27 人，自然减少 4 户 47 人，识别不精准 1 户 2 人，属性调整 27 户 86 人；2017 年自然增加 23 人，自然减少 3 户 48 人，应识未识 12 户 44 人，识别不精准 8 户 21 人。新增返贫 5 户 21 人；2018 年自然增加 40 人，自然减少 4 户 44 人，新增返贫 14 户 37 人，清退 1 户 2 人，脱贫不再享受政策 4 户 11 人，属性调整 10 户 35 人；2019 年，现有建档立卡贫困户共 592 户 1881 人。①

精准识别机制建设的自上而下，是由第一书记、扶贫工作队、村支两委、村民代表等多方人士组成的"识别"组织，按规定程序和标准，对贫困户、贫困人口进行识别的过程，其中，"三议两公开""填写调查表"等举措的做实、识别标准的客观性、识别过程的公正性与识别结果的公平性成为这一工作机制的基本要求；识别过程的自下而上参与，则包括全村所有成员都能并需要以不同的身份参与到这一识别过程，对扶贫政策和识别标准的知情权，对确定受助对象的参与权，对不同结果的表达权得到充分的尊重和满足。精准识别的过程，重建社区个体与社区的关系、重建社区与基层政府关系认知、重建强化人民群众与基层党组织的关系的过程，这一过程集中体现了"公正"的价值认同基础；精准识别的结果，确保应受助群体都得到建档立卡，不该获得扶贫救助的群体通过参与性评判被取消资格，其结果的"公平"性也得到了社区广泛认同。整个过程中，信息公开机制、意见反馈机制、过错纠正机制得到有效建立，村庄共识能力和

---

① 中共李家山镇委员会、李家山镇人民政府 2019 年 9 月 9 日提供资料：《李家山镇脱贫攻坚工作完成情况汇报》。

集体行动能力得以促进，脱贫攻坚精准识别的制度化建构转化为村庄治理和共同体建设的机制构建。

（二）精准施策支持贫困群体与社区主体性

针对贫困户自上而下"五个一批"精准施策，在青海省形成了"八个一批和十个专项"的落地机制。2018年脱贫攻坚的关键期，青海省将原科层制下碎片化的政策和资源，进行了新的整合和路径与目标无缝对接的制度安排。这一体系化的精准施策的要求落实到村级层面，则需要以体系化、整体性行动来回应。（教育、医疗、社保、就业等方面的精准施策与村庄共同体建构，本书后面各章会相应展开呈现和分析，不在此赘述。）

如何通过"发展生产脱贫一批"？青海省针对性制订了每户5400元产业脱贫资金补贴政策。湟中县在推进产业扶贫项目的确定上，则通过充分调查分析、精准把脉致贫原因、找准贫困根子，聚焦贫困群体需求，因村、因户确定项目，既充分尊重群众意愿，考虑群众接受能力，让群众"点菜"，又科学编制项目规划，做到项目规划到村到户、项目实施到户到人。同时注重扶贫产业培育。紧紧围绕资源优势、区位优势、生态优势，通过党建驱动、项目推动、园区推动，企业带动等多种方式，探索推行"园区+企业+合作社+农户""党支部+合作社+基地+贫困户"等扶贫模式，培育了一批符合当地实际、市场前景良好的特色产业。[①]

对有发展行动能力的贫困群体，以"群众点菜"、资金自主使用的方式突出了对贫困农户意愿和自主性的尊重与撬动；对于缺乏生产发展能力的农户则引导投入合作社，支持其参与村庄整合基础上的集体行动以降低脆弱性和风险；以村为单位集中开展物资采购、技术培训、市场衔接等各项服务，产业扶贫项目真正意义上推

---

① 中共湟中县委、湟中县人民政府：《湟中县脱贫攻坚工作汇报》，2019年9月2日。

动村庄成为生产生活共同体；整体上、区域性的脱贫产业发展规划，使得贫困农户的生产发展实际上与以村为单位的产业计划嵌构一体，对贫困户的能力成长支持实际上提高了村庄整体行动能力，反过来看，村庄产业规划的整体落实，既为解决贫困户发展的脆弱性和能力不足问题提供了重大支持，这一过程中，全村非贫困户也获得了生产发展支持，村落共同体成长得以做实，反过来支撑了脱贫产业的可持续发展。

（三）奖励脱贫光荣户强化示范带动能力

2018年7月，青海省扶贫办下发了《关于评选表彰脱贫光荣户的通知》，湟中两年来投入300多万元，奖励了154名脱贫光荣户，覆盖全县16个乡镇67个村。在奖品设置上，一是价值1.9万元的三轮自卸农用车一台，而对于不需要农用车的获奖户，则与农户协商后，给予满足其产业发展需求的相同价值实物奖励。对于脱贫光荣户，政府选拔与自下而上"户—村—乡—县"的反向监督有效衔接，对巩固减贫成效提供了社会共识的加持。以激励和榜样塑造、评估与激励相结合，大大推进了贫困户自主脱贫行动的内生动力。

脱贫光荣户的评选标准，定位于"积极响应党的脱贫攻坚战口号，通过自身努力，不断发展壮大产业项目和勤劳苦干，积极外出务工创收，群众口碑好，能带动周边地区和本村贫困户发展产业的已脱贫户"。入选前提则是"热爱祖国，拥护中国共产党的领导，拥护国家和省上的各项惠民政策，心怀感恩；遵纪守法，诚信勤俭，自强不息，勇于创业，不怕艰难，勤劳致富，带头实现光荣脱贫且精神面貌佳，内生动力强，脱贫成效显著，在本辖区或本村贫困户中具有带动作用的建档立卡贫困户"。[①]

[①] "评选对象""评选条件"内容载于《湟中县2016—2017年已脱贫贫困户励志奖励实施方案》，2018年8月17日印发，湟政〔2018〕167号附件；《湟中县贫困户励志奖励实施方案》，2018年10月8日，湟脱贫指挥部办〔2018〕31号。

在操作上,"坚持扶贫先扶志,充分发挥政府主导,部门联动,村'两委'主抓,驻村干部协助的政治优势和组织优势"。在名额总控的情况下,通过自下而上的村庄选拔、层层审核,透明公示,确保受奖人员材料的真实性和过程的公正性。

案例：土门关乡坝沟村脱贫光荣户莫新功

> 莫新功,67岁,家有老伴和39岁的儿子。2015年前,全家在山上十亩承包地种小麦为主,油菜、洋芋、蚕豆为辅的农作物,年人均收入不足1000元。2011年,儿子不慎滑下山沟,摔碎骨盆,二次手术借款16万元,2015年纳入村建档立卡贫困户。
>
> 扶贫工作队、村两委与莫新功共同商讨脱贫措施,在村主任一对一帮扶机制下,将产业帮扶资金每人5400元共16200元投入到20头仔猪开启的规模养猪上。养猪过程中,莫新功通过外出学习,边学边干,与帮扶人一起研讨方式,学会了饲料搭配、猪瘟预防、母猪配种、急病治疗、生猪屠宰等技术,当年出栏20头肥猪,净收入2万元。2016年以来,每年出栏30头。同时,当上生态护林员,年工资1万元。老板、儿子外出打工,年收入22000元;他和老伴可领养老金4200元。住院看病能报销90%的费用,减少了支出。全家每年平均稳定收入达到5.8万元,目前外债快还清,38岁的儿子也娶上了媳妇。住上五间盖板房,院中有手扶拖拉机,政府奖励的三轮农用车,2019年新增了养牛项目。[①]

通过奖励"脱贫光荣户",贫困户思想观念明显转变,自我发展

[①] 湟中县脱贫攻坚指挥部编印:《幸福是奋斗出来的——湟中县脱贫光荣户先进典型事迹汇编》,2019年,第36—38页。

能力明显提升。进一步激发了贫困户内生动力，调动了贫困户自主脱贫积极性和主动性，强化了"脱贫光荣"的社会认同和社区共识，也促进了"脱贫光荣户"的自我认同和社区认同，成为社区共同行动对抗贫困的引领性力量。

二、脱贫攻坚促进村庄公共性

湟中县通过精准扶贫特别是脱贫攻坚的落地过程，在多个维度上资源连接，推动社会合作与团结，发展社区公共空间，以社区公共性成长支持了社区治理的推进。

（一）"励志爱心超市"深化社区公共空间

2018年9月，湟中县民政局印发《湟中县励志爱心超市建设工作实施方案（试行）》及配套制度8个附件；2019年7月，发出《关于全县"励志爱心超市"运营情况的通报》。以这两个文件的制度安排为标识，一年多的操作，使励志爱心超市成为村庄共同体公共空间建设助力脱贫攻坚的创新平台。

励志爱心超市建设的资源主要依托全县及东西部扶贫协作平台提供的爱心捐助及社会资源，以"县级财政拨付、联点单位帮扶、社会力量捐赠"等方式进行资源保障，由各乡镇（街道）灵活利用村（居）委会闲置房或村级办公场所进行简单改造后开办。超市的运行管理主要由各乡镇（街道）指导各村（社区）成立以村干、第一书记、包村干部、党员代表，村民代表为成员的"励志爱心超市"管理工作小组，全面负责本村（社区）"励志爱心超市"管理运营工作，同时确定1名超市管理员，具体负责爱心积分卡管理和物资兑换发放工作。

励志爱心超市以"积分"兑换物资的方式运作，建立了三类积分支持，一是积分赠予，即为建档立卡户、低保兜底户等特定人群每年每户赠10分,但使用时按1∶1配套使用;二是积分评定,即根据村民在社会公德、家庭美德、遵纪守法、内生动力、配合工作等方面表现评定积分,用积分可直接兑换物品;三是积极奖励,即管理工作小组根据村民在荣誉奖励、脱贫能手、学生学习等方面的表现审定后奖励的积分。农户积分原则上多月进行一次评定,评定结果在公开栏公示,公示无异议后将积分分值记入积分登记表及各农户积分卡,积分可以换商品。

励志爱心超市作为县级层面的工程,成立了以分管副县长为组长、县委、县政府各部门主要领导为成员的工作领导小组,协调各部门按自己的党政属性和行业、专业特性参与实施,并设置了村、乡镇、县三级监管体系并明确各级责任,建立公开监督机制。第一批励志爱心超市有11个,主要基于激发贫困村的贫困群体的贫困内生动力,在实施过程中,事实上带动了全村参与,形成了良好的社区治理的平台经验。所以,到2019年9月,湟中县在全县范围内大面积极推动励志爱心超市建设,全面向非贫困村扩展,励志爱心超市成为村庄贫困治理转向社区治理的一个有效路径和平台。

共和镇葱湾村村主任在接受我们访谈时对励志爱心超市对村庄共同体建设的贡献谈道:"爱心超市初衷是针对贫困户,现在是覆盖全村农户,有193户有卡。管理工作委员会有13人组成,评分标准开群众会、党员会定,公平公正是原则。村里有六个公示牌,爱心超市专用一个。下雪天扫雪,村里开老年运动会,只要报名参加乒乓球、羽毛球,三八节出节目,搞服务,孩子考上高中、大学,参加技术培训等等都有几分。你给别人20块钱他不稀罕,给20个积分他高兴,因为上积分榜公示呀。村里经常开农户大会都愿意来,搞文娱、体育活动更是频繁。一是村里有什么项目,上级和帮扶单位怎么帮我们,我们准备怎么干,谁有什么好建议大家都知道,来开了会还有积分。就一个超市,一点点物资,就把全村团结起来了,村里公共事务也有人干了。其他村都让我们介绍经验,为什么能经常开得了群众大会,村里那么齐心。"①

励志爱心超市，成为全县推进公益价值传播、凝聚社区价值共识、伦理共识和行为共识，促进社会公序良俗、社区成员自我约束、自我规范的引领性项目，也成为支撑村庄建设成为价值共同体、生活共同体、治理共同体、福利共同体的聚合性平台。励志爱心超市既宣扬传统美德，也推进规则共识；在资源筹措上既有社会团结和社会合作的加持，也有政府和社会良性互动的可持续根基；运行上则是现代社会公益组织的项目管理制度，其运营结果呈现出中国民族贫困地区社会现代化的工具性价值。

（二）互助资金成就社区合作能力

互助资金项目自 2008 年起，作为一种扶贫政策工具在全国广泛推行。至 2016 年，由于互助金融在扶贫实践中连续出现问题，青海省下发通报，要求各县通过回应相关问题清理整顿互助金融项目。事实上，所有的问题的深层次原因，都指向农村社区的合作能力低下。

湟中抓住政策支持机会，于 2016 年 10 月，下发《关于转发〈青海省互助资金管理办法〉的通知》，要求各乡镇督促贫困村于 12 月 1 日前全面完成互助协会登记注册工作，并严格按照《办法》规定开展各项工作。首先将互助资金项目的运行主体定性为"互助协会"，即以财政扶贫专项资金为引导在贫困村建立的生产发展村民互助协会。协会构成以村民为主，坚持自治和参与原则，规范协会权利和义务，互助资金运行遵循"用款申请、联户担保、有偿使用、生产专用、有借有还、滚动发展的原则"。互助资金事实上延续了社区金融合作扶贫的角色责任。

互助资金的实际运行，并没有一刀切选择固定模式，而是立足县情实际，尊重不同社区和贫困群体意愿，选择了两种运行模式。一是

---

① 访谈葱湾村齐村长，2019 年 9 月 6 日。

将互助资金作为农村金融扶贫的杠杆,针对产业发展资金需求大的村子,将每村50万元互助资金注入信用社专户作为风险防控金,信用社放大3—5倍资金规模给本村贫困户发放贷款,最大限度撬动金融资本支持脱贫产业发展;二是将互助资金作为保障性贫困户脱贫发展资金,坚持由贫困村互助协会自主运行管理,将50万元互助资金存入村级互助协会账户,为贫困户发放借贷,循环使用,互助资金运行的过程,也大大提升了社区金融合作组织的能力。

群加藏族乡上圈村有悠久的放牧历史,牛羊养殖基础较好,但青壮年常年在县城和西宁打零工,或季节性外出挖虫草,每周必回或早出晚归,常年留守在家的是老人和孩子,农户普遍对畜牧业投资不足,无论是贫困户还是非贫困户,家庭生计收入均十分困难。2009年有了互助资金项目,村里成立了4个互助合作社。但农户普遍参与不足,运行也不规范,一度还成为矛盾焦点。2017年初,在乡镇直接领导和督促下,村里由驻村第一书记、村支两委主导,成立了村扶贫互助资金管理协会,一户户与农户商量,确定了借助群加地区优势,壮大特色养殖业的产业规划。规划做实主要依托到户的一个5400元产业扶贫政策+互助资金金融模式+特色牛羊养殖为主的结构平台。据统计,2017年,上圈村有互助资金50万元,会费0.34万元,通过互助协会贷款97.8万元,其中贫困户贷款13户58万元;2018年贷款44万元,其中贫困户7户贷款34万元。全村养殖牛头数已由2017年初的16头繁殖增加到2019年7月的65头,羊由300只增加到2019年的720只。[①] 更有价值的是,互助协会的运行机理,将贫困农户、一般农户整合到公平、公开、信任、勤劳、进步的村庄共同体实际成长之中。

以基层党建与治理创新,及社区组织化建设引领的村庄合作与村

[①] 以上数据指通过互助金产业扶持实现的养殖业产业发展效益,并非全村实际拥有牛羊数量。

庄团结，对于当下中国农村而言，是最大限度地提升农村福利生产能力、公共品供给能力、精神文化生活的自我满足能力、产业发展所需市场、信息和技术能力等的有效路径，不仅对脱贫攻坚意义重大，也是乡村振兴的社会结构支撑。这也是要在脱贫攻坚中大力发展各类合作社、协会的根本原因。但事实上，多数此类型的组织运行都不太好，主要原因在于：一是组织化运作和合作行动需要组织成本和服务成本缺乏承担者，二是乡村的组织资源和组织人才相对短缺，缺少在社区发展领域就业机会供给，三是单纯面向市场的合作往往因为市场风险而容易解体，四是缺乏现代性的社会组织运行的能力建设支持。基于社区金融合作的互助协会的运行，因为互助资金使用的收益解决了组织成本的问题，而金融合作解决了农户的参与动力问题，党委、政府的在场建设支持解决了规范化机制运行问题，更为重要的是，相比产业合作存在的巨大市场风险、技术风险和自然灾害风险，在村庄参与基础上的金融合作，因为有熟人社会基础和制度加持，运行风险大大降低，成为村庄共同体建设和组织化提升的重要手段。正是因为如此，国际发展援助中的"社区发展基金"，李昌平在郝堂村推动的"村庄内置金融"，及久负盛名的格莱珉银行小额信贷，都暗合了这一规律。

党的十八届三中全会提出社会治理创新战略，把解放和激发社会发展活力、激发社会组织活力作为社会治理推进的重要选项。但在社会组织数量小、能力弱、支持资源短缺的当下中国社会，社会活力与能力的解放和提升、社会组织的培育和活力激发路径，则需要建立在党的领导下，政府主动培育社会组织、支持和陪伴社会组织成长并建立合作机制，形成政府与社会组织的良性互动机制，最终构建起"党的领导下强政府、强社会双强互动"的中国特色的社会治理新格局。湟中县互助资金协会，推动者是政府，资金由政府提供，组织建设和能力提升由政府负责，服务对象为社区群众，成员共同参与监管，运行过程中有党的领导和政府陪伴，深刻呈现出脱贫攻坚暗合社会治理要求的贫困治理逻辑。

互助资金协作的运行机理,既满足了贫困户发展的资金需求,降低了脱贫产业发展的脆弱性,同时也支持了农村社区组织的能力建设,成为社区公共性与合作力的重要支撑。互助资金协会的运行,本身也是具有现代性特征的成员制社区组织的治理运作,在乡村社会现代化进程中亦能较好地发挥引领教育的作用。以互助资金协会为滥觞,持续推动村庄的组织化和合作机制建设,不管对于脱贫攻坚,还是对于乡村振兴,都有重要的价值。

三、"乡贤参事会"扩充发展能力

人口从乡村到城市的单向流动、农民工及家庭在城乡两栖的不稳定性,及其他各方面的原因,导致乡村社会人口结构失衡,乡村的组织人才、经济人才、社会服务人才总体上越来越短缺;传统社会的在地乡村贤达的社会基础、生产力与生产关系基础及制度基础也不复存在,等等,是当下中国乡村特别是贫困乡村普遍存在的状况,导致乡村社会的组织力、发展力供给短缺,从而导致了村庄凋敝。

从脱贫攻坚开始,湟中县以培育"乡贤参事会"、建立"幸福乡村党建基金"为主要内容,推出强化村庄内生性人才资源的挖掘、并使之与党政组织资源嵌构一体的创新制度,以回应前述乡村社会人才欠缺和发展活力不足问题,值得关注。

"为助推农村经济发展,创新农村治理模式,强化和拓展农村党组织服务功能,发挥党组织引领发展,服务发展作用,切实解决农村民主自治水平不高,村集体经济薄弱,村组织无钱办事的问题,进一步夯实基础。"2017年7月,湟中县委组织部下发《关于开展培育"乡贤参事会"、建立"幸福乡村党建基金"试点工作的实施意见》。创新农村治理模式成为同步推进"乡贤参事会"和"幸福乡村党建基金"在村试点的主要目的。

"乡贤参事会"产生。湟中县"乡贤"的标准为："坚持从热心公益事业、有一定经济实力的企业负责人，群众认可、威望高的离退休干部、卸任村干部或在相关领域有较大影响的社会名人、社会组织负责人、民间人才、专业技术人员以及在本地创业的优秀外来人才中择优选用。"推选程序是"制度框架内"上下互动，落地于村庄民主的操作。乡镇党委会全程参与指导"乡贤参事会"成立工作，项目村"两委"在征求本人意见的基础上，通过"三议一表决"的方式推选产生乡贤，组建乡贤参事会，选举产生会长、副会长。并要求在一定范围内进行公示。同时，指导制定《乡贤参事会工作章程》，引导"乡贤参事会"按照《乡贤参事会工作章程》规定切实发挥作用。

"乡贤参事会"的运行，则重在坚持党领导和实事求是作风，重视农村民主氛围，坚持补位辅助。明确"乡贤参事会"补位和辅助作用，弥补村"两委"在决策管理，公共服务等方面的短板，形成有益补充。发挥杠杆作用，有效撬动社会闲置资金助力村级集体经济发展。在村"两委"领导下，"乡贤参事会"参与村级事务管理，开展公共服务，比如成立决策"智囊团"、创业致富"导师团"、慈善公益"志愿队"、调解纠纷"亲友团"等。土门关乡上山庄村乡贤参事会会长周玉材说："作为一个在外漂泊多年的游子，回到家乡后我最大的心愿就是为家乡的父老乡亲做点事情，但又不知道从哪里开始做起。现在好了，乡贤参事会成立了，为我们这些在外的游子提供了一个能够奉献家乡的平台。"

"幸福乡村党建基金"与"乡贤参事会"互嵌共生。"乡贤参事会"开展活动的经济依托是"幸福乡村党建基金"。此基金来源为县财政专项拨款和县委组织部从县管党费列支部分资金，以以奖代补方式注入，加上社会捐款和扶贫帮扶单位投入，及村集体经济收入专项转入等渠道整合形成。因此，用管权责机理是配合"乡贤参事会"工作内容开支，要求各乡镇强化对村"两委"班子的监督，指导村"两委"班子将落实"三议一表决"制度贯穿"幸福乡村党建基金"

建立和使用全过程，严格落实"村财乡（镇）管村用制度"。严格公示制度，确保村民的知情权和监督权，做到专款专用。"乡贤参事会"与"幸福乡村党建基金"同构互嵌的制度设计，标志着在村集体经济薄弱普遍情况下，撬动村庄民主建设，回应村庄解决问题能力不足需要扎根性机制建设有了新路径。它源发于党政体制落地于乡村治理的目标和初心，是探索村庄内生动力组织化、民主化打通的新型体制机理。

"乡贤参事会"与"幸福乡村党建基金"在脱贫攻坚关键时期应运而生，付诸实践，是回应乡村社会贫困治理和社区治理人才匮乏，组组力薄弱，政治、经济、社会资本化在村级微观层面既短缺又碎片化；党政体制强力难以在村庄立足扎根并形成合力的普遍性问题而出现的，已体现强大其生命力，从机理上也表征出以强健村庄共同体平台建设的结构性意义。

■ 本章小结

脱贫攻坚，虽然意在脱贫，但根本之道在于解困，即千方百计解决贫困群体、贫困社区不想、不能通过行动解决贫困问题，这包括通常意义上激发贫困内生动力，也包括"扶志""扶智"基础上的能力提升，还包括社会协作、社会团结和合作之上的行动预期等方面的问题解决。从这个意义上讲，贫困地区脱贫攻坚必然嵌构社会建设，产业发展必然促进能力提升，市场行动必然依托组织化建设。

贫困治理与乡村治理同构推进，是中国贫困治理整体上呈现的有价值经验。凸显了"人民性"和"初心"的精准扶贫及脱贫攻坚，其实现路径也完全嵌合党的群众路线这一重要法宝。相信群众、依靠群众、发动群众、组织群众，在贫困治理层面话语表达就转换为，一是相信并尊重贫困群体在脱贫攻坚中的主体角色，二是要依靠人民群众的参与来解决项目落地和监督管理问题，三是要充分构建社会参与的渠道和空间，保障其参与权利，提高其参与动力，四是培育具有面向村庄生活本身、面向市场开展工作，并与政府协同行动的各类经济合作、社区发展组织，用现代性意义上的组织建设去应对贫困治理的挑战。脱贫攻坚的群众路线，所有的重心都落在参与、能力成长、组织建设上。

贫困治理中的村庄共同体建设，整体上呈现出的机制特征是：党政体制为此提供了全体制性动员的能力，第一书记和驻村工作队提供了队伍支撑，精准扶贫本身就为实现这一目标在行动上完成了机制建构，以"村"为工作对象提供了村落共同体建设的实现路径，以公共空间建设促进了乡村社会价值内在关联，通过乡贤参事会为村庄精英提供参与渠道和机会，为社会资源更全面协同创造了平台基础。所有这些工作，既保障了脱贫目标实现，也促进了社会建设与社会治理能力的提升。湟中实践，完整提供了社区行动力提升解决贫困问题的可能性。

第三章

产业扶贫与农村治理推进

通过发展生产脱贫一批，是习近平总书记提出精准扶贫"五个一批"的重要内容。事实上，产业发展也一直是精准扶贫和脱贫攻坚工作的重点，产业化扶贫在目前开发式扶贫过程中发挥着主导作用。从各个省区扶贫专项资金的使用来看，绝大多数省份70%的资金用于产业扶贫。[①] 然而，由于地理、历史、政策等原因，贫困山区农户发展意识、自我发展能力有限，加之传统种植业自然灾害风险、技术风险和市场风险高、效益低等导致的传统农业产业本身的脆弱性，以及贫困地区远离市场，生产性公共服务欠缺，产业扶贫机遇与挑战并存，若不能很好解决产业发展中的上述问题，产业扶贫要取得成功殊为不易。不仅如此，产业扶贫实质上包含了产业发展与脱贫解困两个方面，二者之间既有张力，同时也有内在的统一性，需要政府发挥制度优势，划定行动边界，提供制度安排，更要汇集国家、市场、社会力量，激发贫困人群的主体性。脱贫攻坚行动下的青海省湟中县，同样遭遇全国绝大部分贫困县域的挑战和问题，但正是认识到扶贫产业发展的结构性问题和小农的价值与优势，湟中县通过强化基层党建，发掘本地种质资源优势和环境优势，多渠道、多形式推动基于产业的社会合作，搭建协同行动的平台，较好地解决了产业发展和脱贫解困的张力问题，形成了以治理促产业发展脱贫的工作机制。

[①] 李博、左停：《精准扶贫视角下农村产业化扶贫政策执行逻辑的探讨——以Y村大棚蔬菜产业扶贫为例》，《西南大学学报（哲学社会科学版）》2016年第4期，第66—73页。

第三章 | 产业扶贫与农村治理推进

第一节 产业扶贫的自然与历史背景

一、县域资源环境与传统产业

湟中县位于青海省东部,为西北黄土高原和青藏高原过渡地带,属青藏高原凉温干旱地区,境内三线环山,祁连山余脉娘娘山雄踞西北,拉脊山脉绵亘西南。境内沟谷错纵、山川相间,地形地貌比较复杂,地势南、西、北高而东南略低,湟水由西向东横贯县境中部,大南川、西纳川、云谷川等十四条河流呈扇形从南、西、北三面汇集湟水,县城鲁沙尔镇距西宁市25公里,县境从西、南、北三面环围西宁市,总面积2700平方公里,海拔2225—4488米,2016年平均气温为5.4℃,比历年同期平均值偏高1.1℃;年降水量为504.6毫米,比历年同期平均值偏少7%;年日照时数2518.5小时,年日照百分率为57%。2016年的气候特点是气温偏高,降水偏少,日照适中,全年雾霾天气与2015年相比有所减少。青藏铁路、109国道、西湟一级公路、西久公路穿境而过,西塔高速公路直达县城,22条县乡公路纵横交错,全县乡乡通油路、村村通公路,交通十分便利。

湟中历史悠久,距今4000年前就有人类活动。李家山镇卡约村古文化遗址的发掘,证明了早在青铜器时期,古代先民就已经在这里繁衍生息了。我国古老民族之一的羌人是迄今为止最早活动在湟中地区的民族。据古籍记载,战国初期羌人首领与中原接触、联系,吸取中原地区先进的农耕畜牧技术,农牧业有了一定的发展。然而,因湟中县地处青藏高原,海拔较高,气候冷凉,动植物生长缓慢,生长周期较长,农业生产力水平较低。因地处高原,山地较多,坡度起伏大,土地资源贫瘠且呈碎片化状态,难于大规模集中,不利于整体集中耕作。最后，因无霜生长期较短，最短的只有90天到100多天左右，最长也不过120天到150天。除青稞、小麦等少数耐霜性较强农作物外，大多农作物因承受不了这样漫长的霜期，不适宜在当地栽种。因此，长期以来，湟中县农作物品种单一。海拔2600米以上，热量小，降雨量大的脑山地区以种植青稞为主；海拔2400—2600米左右，降雨量小的浅山地区以及海拔2400米以下的川水地区多以种植小麦、油菜和马铃薯为主。综上，由于地处高海波地区，气候冷凉、霜期较长，加之土地碎化，导致湟中县农作物品种单一、生长周期长、产量低，农业生产力水平较低。

二、脱贫攻坚前的产业扶贫困境

产业扶贫是脱贫攻坚的主要抓手。然而，大量的产业扶贫的案例显示：产业是扶贫的基础，但将产业做起来并非一件容易的事。从中国产业扶贫的目标诉求与实践逻辑来看，产业扶贫更多的是政府组织与推动下的资源配置体制和机制运行的结构化过程。在此过程中，政府占据资源配置者、"发展"参与者、成果评估与监督者三足鼎立的制度空间，主导着市场与社会资源的结构性要素的配置。[①] 然而，当原有的以GDP作为行政考核指标尚未发生根本性变革，加之行政体制缺少有效监督时，地方政府作为产业扶贫资源的配给者往往容易在体制内出现资源"锁定效应"，即有关产业扶贫资源的选择与决策、分配与管理、监督权与考核权力留存于体制内，这导致贫困人群难于触及扶贫资源，地方政府也因缺少产业发展的市场管理经验以及激励与约束机制的缺失，从而使得产业扶贫项目难于转换为产业本身。

[①] 王春光、孙兆霞等：《社会建设与扶贫开发新模式的探求》，社会科学文献出版社，2014年，第66页。

不仅如此，体制内条块分割的治理格局使得地方政府各部门之间缺乏整合而导致资源分散无法形成合力，部门之间各自为政，产业发展进程中的公共服务无法协同跟进，导致产业培育期就"命丧黄泉"，无法成长为当地主导产业，更谈不上带动当地贫困户脱贫致富。

三、扶贫推进中的产业革命

湟中县农业产业革命悄然发生，单位种植面积几乎没有明显变化，但农业产值与效益因为产业内部结构的调整而明显上升。到2018年，湟中县农作物播种面积达84.48万亩，种植结构如表1所示。

表1 湟中县种植业结构布局情况表

年度	农作物总播种面积（单位：万亩）	其中主要作物面积（单位：万亩）						
		小麦	油菜	马铃薯	蚕豆	蔬菜	中药材	青稞
2013年底	82.43	19.75	20.17	11.81	7.79	11.19	0.56	0.54
2018年底	84.48	19.85	20.2	13.47	7.85	11.96	3.5	1.55
增减	2.05	0.1	0.03	1.66	0.06	0.77	2.94	1.01

表1结果显示，湟中县除中药材、青稞两类特色优势作物种植面积明显上升外，其他优势作物种植面积并无明显变化。既无明显变化，又如何提升农业产值与效应，通过产业发展带动贫困群众脱贫致富？21世纪初以来，作为青海省粮食大县的湟中县从市场需求出发，充分考虑县域内地域环境，利用三面环西宁市的区位优势进行产业结构调整。在延续脑山地区传统种植业的基础上，充分利用浅山和川水地区海拔低、灌溉与热量条件好的环境和气候优势，通过产业深加

工、获取市场优势、产业融合等方式提升产业效益，为产业扶贫奠定基础。

（一）通过深加工，延长产业链，增加产品附加值

结合脑山、浅山地区种植的青稞、小麦、油菜、蚕豆等传统作物，湟中县先后于2017年、2018年在鲁沙尔镇、上新庄镇建立油料生产基地2个，辐射带动周边地区进行油料作物绿色生产。21世纪初期以来，中药材种植在湟中县逐步兴起并快速发展，种植面积由最初的几百亩增加至2013年3.5万亩。2016年以来，湟中县依托东西部扶贫协作项目扶持，分别在拦隆口镇尼麻隆村、土门关乡土门关村分别建成了中药材加工基地1个，西纳川和小南川地区中药材发展的区域优势逐步形成，并带动全县中药材产业发展。

（二）从浅山地区气候差异出发，借助专业化市场和地域品牌获取市场垄断优势

湟中县浅山地区适合栽种马铃薯，马铃薯产量高、个头大。不仅如此，因当地海拔高，湟中县马铃薯栽种与收获时间比国内其他马铃薯主产区晚2—3个月，这样就可以避免同时上市从而形成价格竞争。上市时间差为湟中县马铃薯上市后形成价格竞争优势奠定了基础。为了将这样的市场竞争优势进一步放大，提高产业绩效，湟中县政府在当地产业园区为零的基础上，以合作社或联合社为载体，先后在海子沟、李家山等5个乡镇建立了云谷川特色种植（马铃薯）产业园。依托产业园建设项目在园区建设马铃薯交易中心1处、马铃薯粉丝加工加工基地1个、马铃薯深加工基地1处、马铃薯淀粉加工基地1个、马铃薯脱毒繁育中心1个。依托产业园发展扶持项目新建300吨（360平方米）马铃薯储藏窖13座、3000平方米农产品物流配送中心1个、400平方米农机棚20个。回收农田残膜1000吨。除了建设专业化马铃薯市场，湟中县积极申请并获得农产品区域公用品牌"圣

域"商标。地方政府以合作社为载体推动建设的专业化市场和塑造的地域品牌，是当地政府推动产业一体化进程中的枢纽工程，可同时提高农作社与贫困农户抗击市场风险的能力，发挥产业扶贫的社会效应。

（三）川水地区从露天农业到设施农业，实现一、二、三产业融合

从蔬菜种植面积来看，湟中县蔬菜种植面积从2013年底的11.19万亩增加至11.96万亩，增加0.77万亩，增幅6%。当然，产业如果仅仅是数量、面积上的增长，容易导致农业产业内卷化而无法真正带动贫困户脱贫致富。实际上，湟中县蔬菜产业主要是通过内部结构调整从而提高价值，带动当地贫困户脱贫致富。2014年以来，改变了过去以单个农户为经营单位的露地蔬菜种植模式，充分考虑湟中县三面面向西宁市的区位优势，按"两川一线一区"优化区域布局，培育区域优势，建成共和镇浅山万亩露地高原夏菜生产基地和西纳川川水万亩蔬菜生产基地，百栋以上规模设施基地达到32个，百亩以上露地蔬菜生产基地达到65个，千亩露地蔬菜基地达到11个。已形成设施农业以云谷川和西纳川为主，露地蔬菜以"大湟平"公路沿线和共和地区为主的区域布局格局。其中，西纳川设施果蔬休闲产业园已通过青海省农业农村厅认定，区域范围包括上五庄镇、拦隆口镇、多巴镇，总面积7万余亩，规划总投资6.5亿，目前正在努力建设"果蔬种植功能区、科技研发功能区、现代农业示范功能区、休闲观光功能区、果蔬深加工功能区、农产品物流功能区、农业综合服务功能区"七大功能区。逐渐形成的产业园区一方面实现了从露地农业到设施农业的转化，突破了气候条件的限制，单位面积产量和产值得以提高，同时加快了一、二、三产业之间的融合，产业集聚效应逐步凸显，正成为引领湟中蔬菜产业供给侧结构改革，产业提质升级的重要"引擎"。如果将西宁市蔬菜市场按本地蔬菜占50%，省外输入

50%来计算,湟中县蔬菜产量与市场占有量已占西宁市本地蔬菜市场的近50%。蓬勃发展的蔬菜产业为扶贫打下了坚实的基础。露地蔬菜向设施蔬菜的调整,不仅仅是栽种模式的转变,设施蔬菜具有资本密集和劳动密集双重特征。首先,设施蔬菜具有劳动密集型特征,栽种吸收劳动力数量多于露地蔬菜。其次,设施蔬菜的资本投入高于露地蔬菜,对基础设施的要求高,这绝非一般合作社所能完成。在当地扶贫专业合作社政策的支持和引导下,设施蔬菜专业合作社借助加工、销售环节利润带动贫困户,通过土地流转、劳动就业、入股分红等方式带动贫困户脱贫致富。

从养殖业来看,2018年,湟中县猪、牛、羊、鸡存栏如表2所示。

表2 湟中县养殖业结构布局情况表

年度	规模化养殖基地数量	出、存栏量	其中:			
			猪	牛	羊	家禽
2013年底	98	出栏	19.41	7.02	27.8	43.79
		存栏	18.3	12.58	38.5	38.99
2018年底	127	出栏	13.21	6.97	27.1	51.21
		存栏	9.59	16.44	34.03	34.17

从规模养殖场数量来说,2013年与2018年分别为98个、127个,新增29个,增幅近30%。饲草面积由2013年的15万亩增加至22万亩。2014年以来,全县共建成生态牧场5个,提升改造了89家规模养殖场环境保护基础设施建设,硬化了进入养殖场道路,修建了堆粪场、氧化塘、沉淀池等粪污处理设施,全县规模养殖场粪污资源化利用设施设备配套率达到96%。与2013年相比,畜牧养殖业发展的显著特点是:总量略有降低,但由大量的散养向规模养殖转变,集约化、规模化水平明显提升,品种结构随市场导向局部优化。精准扶

贫政策实施以来，湟中县利用政策机遇，集中资源，创建小南川健康养殖产业园，产业园覆盖田家寨镇和土门关乡两个乡镇62个行政村，按"草畜联动、种养结合、产加销一体"的建设思路和养殖模式，以发展绿色循环农牧业为目标，大力发展生态畜牧业，建设"科技研发功能区、生产功能区、种养殖示范功能区、产品加工功能区、产品物流功能区、休闲观光功能区、农业综合服务功能区"等七大功能区。在精准扶贫政策的支持下，湟中县规模化养殖场既降低了运行成本，同时实现了绿色生态循环，为可持续发展和带动当地贫困户脱贫致富奠定了坚实的基础。

第二节 党政体制下的产业扶贫机制创新

一、产业发展与脱贫的结构张力

《中共中央、国务院关于打赢脱贫攻坚战的决定》明确将发展特色产业作为一条重要脱贫途径，强调要"加强农民合作社和龙头企业培育，发挥其对贫困人口的组织和带动作用，让贫困户分享农业全产业链和价值链增值收益"。不难发现，相对于之前的扶贫模式，产业扶贫在政策设计时就已将政府、市场、社区等多元治理主体纳入其中，在实施产业扶贫项目中带动贫困人口收入增加和能力提升。[1] 中国产业扶贫是政府主导推动的，既需要对贫困群体个体的经济收入增长层面的关照，又基于农民组织化的依托，还需要有积极有效的市场组织协同期待。但面对贫困群体普遍存在技术能力、市场能力、信息

---

[1] 黄永伟、陆汉文：《多重制度逻辑与产业扶贫项目的异化——组织场域的视角》，《中国农业大学学报（社会科学版）》2018年第1期，第110—116页。

能力欠缺，生产经营规模较小，组织化程度不高，履约及维权能力不足等一系列现实情况时，就注定了扶贫产业的推动绝不只是单纯的经济发展问题，而是要先把社会建设目标作为重要前提来推动。扶贫产业项目的有效推进，本身也需要成为乡村社会治理的重要范畴，而产业扶贫，也必然是政府、社会、市场、贫困群体良性互动的过程，更是社会治理的过程，而绝不单单是技术和市场的过程。

从理论上讲，产业发展关注的是经济效益问题，扶贫聚焦的是社会问题，关注社会公平与贫困人群福利和生活水平的改善，公平与效率之间作为人类社会发展进程中的一对永恒的矛盾，如果没有特殊的组织结构创新与制度调整，二者之间的张力往往很难消解，甚至更多时候因过度关注产业扶贫的经济目标而遮蔽了扶贫的社会目标。缺乏农民的组织化建设过程，离开多元、有效协同的社会参与特别是经济组织的介入，扶贫农业产业的发展，在贫困地区本身就面临中国农业生产"小产生、多环节、大流通、大市场"的结构性问题而充满风险；但反过来看，就算资本强势注入推动了产业发展，如果没有合适的利益链接机制和贫困群体参与推动和权益保障，其结果也面临不能真正惠及贫困群体的风险，从而偏离产业扶贫发展目标。从现实情况看，贫困地区贫困人口因为"原子化"及市场意识、市场能力弱，外来企业与贫困群体的合作成本太高，而通过合作社发展产业又面临组织成本和扶贫部门项目实施的行政成本过高的问题。乡村社会整体上的原子化状况，在横向上较为缺乏合作力与行动力，纵向上缺乏整合力，从而极易形成扶贫产业发展必须依托大户能人和外来企业的路径依赖。

综上，产业扶贫如果没有扶贫对象的有组织参与和相应的制度安排，很难得到有效的发展，反之即使产业兴起并获得成长，扶贫的目标也不一定得到落实，这本质上是治理问题：脱贫与产业发展的逻辑转换过程与机制并非自然完成，而是需要通过治理创新去回应的。社会目标与经济目标并重，扶贫项目治理与乡村治理同步推进，产业发展与能力建设共同落实，才有可能解决产业发展与脱贫的内在张力和社会结构性问题的牵制。

二、落地有效的产业扶贫机制

作为理解中国政治制度的重要概念，党政体制是指中国共产党在人民的支持下，通过艰苦革命和新中国建设、改革开放过程，不断完善和强化的中国特色的政治制度，其核心是党政府和人民的全面领导及对整个中国社会主义事业建设的全面领导，其基础是党的人民性。脱贫作为贫困地区第一政治要务，必然是地方党委、政府全体制、全社会动员、全面机制创新的行动，党委政府在创造市场机会、促进公平合作机制、推动各发展要素整合等方面，承担着更为积极的角色。以脱贫攻坚引领地方社会经济发展，是党政体制的重要体现，而产业扶贫，正是需要政治、社会、市场、资源各要素的有机整合，既是中国反贫困行动的特点，也是产业扶贫得以成功的重要保障，而组织保障是政治保障的基础，也是党政体制下湟中产业扶贫工作落地有效的基本前提。

脱贫攻坚是党政体制下的举国行动和重大战略，就地方而言，需要党委政府整体全力的共同推动。为落实产业扶贫的任务和目标，湟中县建立健全以县委县政府主要领导为"双组长"的县级脱贫攻坚指挥部，把扶贫工作作为党委、政府的重要任务和阶段性首要工作，通过层层签订目标责任书，立下脱贫"军令状"实现全体制总动员。和其他众多脱贫成功县一样，湟中县纵向建立由指挥长负总责—县级领导"包保"乡镇—县直机关单位"包保"非贫困村—乡镇成立由乡镇党委书记担任站长的扶贫工作站—各贫困村由驻村工作队和村"两委"共同负责的"五级"责任体系，横向设立了产业发展、项目建设、资金监管等"九大"职能部室，由县级领导担任各部室指挥长、各职能部室分工负责，统筹协调乡镇、部门开展各项工作，构筑"横向到边、纵向到底、责任到人"的指挥体系，形成"县级统筹抓、乡镇直接抓、部门分工抓、村级具体抓"的工作格局。以战役型治理打破科层式治理条块分割、资源分散的行动阻滞，发挥组织动员体制优势，集中精力重点解决精准脱贫的问题。通过构筑"九横五纵"战役型贫困治理体系，全面强化组织力和领导力，在党委领导、政府主责的前提下，全面做实扶贫办的职能，抽调各部门人员充实扶贫办，强化扶贫办的战斗力和行动力。为更好整合全县协同行动，通过组织程序，将扶贫办主任的级别上升至副县级，以更好统筹协调与各部门之间关系。而以五级书记为主的扶贫工作队，形成了从上至下的有力行动领导形式，紧紧围绕资源优势、区位优势、生态优势，在充分调查分析、精准把脉致贫原因、找准贫困根子的基础上，聚焦贫困群众需求，因地、因村、因户确定项目，既充分尊重群众意愿，考虑群众接受能力，让群众"点菜"，又科学编制项目规划，做到项目规划到村到户、项目实施到户到人，不断引导贫困群众就地就近发展产业。

整个产业扶贫推进过程中，湟中县党委、政府充分发挥政治引领力、资源整合力、社会动员力、部门行动力，将市场、社会、贫困群体的协同机制建设，贫困群体的组织化建设，乡村治理、扶贫龙头企业治理创新同步推进，从而能够超越产业扶贫中经济目标和社会目标的内在张力，形成党政体制下产业扶贫的有效工作模式。

三、"社会企业"机理与政治经济学

湟中县无论是新型经营主体合作社或合作联社，还是近三年来参与旅游扶贫的企业，其经营目标、管理体制以及利润分配无不显示出社会型企业特征。即"运用商业赢利手段、建立负责任的治理形式、实现社会效益"[①]的新型企业组织形态，具体为以下三个特征：1. 作

---

① 何慧丽、杨光耀：《农民合作社：一种典型的本土化社会企业》，《中国农业大学学报（社会科学版）》2019年第3期，第127—136页。

为市场经营主体，按照市场交换原则，保证经营主体负责任运行；2.经营主体与管理运行与监督有地方政府业务管理部门、村支两委、驻村第一书记以及建档立卡户共同参与；3.多元主体参与并推动产业发展，在追求经济发展目标的同时，精准扶贫的政治与社会目标也得到了维护。

一是以政策助推合作社治理与乡村关系重构。选取具有一定市场竞争能力，运行较好的专业合作社，一方面通过强化组织建设和制度建设，给予荣誉激励，支持其承担扶贫使命的同时完善治理机制；另一方面，通过发展机会供给和政策扶持，在银行贷款、项目支持以及协调合作社与村民间关系上发挥作用，降低合作社运行的成本。农业专业合作社因为地方党委政府政策积极调整和有效介入，政治担当与社会责任得到有效提高，成为带动当地产业扶贫，推动乡村团结和合作的重要行动主体。

二是以本土企业和在地能人为对象，推动担当扶贫带动。这些企业和在地能人具有带动建档立卡贫困户的主观愿望与客观条件，从主观愿望来看，他们与当地乡村有着重要的社会关系网络，经济收入在当地乡村，各种利益关系也在乡村，带着当地村民脱贫致富本身成为企业投资人获取认同，建构社会关联的重要手段，获得社会支持与社会认可的本土企业同样有助于建构企业家目标，降低与当地村庄交易的成本。从客观条件来讲，合作社具有本地企业的特征，企业负责人与当地乡土社会有着千丝万缕的联系，企业原材料选取、产品加工与运输等环节常常内嵌于当地社会文化网络环境中，从降低合作社的生产成本与交易成本来讲，需要合作社发挥带头作用。

三是接地气的负责任市场主体培育机制。选择培育引领扶贫产业发展的市场经营主体，首先把着眼点放在与贫困村空间相邻或与贫困户有社会关联的企业，这样的企业往往以贫困村土地、产业为依托，短期经营，投机的可能性较小，特殊的乡村社会关联使得经营业主往往愿意主动承担带贫的任务，同时便于扶贫对象参与监督。"这样的扶贫是有风险的，所以我们选择入股的企业一定是县域内的。再一个就是老百姓喜欢入到自己村里的老板，这个人他土生土在这里，它的根就在这里，所以像这种状况可能他的这种信用度的这个担保可能比法律意义上的担保效果更好。这就说到乡村治理上去，他信得过他自己村里的这个带头人啊，他们看着这个孩子长大的，他们家的家风怎么样，他知道这种状况的，所以还有这个因素在里边。"① 为了降低扶贫风险，确保扶贫资金安全，让贫困户尤其是缺少劳动能力或技能的资金入股，以及集体资金入股，当地扶贫部门制定了"比较霸道"的条款，"你倒我不倒""你烂我不烂"。即参与扶贫的企业需要通过资产抵押获得扶贫资金，且资产价值大于扶贫资金。按照当地扶贫部门的要求，对于入股的扶贫资金，每年需拿出入股资金10%进行分红，确保贫困人群增收致富。

第三节　湟中县产业扶贫实践创新

一、产业扶贫的体系化推进

（一）绣花功夫推进贫困户产业扶贫和监督管理

为做到"因户施策"，激发贫困家庭内生动力，乡镇领导、工作人员、第一书记、不断深入帮扶对象家庭，与贫困农户一起交流，对全县建档立卡贫困人员的致贫原因进行了详细分析（如表3所示）。整个过程中，湟中县级领导不定期到贫困村进行抽查、遍访，以确保信息的真实性和施策精准性。

---

① 访谈湟中县扶贫局侯局长，2019年9月4日。

表3　湟中县建档立卡贫困户致贫原因分析表

排名	致贫原因	数量（单位：户）	所占百分比（%）
1	因病	2265	24.80
2	缺劳动力	2131	23.4
3	缺技术	1305	14.3
4	缺资金	1296	14.2
5	因残	1190	13
6	因学	406	4.4
7	自身发展动力不足	355	3.9
8	其他原因	179	2

通过绣花功夫般"遍访"，在充分尊重贫困群众发展愿望和自主选择项目的基础上，按照"措施到户、资金到户、项目到户、效益到户"的精准扶贫原则，采取"一村一策""一户一法"，以实施到户、扶持到人的方式，对有劳动能力和生产发展愿望的贫困人口按照人均5400元的标准给予产业发展扶持；对有劳动能力、有发展愿望，但没有经营能力或产业选择较难的贫困人口，通过龙头企业、专业合作社等各类新型经营主体带动方式，将财政专项扶贫资金和其他涉农资金投入形成的资产，折股量化给贫困村和贫困户。

"遍访"不单单有利于做到"因户施策"，更重要的是，地方政府通过这样的方式与贫困户达成的扶贫方案与扶贫协议，不仅能得到贫困户的支持和理解，同时也能激发他们摆脱贫困的信心和干劲，很大程度上消除了贫困户"等、靠、要"的思想，走上脱贫致富的产业发展之路。体制内上下级政府均能从问题出发开展工作，不仅增强相互理解和信任，制定出来的扶贫方案更接地气，扶贫政策得到较好的贯彻和落实。另外，贫困户筛选与"遍访"，政府和老百姓有了一个沟通过程，在此过程中，老百姓的主体性地位也得到体现，增强了其对产业扶贫项目的认同，内生动力得以激发。

湟中县为保证贫困户产业扶贫资金和到户扶贫专项资金安全使

用，研究制定《湟中县扶贫专项资金共管账户管理办法（试行）》，按照"专户管理、独立核算、监督使用"原则，采取"项目户+第一书记（村干部）+信用社+乡镇"的四方监管模式，对扶贫专项资金从拨付到使用全程监管，共管账户的设立使扶贫专项资金拨付更快捷、使用更安全、过程更透明，真正保障了扶贫资金每分钱都花在贫困群众身上。

精准扶贫政策实施以来的产业扶贫与大水漫灌时期的产业扶贫完全不一样。过去的产业扶贫完全不需要对村民的家庭情况以及需要做调查，只需将物资发给他们项目就结束了。现在不一样了，比如养殖项目，品种选择、议价以及圈的修建权力都交给贫困户了，政府只提供参考价格，以及产前、产中和产后服务。老百姓变为项目的实施主体，项目结束后，由村支两委、第一书记、乡镇政府以及信用社把关。根据以往经验，为了资金安全，防止贫困户将项目资金用于赌博、喝酒等乱花钱行为，有的乡镇先将银行卡发给贫困户，让贫困户垫资或先垫资一半，待购买的牲畜以及修建好的牲畜圈验收后，方能激活银行卡。[①]

（二）激发脱贫内生动力的互助基金

为增强贫困户的自我发展和自我管理的能力，湟中县根据国务院扶贫办和财政部《关于进一步做好贫困村互助资金试点工作的指导意见》和《贫困村互助资金试点操作指南》的要求，青海省扶贫开发局等五部门《关于创新金融扶贫机制加大产业化扶贫工作力度的意见》文件精神，从2016年开始，开展了金融扶贫工作。根据有关规定，湟中县制定了《湟中县2016年贫困村互助资金实施方案》，按照每个贫困村50万元，156个贫困村共投入7000万元扶贫互助资

[①] 访谈群加藏族自治乡主管扶贫副乡长，2019年9月5日。

金作为风险防控金,搭建了互助资金金融模式担保平台,确定湟中县农商银行为扶贫开发金融扶贫主办银行。其中:140个贫困村互助资金按金融扶贫模式开展贷款业务工作,16个贫困村互助资金探索自主运行模式开展借款业务工作。即互助社运行方式和金融扶贫运行方式两种模式。

1. 多主体参与管理与监督的"互助社"

互助资金由贫困村组建的互助社负责管理,互助社设在行政村,在民政部门登记注册为非营利组织。农户以户为单位,每户一人加入。实行一人一票表决制。农户入社自愿,退社自由。互助社下设理事会和监事会,理事会是互助社的执行和日常管理机构,负责互助资金的运行和管理。理事会一般由3—5名成员组成,包括理事长、会计、出纳等。其中,理事长由扶贫工作队第一书记兼任,出纳由乡镇政府委派一名干部兼任,成员以村两委班子成员中产生。监事会是互助社的日常监督机构,一般由3—5人组成,负责监督资金运行和理事会的工作。监事会人员组成由社员大会讨论决定(至少要有一名贫困户),并经民主选举产生。为确保互助社良性运行,监事会成员不得兼任理事会成员。

互助社运行的"互助资金"由四部分组成:(1)由财政注入每个贫困村50万元扶贫资金;(2)鼓励互助社社员自有资金入股,补充扩大"互助资金"的规模;(3)接受社会各界以扶贫为宗旨无附加条件的捐赠款;(4)互助资金的增值部分。按照规定,非贫困户加入互助社需交纳互助金,贫困户加入互助社可免交互助金,并可优先获得资金和技术支持。农户交纳的互助资金原则上不高于财政扶贫资金总额的75%,具体比例由社员大会讨论确定,互助资金在互助社内封闭运行。为确保互助基金有效利用,互助资金实施方案对借款额度、借款期限、审批权限、借款方式、借款用途、还款方式、借款占用费和风险准备金等一一作了明确规定。借款方式上,由3—5名成员组成互助小组,并签订互助联保协议,采取互助联保形式发放借款。此举一定程度上利用乡村熟人社会的约束机制,对成员机会主义行为产生了较好的约束作用。

2. 撬动金融扶贫的互助基金

为确保资金安全,湟中县互助基金主要以金融扶贫运行方式为主,互助社运行方式仅占较小比重。金融扶贫运行方式按金融扶贫的方式运作,支持贫困村和贫困户发展产业,贷款期限不超过2年,按银行基准利率给以贴息。由贫困村村委会、所在乡镇政府、乡镇信用社、县扶贫办签订四方协议,贫困村在当地乡镇信用社开设专户,并设立支农信贷担保体系,将互助资金注入担保体系,作为风险防控担保金,由乡镇信用社按担保金的5倍给建档立卡户发放扶贫贷款。扶持对象为湟中县156个贫困村的建档立卡户,与贫困村、贫困户联系紧密,带动贫困群众脱贫致富能力强的能人大户、扶贫专业合作社等新型经营主体。扶贫贷款按照"扶持对象自愿申请→所在村委会、乡镇政府审核上报→先扶贫办推荐→信用社审批发放"的程序进行。贫困户贷款规模一般控制在5万元以内;能人大户的贷款规模一般控制在50万元以内,扶贫专业合作社和扶贫龙头企业贷款规模一般控制在200万元以内。

(三) 奖励与风险保障相结合激发贫困群体行动能力

1. 产业奖补政策激发贫困户脱贫意愿

为了巩固产业扶贫成效,激发贫困户的主体意识,保障贫困户产业发展的持续性和稳定性,湟中县出台《湟中县贫困户励志奖励实施方案》,投资300万元,对有发展潜力、发展产业突出的脱贫户给予产业巩固提升奖补。奖补范围及对象为全县发展到户产业扶持中实施种养殖产业的已脱贫贫困户,满足在巩固提升阶段脱贫产业巩固稳定、增收成效明显,主动脱贫意愿强烈且未再返贫条件的已脱贫贫困户。仅2018年,湟中县表彰奖励脱贫光荣户77户、脱贫致富明星10名、扶贫创业明星10名,奖励资金、物资折价166.3万元。

2. "产业保"化解扶贫产业自然灾害风险

为了突出产业发展在脱贫攻坚中的优先地位,不断激发贫困户自我发展能力和"造血"功能,紧扣全县脱贫"摘帽"巩固提升目标任务,湟中县加大金融对贫困户产业支持服务力度,建立产业风险防控保障体系,推动全县贫困户产业项目可持续健康发展,持续脱贫攻坚,巩固脱贫成效,编制了《湟中县贫困户"产业保"保险项目实施方案》。保险对象包括湟中县发展种植业、养殖业的建档立卡贫困户。保险期间为保险合同签订的保险责任起止时间,种植业保险为一个收获期,养殖业保险为1年。保险责任范围包括:(1)种植业保险;(2)养殖业保险;(3)蔬菜价格指数保险;(4)生猪收入保险、中药材价格指数保险等,视项目进展情况择机开办。项目实施地点包括全县15个乡镇380个行政村。项目总投资400万元,具体以实际参保贫困户承担的保费统计数据为准,资金均为财政扶贫专项资金。保费补贴中由贫困户自缴的部分为"产业保"项目承担,贫困户不再承担任何费用。

二、强化新型经营主体的带动作用

早在精准脱贫政策实施以前,湟中县加大对农牧业企业、专业合作社、家庭农牧场等新型经营主体的扶持力度,引导和鼓励经营主体发展联合社、行业协会,努力提高全县种养殖业组织化水平,促进行业内经营主体抱团发展、合作共赢。2018年底,全县农牧业企业达到100家、农民专业合作社达到1106家(注册)、家庭农牧场503家,与2013年底相比,分别增长66%、207%、409%。依托经营主体的发展,全县土地规模经营面积由2013年的5.8万亩,增加到了14.2万亩,增长了145%,推动了农牧业规模化经营(详见表4)。

表4 2013、2018年湟中县新型农业经营主体数量及土地流转面积

年度	农牧业企业	其中: 国家级龙头企业	省级龙头企业	市级龙头企业	农民专业合作社	其中: 部级示范社	省级示范社	市级示范社	家庭农牧场	联合社	行业协会	土地流转面积（万亩）
2013年底	60	1	3	25	360	2	10	14	12	0	0	5.8
2018年底	100	2	11	46	1106	10	34	107	503	10	3	14.2
增减	40	1	8	21	746	8	24	93	491	10	3	8.4

新型经营主体的快速增加，一方面得益于地方政府政策的推动和支持，另一方面显示出合作社经营的活力以及农民对合作社的需要和期望。但数量的快速增加并不能忽视其规模小、能力有限的现实，其中还有不少"伪"合作社滥竽充数，以合作社之名获取国家的项目补贴与税收优惠，无法做到基于合作社成员共同利益的建设性互益状态。这实际上意味着已有的与合作社相关的政策支持体系，即使合作社快速发展与规模扩展，甚至经营实力的提升并不一定能带动贫困户脱贫致富，产业发展、经营主体实力提升与脱贫之间并不产生必然关联。

为发挥新型经营主体在推动产业结构调整、带动贫困户增收脱贫中的积极作用，湟中县从合作社的现实问题出发，制定了《湟中县产业化扶贫专业合作社（龙头企业）申报认定办法》。对于愿意承担扶贫责任的新型经营主体，当地政府在政策、贷款以及教育培训等方面给予积极支持。2017年6月，根据湟中县人民政府办公室《关于印发湟中县财政支农扶贫融资担保平台实施方案的通知》文件精神，扶贫局与财政局、湟中县农商银行、农牧和扶贫开发科技局共同签订四方合作协议，由财政注入风险防控资金1850万元（原有财政支农金担保平台资金1150万元，2017年由扶贫部门注入财政扶贫资金700万元）目前余额1146万元，按1:5的放大倍数为非贫困村的贫

困户及带动贫困户脱贫的能人大户、家庭农牧场、专业合作社、龙头企业发放贷款。

> 对当地创业致富带头人培训。培训刚开始是 4000 块钱的标准，为了提高培训质量，将培训费用加到 5000 块钱，让愿意承担脱贫任务的带头人到更多地方去考察学习。
>
> 专业合作社和农户一定要连起来捆绑起来。只有带动了贫困户，才能给他扶持，如果你们带动贫困户跟我扶贫没关系，那我就不扶持。2018 年统计我全县有 2000 家合作社，但是跟我扶贫有关系的只认了六十五家，是扶贫专业合作社。您不干我扶贫的事，有事情跟您没关系，您只要带动了贫困户，我审核了以后，我才给您政策的支持扶持。[①]

在政策导向下，当地政府认定了一批具有一定经营规模和经营实力，愿意参与产业扶贫任务的新型经营主体；加大对扶贫专业合作社的支持力度，从而涌现了一批具有一定经营规模和经营实力，同时愿意承担扶贫任务的新型经营主体。自 2016 年以来，湟中县以发挥农牧业经营主体示范带动作用，带动贫困村增收脱贫为目标，每年组织召开农牧业经营主体与贫困村扶贫对接会，引导和鼓励农牧业经营主体积极参与扶贫事业。2016 年至 2018 年，在扶贫政策引导和助推下，湟中县先后选择、扶持 218 家经营实力强，愿意承担扶贫责任，带动贫困户脱贫致富的农牧业企业、合作社及家庭农牧场，在 111 个贫困村通过土地流转、入股分红、订单农业、吸纳务工等方式共带动贫困户 5545 户（次），增收达 8455.74 万元，带贫益贫群众达 1.3 万人。

---

① 访谈湟中县扶贫局侯局长，2019 年 9 月 4 日。

案例：青海新绿康食品有限责任公司青稞产业扶贫

青海新绿康食品公司位于青海省湟中县鲁沙尔镇，于2005年8月成立，占地22亩，总建筑面积11000平方米，是青海省最早一家以高原特色农产品青稞为原料，生产具有高原特色青稞系列产品的专业公司，经营中先后研制开发出各种青稞食品50余种，产品远销北京、上海、广东、河南、河北、山东、湖北及西北等地的大中城市，且供不应求。该公司的成立与运营使青海省农业产业化进程跃上一个新的台阶，改善了青稞等杂粮产品消费结构，改变农产品深加工落后状况，推动了农牧业专业化及产业化水平不断提高。该公司运营不仅具有良好的市场效应，同时兼具较好的社会效应。其获得的主要品牌与荣誉如下：

时间	品牌与荣誉
2015年11月	公司"青穗"商标被认定为青海省著名商标
2015年12月	被西宁市科技局认定为西宁市科技型企业
2017年5月	被湟中县农村信用合作联社认定为信用企业
2017年10月	被青海省农牧厅等相关单位认定为省级农牧产业化重点龙头企业
2018年1月	被西宁市市场监督管理局认定为质量信用等级A级企业
2018年8月	公司青稞产业化联合体被青海省农牧局等单位认定为省级农牧业产业化联合体
2019年1月	被评为省级"专精特新"企业

自公司成立以来，积极发展"企业+基地+农户"的产业化经营模式，通过发展订单农业，带动当地青稞种植户发展。脱贫攻坚政策实施以来，公司积极响应地方政府号召，参与湟中县

2018年贫困户产业扶持项目，先后与湟中县上新庄镇、共和镇的169户贫困户签订入股分红产业扶持项目，金额达85.21万元，公司每年按入股资金的10%进行分红。2019年，公司根据青海省人民政府办公厅印发的《牦牛和青稞产业发展三年行动计划（2018—2020年）》及湟中县人民政府办公室印发的《湟中县金融扶贫青稞产业发展项目实施方案》的通知要求，2019年，通过湟中县农业农村局协调和担保，公司与湟中县农商银行签订《湟中县金融扶贫青稞产业发展项目信贷担保业务合作协议》，由县农业农村局向湟中县农商银行存入信贷担保资金1000万元，作为青稞产业发展贷款风险防控资金，按放大5倍规模向青海新绿康食品有限责任公司提供青稞产业发展贷款，用于收购青稞原粮。按照企业生产进度，目前湟中县农商银行作为主办行已向青海新绿康食品有限责任公司发放贷款2500万元。项目贷款全部用于青海省内收购青稞，收购区域包括青海省湟中县、湟源县等，主要面向贫困地区青稞种植户。按照与湟中县农业农村局合作方案，针对建档立卡的贫困青稞种植户，以高于市场价格0.6元/公斤收购。计划收购1000户建档立卡的贫困户种植的青稞。以户均种植青稞10亩，平均亩产250公斤计算，青稞种植的贫困户总收入1000万元。该公司申请并获批的青稞收购流动资金贷款，符合国家及青海省青稞产业扶贫政策。该项目的建设可延伸青稞产业的产业链，解决湟中及周边县市青稞的销售问题，放大传统种植业的生产优势，稳定传统种植业生产，为广大脑山贫困地区农民解决青稞种植户销售问题，实现了贫困小农户与现代市场有机衔接，提高了他们种植青稞的积极性。

三、兼业模式支持生计体系多元化

如果说传统农耕社会时期因农业生产力水平不发达常常需要家庭

副业、手工业作为补充支撑小农家庭的话，改革开放后，几乎所有中西部地区农民家庭收入都是通过"以代际分工为基础的半工半耕"结构来获取生计的。① 家庭的生计模式由过去的"农业+副业"转变为现在的"农业+外出务工"，过去的"半耕半副"的家庭单位转变为现在的"半工半耕"。② 在这样的家庭结构中，年龄较大的父母留在家中种田的同时帮助子女带孩子，青壮年劳动力则通过外出务工赚取收入补贴家用。这种情况下，非农务工和农业生产形成了"两柄拐杖"。家庭种植为外出农民工在城市提供变相失业保障，和变相老年福利。同时，外出的农民工反过来为在农村的家庭提供现金收入，以补贴辅助劳动力所从事的小规模农业的低回报。否则，小规模农业也难以维系。③ 改革开放以来，湟中县同样经历了中西部地区农民家庭生计模式与家庭结构的变迁。这样的家庭结构与分工方式，导致广大西部民族地区村庄出现空心化、老龄化等社会问题；同时因为大量剩余劳动力涌向城市及东部沿海发达地区导致收入长期停留于较低水平，这也是我国制造业和服务业能够以廉价融入全球产业链的重要原因。

长三角和珠三角劳务公司过来组织动员当地老百姓到东部沿海发达地区打工。我们在长三角、珠三角地区设立人力资源服务的办事处，到当地企业考察，然后往省外输送劳动力。我们曾经组织当地村民到新疆摘棉花，但因为吃不了苦，加上挣钱少，在新疆挣的钱在我们当地也能挣到，所以后来没人去了。当时因为大量人员外出务工，引发家庭矛盾与危机。当时很多当地人和我

---

① 贺雪峰：《治村》，北京大学出版社，2018年，第235页。
② [美]黄宗智：《明清以来的乡村社会经济变迁：历史、理论与现实》（卷三），法律出版社，2014年，第145页。
③ [美]黄宗智：《明清以来的乡村社会经济变迁：历史、理论与现实》（卷三），法律出版社，2014年，第146页。

们开玩笑说"怪你们就业局都把女孩子都送出去了,害得我们当地人找不到媳妇,要么找到媳妇,外出务工时跟着别人跑了"。①

2008年的金融危机,引发东部沿海地区工厂倒闭,外出打工的村民被迫返乡。为此,湟中县劳动就业部门调整就业方向,提倡就近就地转移就业,从省外输出为主变成了省内省外兼顾,再后来调整为以就近就业为主。瞄准西宁市区和南川、甘河工业园区生产生活服务用工需求,有针对性地开展家政服务、园林绿化等实用技能培训,组织开展"春风行动"等大型专场招聘会,助推贫困劳动力就业创业。2016年以来,湟中县劳动就业部门累计培训贫困劳动力20507人(次),转移输出贫困劳动力18673人。在本地化非农就业政策的引导和支持下,过去远距离"农业+外出务工"的"半耕半副"的家庭组织结构变为近距离、本地化的"亦工亦农"的兼业模式家庭组织结构。正是借助于这样的兼业模式,解决了当地人的隐形失业问题,改善了贫困户的就业环境并提高其收入,缓解了当地的社会问题。

同样的收入条件下,外出就业与在地化就业相比,有以下差别:首先,在地化就业的妇女可以照顾家庭。妇女作为半劳力,照顾老人,还要照顾小孩;白天出去打工了,最起码晚上回来家里了,孩子也不耽搁,照顾老人也不耽搁。其次,出去外面挣的收入一部分又消费掉了,来回的路费啊这些,而在地化就业可降低成本。第三个是出去外面,生活习惯不一样,咱们青海人出去外地,吃饭是种压力,解决起来还是比较难。还有些夫妻俩出去打工的时候要求提供夫妻房,但很多地方没有,很不方便。②

---

① 访谈湟中县扶贫局侯局长,2019年9月4日。
② 访谈湟中县扶贫局侯局长,2019年9月4日。

第四节　多领域推进产业扶贫

一、乡村旅游扶贫

2015年之前，湟中县几乎没有乡村旅游的概念，旅游业主要围绕5A级景区塔尔寺、青海湖展开。塔尔寺游客数量早过百万，门票收入过亿。但因"以寺养寺，自收自支"的财政政策，加之塔尔寺位于湟中县县城周边区域，与贫困村空间上分离，很难发挥旅游扶贫的社会效应。青海湖属典型的观光型旅游目的地，游客停留时间短，旅游消费不高，对当地的带动作用同样有限。

2015—2018年，精准扶贫的政策环境下，湟中县委县政府从湟中县区位条件出发，充分考虑贫困村资源禀赋、后发优势，以及乡村旅游与贫困区域空间叠合，旅游业带动能力强的特征，选中当地9个贫困村，借助扶贫办300万元/村作为撬动资金，通过体制机制创新，吸引社会资本参与扶贫，共实施了拦隆口镇卡阳村、群加乡下圈村、上五庄镇包勒村、共和镇西台村、田家寨镇田家寨村、拦隆口镇拦一村、田家寨镇窑洞村、土门关乡上山庄村、共和镇葱湾村等9个乡村旅游扶贫项目，建成乡趣卡阳、田家寨千紫园、上山庄花海、拦隆口慕家古寨等一批集休闲度假、旅游观光、餐饮娱乐为一体的田园旅游综合体，通过土地流转、项目带动、入股分红、就业带动、让渡经营权等方式带动1100名贫困群众实现多元增收。湟中县乡村旅游发展进程中"公司+农户"的利益联结机制主要通过以下方式实现：

1. 景区的建设要依靠当地农民务工，景区建成后需要当地农民从事服务工作，为当地农民尤其是贫困户创造了大量的就业机会。

2. 游客的餐饮、住宿、农产品购买等需要农民来提供或补充提供，景区消费的大部分原材料需要当地农户来提供。

> 案例：土门关乡上山庄花海旅游景区常年就业人数为100人左右，上山庄村25户贫困户中有近50人在景区就业，从事种花、除草、看护、保洁、餐饮服务等工作，占景区就业人数的近一半。2018年上山庄花海景区游客量达50万人次，带动了42个经营户的发展，经营户总收入超过120万元。上山庄村于2017年已经实现了全面脱贫。上山庄村贫困户黄花桂今年62岁，她与11岁的孙女相依为命。2016年调查时家庭年人均可支配收入只有1989元。景区运营以后，景区为黄花桂免费提供了一间小木屋，让她经营特色小吃洋芋酿皮，2018年盈利达2万元，加上土地流转收入1200元和劳务收入2000多元，黄花桂家的纯收入达23000多元。这虽然只是个个案，但有普遍的代表性。

3. 扶贫资金入股分红。每个村投入专项资金300万元，部分贫困户或者村集体经济可以从中受益。一些有劳动能力的贫困户还有5400元产业发展扶持资金，其中一些无产业发展条件的贫困户将产业扶持资金入股到景区，通过资产收益分红每年获得稳定的收入。

> 案例：千紫缘科技博览园成立于2016年2月2日，在政府的支持和领导下，本着"龙头产业带动，配套产业跟进，产业链条延伸"的发展理念，已初步建成了特色种植示范区、梦幻田园观赏区、休闲乡村体验区、青少年科普教育创新区、太空植物博览园五大功能区，形成"四区一园"发展格局。通过产业扶持资金入股分红的方式，吸收了田家寨镇28个贫困村718户、2194名贫困群众入股资金910.84万元，按照每年按入股资金的10%固定分红，仅2017年为贫困户发放分红资金62.78万元，为稳定脱贫奠定了坚实基础。

二、文化产业扶贫

精准扶贫政策实施以来，湟中县将文化产业纳入县域经济社会发展总体规划，注重顶层设计，研究出台《湟中县加快推进文化产业发展的实施意见》等文件，把培育特色文化产业作为稳增长、调结构、促转型、惠民生的重要抓手，将文化旅游、民间工艺、演艺娱乐作为产业培育核心和主攻方向，县财政每年安排100万元支持产业发展，在税收、土地、招商等方面不断释放政策红利，按照品牌化、集聚化的发展思路，纵向挖掘特色资源，横向延伸产业融合，推动文化产业由"量变"向"质变"转型，借此带动全县贫困村与建档立卡户脱贫致富。逐步形成了政府规划引导、企业与贫困户广泛参与、资源合理配置、优势集聚放大的产业发展格局。

案例：青海缘汇木雕工艺有限公司成立于2008年5月，位于湟中县鲁沙尔镇陈家滩村，是一家以藏传佛教文化和地方传统文化为依托，以当地传统木雕工艺及榫卯工艺为基础，生产"格桑花"牌系列藏式家具、实木家具及各类木雕旅游工艺美术产品，集佛教用品系列和其他民族用品系列的设计、开发、制造、销售为一体的综合性民营企业。公司自2015年以来积极响应贫困帮扶的口号，以扶贫资金入股扩大公司生产规模，采取资产收益的扶贫方式带动贫困户脱贫。2015年公司对口帮扶上五庄小寺沟村、鲁沙尔阿家庄、上新庄周德、申南村，共和镇押必村等15个村，2016年公司对口帮扶湟中县共和镇木场等6个村；湟中县上五庄镇黄草沟等4个村；湟中县上新庄镇海马沟等13个村；湟中甘河滩镇坡西村等7个村；湟中县鲁沙尔镇阳坡村，湟中县海子沟乡总堡村、海南庄2个村，2017年对口帮扶鲁沙尔镇赵家庄等5个村。至今，该公司采取资产受益的方式带动贫困户1863户，年均增加贫困户收入每户1755元，共支付贫困户资产收益分红资金429.88万元。2016年公司被湟中县扶贫办评为扶贫龙头企业。

三、光伏产业扶贫

光伏发电作为清洁、环保、可再生的新能源，既符合国家清洁低碳能源发展战略，又具有一次投入、长期受益等诸多优势。若能将光伏产业与贫困村落、贫困户建立利益联结机制，有利于带动贫困群众长期稳定增收。湟中县基于当地光资源好、光照时间长的优势，在国家能源部门的积极帮助下，建成多巴、鲁沙尔镇2处光伏扶贫电站。光伏电站建成后，将全县156个贫困村、用于发展壮大村集体经济50万元/每村资金入股到光伏发电项目，每村每年按6%分红，2018年每村分红资金3万元。光伏产业项目运行后，覆盖全县156个贫困村、550余户建档立卡贫困户、16000余人。

湟中县光伏产业扶贫除了具有上述绿色、持续、覆盖面广的特征以外，还具有以下特征。

一是容量和面积大。在村级光伏扶贫电站的指标里，十三五期间湟中县建立的村级光伏扶贫电站，是同期青海省同类型电站最大的一个。二是设计合理损耗低。湟中县光伏扶贫电站选址时，为降低能耗，将电站建在毗邻西宁市的甘河工业园区，电站所发出来的电，通过国网配套的47级塔，输送距离不到10公里，确保每天所发电量全部用于甘河工业园区的企业。三是就是农光互补。为最大程度利用土地空间，湟中县光伏产业设计的光伏面板的最低点垂直距离是离地2米，每一组光伏面板之间的间距达到7.7米，既保证湟中县光伏电站正常运行，又满足农业栽种和中小型农业机械化耕作。四是绿色效益高。作为一项新的能源项目，光伏发电除了可以获得0.26元/度的国家电网发电收益外，还有国家给予的0.49元/度的新能源补贴，所以光伏发电每度电实际上产生 0.75 元的收益。从 2019 年上半年数据来看,半年时间产出的 2600 万度电,其效益已经超过 2000 万。

  西堡镇羊圈沟村村民丁全高兴地说:"村干部告诉我们,村上这个电站已经建成并网,每年能给村里分不少钱呢。天气好的时候,太阳一出来,我们就感觉好像天上直往下掉钱,心里暖洋洋的。"①

四、林业扶贫

精准扶贫政策实施以来,当地政府按照"生态保护脱贫一批"的要求,结合林业和草原工作实际,加大帮扶力度,通过设置生态公益性岗位、让贫困户参与绿化工程、发展林下产业等措施落实精准扶贫工作。

(一)生态管护建设提供公益性岗位

湟中县落实精准扶贫政策的过程中,把生态文明建设与脱贫攻坚紧密结合,利用中央森林生态效益补偿基金项目、天然林保护工程森林管护项目、新农村绿化项目的管护资金,以森林、草原管护为重点,在各乡镇公益林管护队现有队伍和人员保持不变、现有生态护林员中尚未脱贫人员继续保留的基础上,新设立生态管护工作岗位,让能胜任岗位的贫困人口参加管护工作,实现家门口脱贫。在加强生态保护的同时,精准带动贫困人口稳定增收脱贫。

---

① 潘玲、田晓军:《湟中:壮大村集体经济 打造脱贫攻坚"新引擎"》,《青海日报》2019 年 11 月 20 日。

表5 精准扶贫政策实施以来湟中县设置生态公益性岗位情况表

年份	岗位总数 非贫困护林员（单位：名）	岗位总数 贫困护林员（单位：名）	为贫困户发放金额（万元）	项目来源
2015年	359	0	——	中央森林生态效益补偿基金项目、天然林保护工程森林管护项目
2016年	183	267	512.28	中央森林生态效益补偿基金项目、天然林保护工程森林管护项目、新农村绿化项目的管护资金
2017年	——	1002	1113.67	
2018年	——	1254	1527.7	
2019年	——	1225	1407	

聘用的公益林管护人员、天然林管护人员部分落实每人每月1800元，前11个月管护费每月按时发放，第12个月管护费作为考核工资，年终考核合格后一次性发放；部分管护人员落实每人每年1万元，按月发放，每月发放800元，12个月共计9600元，剩余400元作为年终考核工资，年终考核合格后一次性发放；新农村管护人员落实每人每月1800元，前11个月管护费每月按时发放，第12个月管护费作为考核工资，年终考核合格后一次性发放。

（二）造林育苗实现脱贫增收

依据国家林业和草原局办公室、国家发展改革委办公厅、国务院扶贫办综合司《关于推广扶贫造林（种草）专业合作社脱贫模式的通知》（办规字〔2018〕170号），湟中县出台了《湟中县扶贫造林专业合作社造林实施方案》和《湟中县扶贫造林专业合作社造林议标（竞标）办法》。鼓励建档立卡贫困户通过参与各项绿化工程项目建设获取多种报酬，推广扶贫攻坚造林专业合作社、"先建后补"等模式，组织贫困人口参与生态工程建设，提高贫困人口参与度和劳务收入。根据《湟中县扶贫造林专业合作社造林实施方案》和《湟中县扶贫造林专业合作社造林议标（竞标）办法》，扶贫造林专业合作社社员10人以下的，至少有2户建档立卡贫困户；合作社社员10人以上的，建档立卡贫困户不少于30%；或者合作社吸纳用工人数30%以上的贫困人口从事造林劳务生产，每人至少参加10天，且需由县扶贫办负责审核。在同等质量标准条件下，优先采购建档立卡贫困户的林木种子、种苗，增加贫困户经营性收入。通过推广扶贫攻坚造林专业合作社、"先建后补"等模式，仅2019年完成国土绿化任务10.86万亩，其中人工造林8.36万亩、森林抚育2.5万亩。带动62家专业合作社、40家绿化公司、6家农牧场参与造林绿化，吸纳2242贫困人口进行造林工作，带动建档立卡贫困户增收284.6万元。

国际农发基金青海六盘山片区扶贫湟中县林业项目，2016年在群加、李家山、共和3个乡镇5个村民发展苗木繁育201亩，扶持117户农户进行育苗，其中贫困户89户。2017年在群加乡2个村发展苗木繁育23亩，扶持10户农户进行育苗，其中贫困户8户。目前，该项目已结束，并全部验收合格。项目区共拉设16000米网围栏，及时安排了后续管理和发展工作，为贫困户参与管理与经营提供了机会和可能。

本章小结

与过去产业扶贫实践过度关注经济目标从而遮蔽扶贫的社会目标，关注产业经济效益忽略产业存在的地域生态环境、社会基础、民族历史文化以及产业扶贫实践中因"条块分割"的体制缺陷从而造成资源分散、项目无法协同、生产性公共服务无法及时跟上不同的是，湟中县遴选与扶持的产业将区域格局、生态环境、民族历史文化与传承、生产性公共服务甚至基层治理等结构性要素统筹整合进产业组织化进程中，打破现有的体制机制限制，通过资源、政策、项目系统整合从而形成叠加效应，推动产业可持续发展。不仅项目与项目之间因相互支持与关联从而产生叠加效应，更重要的是，以乡村作为项目实施空间，将项目真正融入村民的生产和生活，变成村民生产与生活中不可分割的一部分，增强村民对项目的认同感，避免出现项目一结束就昙花一现情况。扶贫政策引导下，具有社会型企业特征的新型经营主体进入乡村，通过发展集体经济与基层治理将贫困村落整合为一个共同体，这为政策顺利下乡和社会型企业资本入村扫清障碍，提供社会基础。综上，与过去相比，湟中县的产业发展呈现兴旺发展的势头，突出地表现为：一是产业发展基础设施趋于完备；二是贫困区域聚集了一批具有社会型企业特征的新型主体，积累了一定的资本、技术和经营能力；三是土地集中流转具备了一定规模；四是地方政府的生产性公共服务及时跟进；五是目前已经形成了较为丰富的产业形态，包括农业、旅游业、林业、养殖以及潜在的农产品深加工等；六是市场渠道畅通，部分产品甚至利用季节性优势形成市场垄断。

与过去注重"扶产、扶业"以及产业扶贫中贫困农民参与不足的"输血式"扶贫相比，湟中县产业扶贫实践从一开始就将产业作为提升贫困农民能力，培育农民发展主体性的载体。无论是产户资金的使用、集体经济项目选择，贫困人群成为项目实施与管理主体，通过参与讨论和民主决策，成为产业扶贫的真正主体，在此过程中形塑为自组织能力较强的社会。不仅如此，地方政府产业扶贫中提供的较为完善的生产性公共服务以及与产户资金相关的政策支持，对贫困户而言，无疑具有持续地发展经济、改善生活、提升福利、降低风险与脆弱性的综合能力。另外，地方政府大力支持新型经营主体，培育市场主体竞争力的过程中，通过制度性利益捆绑，将获益的机会留在贫困农民群体身上。最终，通过支持贫困人群能力成长以实现和企业及市场的有效对接，为扶贫工作的延续提供根本保障。

产业扶贫的可持续实际上要解决的就是经济效率和社会公平的张力和矛盾问题。湟中县产业扶贫实践中，地方政府一方面加大对新型经营主体和小农户的支持力度，不断完善生产性公共服务，借助扶贫政策引导和项目支持，净化了市场环境，让真正有实力、勇于承担扶贫社会责任的新型经营主体在市场竞争中脱颖而出，提高新型经营主体和小农户应对市场的能力；另一方面通过制度性利益捆绑让不断崛起的，具有社会型企业特征的新型经营主体在产业发展中真正带动贫困户脱贫致富。在此过程中，新型经营主体崛起以及产业蓬勃发展为脱贫攻坚目标的实现奠定了坚实的物质基础，社会环境优化与市场环境的净化为新型经营主体降低交易成本，获取竞争优势提供了制度基础。综上，湟中县的产业扶贫实践解决了产业扶贫实践中产业与扶贫之间的悖论关系，形成社会建设与产业发展的良性互动机制，市场秩序与社会制度在产业扶贫实践中实现了有机统一。而从微观视角来看，当地劳动就业部门针对部分返乡人员及贫困户所做的本土化非农就业促进政策，其价值在于兼顾了非农生产与农业生产的"两柄拐杖"，从而使得以小农为单位的生产组织的经济功能和社会功能得到了兼顾和释放，即小农家庭无须监督但却充满活力以及精细化管理的经济功能与家庭成员本地化非农就业生成的家庭稳定、情感关联的社会文化功能之间的互补性，这就使得当地的农业生产同时兼具生产基础和社会基础，再次实现了经济和社会发展的互嵌。

湟中县的产业扶贫，是政府、社会、市场、贫困户等各主体在党政体制下协同、参与、互动的过程，也是脱贫攻坚与社会治理同步推进，同步提升的过程。其核心经验在于，党委、政府各部门同时担当了产业发展的引领者、贫困户产业脱贫行动的组织者和能力建设者，是社会合作机制的推动者，还是社会公平的坚守者。

湟中产业扶贫的经验，总体来讲，一是把乡村生活视为整体，在扶贫过程中把农村、农业、农民作为一个价值系统，充分尊重农民意愿，把产业扶贫和生计系统调整和多元化完善，传统文化与地方性知识挖掘与传承，乡村生活价值与家庭生活意义提升相结合；遵循乡村发展规律，沿着乡村固有价值系统启动产业扶贫工作；在产业选择上,充分利用原有的产业基础和地方性知识。二是整合式产业发展思路,将激励农民主动行动与社区治理、产业风险应对、农民组织化建设相结合,推动多主体协同、多东道参与,形成了产业发展的区域性合力。三是扶贫产业发展过程中地方党委、政府主动发挥引领性角色的同时,并未扮演"全能政府"的角色,而是坚持"有所为,有所不为"的原则和执政理念,在产业扶贫中坚持"搭台不唱戏",抓好公共服务供给和机制建设,努力塑造地域品牌,通过东西部协同推广地方农特产品和文化旅游产品。四是重视本土产业发展的能力与活力,积极培育各新型经营主体,以政府资源投入为杠杆,撬动不同主体参与产业扶贫。

第四章

精准社会保障与易地扶贫搬迁

贫困概念的构建与理解一直是贫困研究领域的核心内容，贫困概念的内涵在不断地发展和演变，逐步从一种简单的"相对较少的收入"和"生活必需品的缺乏"的经济贫困向"权利和机会的被剥夺"的多维度和多元化贫困再到"发展的自由缺乏"转变[1]，能力视角得到越来越广泛的认可。阿玛蒂亚·森提出"可行能力"概念，"可行能力"是指人们有能力实现各种自己想要的生活方式的自由。他认为可行能力包括良好的营养、居住条件、医疗卫生条件等[2]，贫困不仅仅是收入低下，而实质上是能力的丧失，更确切地说是"可行能力"被剥夺的状态。而可行能力是由个体所拥有的商品、劳务等物质资源转化而来。但是，如何利用个人所拥有的资源，并将其转化为可行能力，受到个人特征和环境因素的影响。个体差异体现在健康、年龄、性别等方面，个人条件的不足会降低物质资料向可行能力的转化效率，导致贫困者无法享受到同等物质条件下较强禀赋的个体所拥有的生活质量。环境因素包括自然环境和社会环境。恶劣的自然条件、所处社会的不良风气、较低的公共服务水平等都会阻碍物质资料向可行能力的转化。这些导致贫困的因素是因人而异、因环境而异的，由此形成整套的贫困思想。[3]

---

[1] 唐丽霞、李小云、左停：《社会排斥、脆弱性和可持续生计：贫困的三种分析框架及比较》，《贵州社会科学》2010年第12期，第9页。
[2] ［印度］阿玛蒂亚·森：《以自由看待发展》，任赜、于真译，中国人民大学出版社，2012年。
[3] 钟晓华：《可行能力视角下农村精准扶贫的理论预设、实现困境与完善路径》，《学习与实践》2016年第8期，第70—71页。

湟中县在应对贫困人口因个人特征与集体环境而导致的贫困方面，通过增强"家户能力"与"社区能力"，将个人—村集体—国家联系起来，在充分尊重农户主体性与异质性的基础上，提高社会政策的实施效果。对于贫困人口中完全或部分丧失劳动能力的人，完全由社会保障来兜底扶贫。社会保障兜底政策实施过程中，"五级书记一起抓"，"一把手负责制"与扶贫开发领导小组制度相结合，不但提升了社会保障的瞄准效率，而且解决了多部门提供社会保障造成的福利碎片化。对于贫困农户中的老人、妇女、儿童、残疾人等特殊弱势群体，构建起由政府、市场和社会多元供给的福利体系，创新社会福利供给的方式与机制。当贫困人口很难就地脱贫时，通过易地扶贫搬迁的方式来扶贫，确保贫困户"搬得出、稳得住、能致富"，由此而形成易地扶贫搬迁一批。在政策的执行过程中，坚持党支部领导与村委会协调相结合，加快了易地搬迁农户新建社区的公共服务配置与治理体系完善，增强了搬迁农户重建生计体系的能力。

第一节　整合型社会救助体系

在农村反贫困治理中，农村最低生活保障制度与农村扶贫开发政策是我国农村反贫困治理的"两翼"①，两项工作互相支持。扶贫开发是一项经济开发政策，关注的是贫困人口的发展权，是"造血"式扶贫；农村低保是一种社会保障制度，关注的是贫困人口的生存权，是"输血"式扶贫②，两者在政策目标上具有高度一致性。但是

---

① 郭玉辉：《农村低保与扶贫开发"两项制度"如何有效衔接——以福建省武平县为例》，《人民论坛：中旬刊》2013 年第 10 期，第 102—104 页。
② 焦克源、杨乐：《扶贫开发与农村低保衔接研究：一个文献述评》，《中国农业大学学报（社会科学版）》2016 年第 33 卷第 5 期，第 81 页。

我国的社会救助制度仍然存在政出多头、城乡分裂、制度分割和轻视服务等主要问题。[1] 作为社会救助制度基础的农村低保制度，同样存在多方面的问题，尤其是扶贫中的"关系保""人情保"和优亲厚友现象。湟中县在精准扶贫实施以来，在社会救助方面的成效主要体现在两个方面：一是社会救助制度的基础——农村低保，通过与贫困线"两线合一"，真正实现了农村低保户的靶向瞄准与动态管理；二是社会救助制度的其他制度，如专项救助、临时救助与补充救助，与农村低保形成合力，实现农村低保与扶贫开发制度的"有效衔接"。

一、低保户的精准识别与动态管理

我国在2009年开始先后在城市和农村全面推行最低生活保障制度。但是对于湟中县这样的西部地区来说，贫困人口规模巨大与地方财力薄弱的矛盾，一直是影响政策效果的重要原因。湟中县的农村低保资金主要依靠国家财政转移支付，在保障水平较低的情况下，政府会根据可用资金数量确定农村低保人口比例，然后将这一指标层层分解给不同行政区域。有的村会将贫困家庭排队，从中选出最贫困的家庭，然后将这些家庭中的大病患者、残疾人或老年人，列入低保名单予以公示[2]，也有的村会出现"关系保""人情保""维稳保"，甚至平均主义等扭曲低保政策实施的情况。湟中县Z县长对以前存在的问题也进行了反思："原来有的村子贫困面比较大，但是只给了10个名额，那我给谁啊？全村一百多户，家家情况基本上都差不多，我给谁不给谁都很难。那我就以十个人的名义申请下来，全村人分了。这样村里也没矛盾，村民也很开心。中国人的心态嘛，不患寡而患不均，

---

[1] 林闽钢：《中国社会救助体系的整合》，《学海》2010年第4期，第55—59页。
[2] 朱玲：《低保与扶贫的衔接：贫困地区面临的挑战》，《中国财经报》2011年8月2日第4版。

这样一些问题还都是有的。"①

虽然青海省早在2010年就转发国务院《关于做好农村最低生活保障制度和扶贫开发政策有效衔接扩大试点工作意见》②，但是在实际工作中民政与扶贫部门仍然独立运作。直到精准扶贫政策实施以来，湟中县在全国率先将低保和扶贫标准"两线合一"开展了新一轮贫困人口精准识别工作。2016年，青海省农村低保标准提高到每年2970元，实现低保标准和扶贫标准"两线合一"。以民政为主的社会救助部门与扶贫部门通力合作，在做实入户核查的基础上共享网络平台核查，实现了对农村低保户的精准识别，并实现了对贫困人口的有进有出的动态管理。

（一）社会救助部门与扶贫部门合作做实入户核查

低保制度实施以来，低保对象的识别一直是低保制度的难题，目标人群的"瞄准偏差"和"瞄准遗漏"③问题始终存在。其中的一个主要原因是，农村低保对象识别，主要依靠村干部入户进行家庭收入核查和民主评议，乡镇民政部门虽然有核查的职责，但是由于工作人员较少、对村庄情况不熟，仍然需要依靠村干部的配合才能完成低保户信息核查的工作，这就给村干部一定的操作空间，影响制度的公正性。精准扶贫实施以来，随着第一书记、扶贫（驻村）工作队等外部力量的进入，有效解决了低保对象识别过程中存在的诸多问题。低保户与贫困户的识别共享类似的识别程序，即农户申请、入户调查与村级评议与公示、乡镇审核、部门审批，在识别的操作步骤上逐步合一。

---

① 访谈湟中县县长，2019年9月1日。
② 《国务院办公厅转发扶贫局等部门关于做好农村最低生活保障制度和扶贫开发政策有效衔接扩大试点工作意见的通知》（国办发〔2010〕31号）。
③ 李小云、董强、刘启明：《农村最低生活保障政策实施过程及瞄准分析》，《农业经济问题》2006年第11期，第29—33、79页。

申请阶段。精准扶贫开始后,第一书记和包村干部都可以是农村低保户申请的代理人,保证农户申请低保的路径畅通。此外,第一书记和扶贫工作队会通过政策宣讲、贫困户的逐户走访调查,在了解家庭状况的基础上,提醒符合条件的农户申请农村低保,从而将低保申请从被动受理向主动提醒转变。

入户调查阶段。农户的家庭经济核查一直是难度最大的环节。乡镇人民政府往往依靠乡镇民政干部、驻村干部和村委会干部进行入户核查,但始终存在乡镇与驻村干部与村干部既有社会关系影响识别客观性的问题。精准扶贫实施以来,县级及以上政府部门派出的第一书记和驻村工作队,乡镇为顺利完成脱贫攻坚而设置的乡镇"包片领导""包村干部",成为乡镇民政干部和包村干部的重要补充,在低保入户调查时也会共同入户完成家庭经济状况核查,填写《入户调查表》。这样,不但确保低保申请户入户核查100%有乡镇干部参与,而且提高了入户核查的准确性。

民主评议阶段。2012年之前,一般由村民委员会组织村民代表,或由村民小组组织群众民主评议,将评议通过的申请对象张榜公示。之后虽然改为乡镇人民政府组织民主评议,但在实际中仍然以村委会为评议主体。精准扶贫实施以来,扶贫干部也会参与民主评议,特别是在"介绍情况"时,有时会由第一书记陈述家庭申报情况,介绍家庭享受的扶贫政策,由于这些与低保户没有直接利益关系的"局外人"的参加,村庄民主评议的制度逐步完善。

审核审批阶段。虽然在精准扶贫政策实施前后,农户申请低保都由乡镇人民政府进行审核,但是之前是由乡镇的民政干部进行审核,并向主管副镇长进行汇报,而精准扶贫之后,是由乡镇党委会进行集体决策。乡镇民政部门在获得乡镇领导和村干部入户核查信息、公示信息和平台核对的经济状况信息之后,进行乡镇党委会评议。民政部门的主任、副主任优先表决,乡镇党委会全票通过才可以纳入。这样,在削弱乡镇民政干部决定权的同时,通过集体决策的方式增加了审核的严肃性。乡镇审核工作的严谨，为县级民政部门进行审批奠定了良好基础，减轻了各级民政干部的工作压力。

（二）社会救助部门与扶贫部门共享网络平台核查

精准扶贫的实施，使得社会救助部门与扶贫部门合作，共同做实入户核查。但是入户核查无法了解农户整个家庭的经济状况的问题，因为有些农户会故意隐瞒自己的真实收入，扩大家庭的困难程度。如李家山镇在2015年民政工作总结中指出的问题："信息不对称，收入核定难。当前村民在村内获取收入较少，大部分村民外出打工，工作极不稳定，而且这一部分人的劳动合同签订率是最低的，核实居民收入的准确依据少；而且大多数村民不愿意提供自己的真实收入和财产状况，而民政工作人员无权强制进行收入和财产状况调查。"而在精准识别阶段"数据比对和情况核实"步骤，县级扶贫开发领导小组办公室负责组织开展部门间数据比对，重点比对财政供养人员存款、购买车辆、购买商品房、有无经营实体等情况。在扶贫部门的数据库尚未完善阶段，青海省民政厅建立的"青海居民家庭经济状况核对平台"，成为精准识别阶段的有力工具，极大地提高了精准识别的精确度。

2015年"青海居民家庭经济状况核对平台"上线正式运行，平台在省级层面打通了民政厅与多部门之间的壁垒。可从人力资源社会保障厅了解农户每个人的养老保险缴纳或领取情况；从省财政厅获得财政供养信息；从省民政厅获得婚姻、殡葬信息；从公积金中心获得缴存信息；从自然资源厅获得房产信息；从公安厅获得户籍、车辆信息；从市场监管局获得工商登记信息；从十余家银行获得存款和购买理财产品信息等，最终形成《申请家庭经济状况信息核对报告》。其中从银行获得的存款信息为"该家庭所有成员名下银行账户余额""该家庭所有成员名下所有理财产品""该家庭所有人员名下大额支出总额"。这样如果低保户故意把账户余额转给其他人，也会被居民家庭经济状况核对中心发现。

在"两线合一"实施之后，本着"应保尽保""应扶尽扶"的原则，所有的建档立卡贫困户都成了符合申请低保的农户。因此扶贫部门在获得建档立卡贫困户的《家庭财产状况核查授权书》之后，就可以会同民政部门申请核查。各级民政部门作为扶贫开发领导小组的成员，当然也有义务利用大数据平台进行核查。大数据平台核查结果，不但有效改善了入户调查不全面、不准确的问题，而且将农户申请低保与个人征信挂钩，让农户不敢隐瞒自己家庭的真实状况。湟中县在剔除的贫困户名单中，就有多个是因为家庭成员在外务工，有相对稳定的收入。

2015—2016年，青海省精准识别贫困人口16万户、52万人，全部纳入低保救助范围，实行农村低保和建档立卡对象的数据统一、分档管理和分类施策。农村低保线与扶贫线"两线合一"，在线上线下两个层面做实了对农户家庭生活状况的核查，让政府部门能够了解贫困农户家庭生活的真实状况，更好地掌握农户的能力状况。以第一书记为代表的外部扶贫力量，在一定程度上减少了村干部对于农村低保制度的操作；"五级书记一起抓"的扶贫动员机制，折射到农村低保户的评定方面，就呈现为乡镇党委会审核的集体负责制。党政体制下的农村低保制度与扶贫制度相互促进，提高了村庄有效识别低保户、贫困户的能力。经过扶贫与民政部门数据库相互核对，贫困人数从最初的32442人减少到29092人，保证了贫困户识别的精准度。同时，湟中县提出的将五保户排除在贫困户之外、低保户"有进有出"等建议，也被纳入青海省的政策文件。

当时我们的五保户也是纳入贫困户里面的，但是五保户的政策要达到人均收入的70%，也就是7000块钱。我们低保户的标准是2300啊，五保户高那么多为啥要放进去？所以我就拉着县长找市民政局局长，跨行业跨地区去沟通，他说可以往上反映，后来青海省定的政策就没有把五保户纳入建档立卡户。我们刚开始的政策是"只减不增"，后来我又去省上去找，我说人家得了大病我要把人家纳进去，省上的指标不给我又不让我纳，这活我没法做。领导说，反正你出列的范围内不超标的话可以纳进来，当年七八百人就被纳入了。第二年国务院来检查的时候，发现有进有出，我们已经做在前面了。①

二、社会救助向脱贫攻坚的主动调适

随着精准扶贫政策的实施，"两线合一"在实际操作中的弊端逐步暴露出来。2015年底，青海已将农村最低生活保障标准提高到2970元/年，实现低保标准和扶贫线"两线合一"。这降低了农村低保的门槛，将很多有劳动能力的贫困户纳入低保兜底，造成三方面的突出问题。一是加重了部分贫困户等靠要的思想。如果一个贫困家庭有4口人，每年的农村低保补助金额就有1万多，与家庭外出务工及经营性收入差距不大。二是造成其他农户特别是贫困边缘农户的不公平感。精准识别的扶贫户是整户纳入，除去无劳力的重病、残疾、老人、学生以外，还有有劳力的家庭成员，对其他普通农户来说利益分配不公。三是纳入的时效问题。"两线合一"要求扶贫跟低保的数据库信息要完全一致，特别是经过多轮比对基本一致之后，这种要求就更为严格。但是农户如果因重疾、灾害等因素而申请低保，同时会按照贫困户识别的程序进行，需要经历的周期较长，这样就造成因意外、疾病等原因造成的支出型贫困人口难以及时纳入低保。湟中县李家山镇副镇长称之为扶贫对民政的"绑架"。因此，湟中县按照国家与省里的要求，在实践中不断调整农村低保与扶贫的关系，做好两项

---

① 访谈扶贫局侯局长，2019年9月4日。

政策的有效衔接。① 在对象衔接方面，将支出型贫困家庭、部分残疾人、儿童按照"单人户"纳入低保。在制度衔接方面，低保与扶贫分别按照自身的要求将对方纳入，并按照家庭劳动能力实行分档救助。在政策衔接方面，建立"一门受理、协同办理"工作机制。

（一）对象衔接：实行支出型贫困家庭等"单人户"形式纳入低保

2017年，青海省出台《关于做好农村最低生活保障制度与扶贫开发政策有效衔接实施方案的通知》。其中，在对象衔接方面，不但提出要完善农村低保家庭贫困状况评估指标体系，而且将支出型贫困家庭和无法单独立户的重度残疾人和儿童按照"单人户"方式纳入低保。通知规定，要进一步完善农村低保家庭贫困状况评估指标体系，以家庭收入、财产作为主要指标，考虑家庭成员因残疾、患重大疾病、教育等刚性支出因素，综合评估家庭贫困程度。将农牧区因重疾、教育等"支出型贫困"家庭纳入农村低保范围；并对农牧区无法单独立户的成年无业重度残疾人、低收入家庭中的未成年重度残疾人、法定抚养人有抚养能力但家庭经济困难的儿童，按"单人户"纳入农村低保。

同年，《青海省城乡支出型贫困家庭认定办法（试行）》出台，这是全国第二个出台支出型贫困认定办法的省份，将现行社会救助体系主要针对"收入型贫困"转向"支出型贫困"。办法对"支出型贫困"进行了详细界定：家庭成员因出现重大疾病、子女就学、突发事件等刚性支出超出承受能力而造成生活贫困的家庭。支出型贫困家庭分为长期支出型贫困和一次性支出型贫困：前者指申请家庭在提出申请之月前3个月内，家庭月可支配收入扣除刚性支出后，人均可支

---

① 参见《青海省人民政府办公厅转发省民政厅等部门关于做好农村最低生活保障制度与扶贫开发政策有效衔接的实施方案的通知》（青政办〔2017〕86号）。

配收入低于当地城乡居民最低生活保障标准;后者指一次性刚性支出费用超过上年度家庭可支配收入总和。"刚性支出"包括因病、因学、租赁住房、突发事件等必须性支出,以及市、州级及以上民政部门认定的刚性支出。湟中县会根据农户的病情诊断书、学生就读的学费与一般生活费支出等来计算"刚性支出",统筹考虑家庭收入和支出、已发生和潜在的支出可能,更精准地识别出家庭遭遇的困难和风险。

湟中县就是"单人户"政策的提出者。通过将单人纳入低保,可以让整个家庭能够获得一笔稳定的生活费用,提高了政策的有效性:"我们 AT 村最新刚纳入两个低保人,这个还不是单人单户,而是一下子纳入两个人,纳入了老两口,女的是肝硬化腹水,已经到了肝硬化失代偿期了,男的是胃癌,家里面只有一个儿子。这两个人的花费特别巨大,但是如果像以前的话,这一个劳动力儿子就挡着,他们就纳不进来,但是我用这个单人户这个政策的话,把那老两口纳入低保,用低保这个政策,给他们生活上的一个补助再加上民政医疗救助政策,这样看病报销的比例就会比较高。但对他的那个儿子我们就不做考虑,要挣钱或者啥,就该干嘛干嘛。这样就把低保政策给了最需要的人,不但会增加老百姓的认可,而且对社会稳定也有特别大的好处。"①

(二)制度衔接:建立低保家庭分类管理与分档救助机制

"两线合一"阶段,存在一种将所有贫困户纳入低保户的政策倾向。为了应对可能出现的财政负担,青海省制定了低保家庭的分类管理与分档救助机制。虽然部分贫困户被纳入低保兜底的人群,但是要根据家庭主要成员的劳动能力或生活自理能力进行细致分类,并在此基础上进行分档救助,那些有劳动能力但想不劳而获的农户仅得到很

---

① 访谈李家山镇副镇长,2019 年 9 月 9 日。

少的低保金。对于"一次性支出型贫困家庭",会根据致贫原因及时开展医疗、教育、住房等专项救助,加大临时救助力度,保障好其基本生活;对于"长期支出型贫困家庭",在开展专项救助和临时救助后依然贫困的,则按规定程序纳入最低生活保障范围。湟中县借鉴低保制度的"单人保"政策,对支出型贫困家庭和无法单独立户的重病患者、重度残疾人和儿童,以"单人户"形式纳入低保。

2016年,青海省农村牧区低保对象按三种类型进行管理和实施分档生活补助。一是对无劳动能力或部分丧失劳动能力的家庭(约1.4万人),按照2500元/人/年补助,实行完全兜底保障,不再安排扶贫项目和资金;二是原低保对象中有劳动能力的家庭(约1.9万人),按照2016元/人/年补助,扶贫部门安排扶贫项目和资金;三是对新增低保对象(扶贫建档立卡户,约4.3万人),按照400元/人/年补助。2017年,青海省又将低保家庭进行了更细致的划分,其分类标准和精准脱贫政策如表6所示。

表6 湟中县低保家庭分类标准及帮扶政策

低保家庭分类	分类标准	帮扶政策
重点保障户（A类）	家庭主要成员完全丧失劳动能力或生活自理能力的困难家庭。	以低保为主,切实保障其基本生活。
基本保障户（B类）	家庭主要成员部分丧失劳动能力或生活自理能力,家庭人均收入低于当地保障标准且家庭财产符合有关规定的比较困难家庭。	以扶贫帮扶和就业扶持为主,鼓励其通过产业发展、自主就业和扶持就业,脱贫后逐步退出农村低保障范围。
一般保障户（C类）	其他原因造成家庭人均收入低于当地保障标准且家庭财产符合有关规定的一般困难家庭。	

除了对符合扶贫条件的农村低保家庭和特困人员,按规定程序纳入建档立卡范围,并针对不同致贫原因予以精准帮扶之外,对于未纳入建档立卡范围的低保家庭和农村特困人员,也统筹使用相关扶贫开发政策,提高生活水平。随着扶贫政策的不断推进,贫困户的不断退

出，享受低保兜底的农户人数也迅速减少。这就降低了由于部分人群长期被纳入低保政策而可能造成的政策风险。

（三）政策衔接：建立社会救助"一门受理，协同办理"机制

社会救助，不但是民政部门的工作，而且涉及扶贫、财政、人社、医保等多个相关部门。脱贫攻坚期间，青海省不但加强了民政部门与扶贫等相关部门的横向联系，逐步建立"一门受理，协同办理"的工作机制。从低保救助与医疗救助"一站式"开始，在医疗救助工作转移到医保局之后实现了城乡居民基本医疗保险、大病保险及民政医疗救助费用"一站式"结算。

2015年，青海省搭建了全省统一的社会救助"一门受理、协同办理"信息系统，2016年6月在全省全面铺开。系统实现了在线申请救助、部门间在线转办转介、信息反馈、统计分析、信息对接、资源共享、信息互通等功能，并做到了与城乡最低生活保障、医疗救助"一站式"、居民家庭经济状况核对3个信息系统的互联互通，建立了政府部门与慈善、工会等群团组织之间的信息共享渠道。申请救助类别涵盖：受灾人员救助、特困人员供养、医疗救助、住房救助、低收入家庭、临时救助、就业救助、最低生活保障、教育救助等多类别。

除了加强民政部门与其他部门的协同机制，湟中县在民政系统内部也重塑整个服务机制。湟中县依托各乡镇街道办现有的办事大厅、行政服务中心、社区便民综合服务中心等普遍设置了社会救助服务窗口，通过窗口受理低保、医疗、特困供养、临时、住房、教育、就业、受灾人员救助，以及急难救助事项，形成了"一门受理、一口上下"的救助工作大平台。为了增强县级和乡镇政府的社会救助能力，青海省提高了临时救助的审批权限：县级民政部门临时救助金审批权限提高到10000元；乡（镇）人民政府临时救助金审批权限

提高到2000元。2019年，县民政局审批权限由原来的2000—10000元调整为5001元至年城市低保标准的5倍；委托乡镇人民政府（街道办事处）开展临时救助审批权限由2000元调整为5000元。在支出型贫困家庭救助方面，"对情况紧急支出型贫困家庭，县级民政部门应启动应急救助程序，简化审批手续，会同乡镇人民政府（街道办事处）采取直接受理申请、直接审批、先行发放、补办手续的方式，为困难家庭提供基本生活救助"。

三、面向相对贫困的社会救助制度转型

2016年，青海省实现低保标准和扶贫标准"两线合一"。按照农村低保制度与扶贫开发政策有效衔接的要求，青海省的低保标准不断提高，从2016年的2970元提高到2019年的4300元，超过当年扶贫线标准（4000元），形成低保与扶贫线"标准倒挂"。[1] 对于低保标准高于扶贫标准，是否存在吊高胃口的问题，湟中县也十分谨慎，但在实际的社会救助实践中，这种"标准倒挂"的合理性不断凸显，形成一种面向相对贫困的社会救助制度转型。

（一）"倒挂"前提：绝对贫困的基本消除与相对贫困问题呈现

湟中县乃至青海省低保标准的不断提升的大背景，是脱贫攻坚实施带来的贫困人口大量减少。2015年，湟中县共识别出建档立卡贫困户9127户，29092人，占到了全市贫困人口的44.8%，贫困面较广、贫困程度较深。经过3年的时间，全县贫困发生率从13.7%降至0.23%，目前仅有173户，527人尚未脱贫。贫困人口的不断退出，带

---

[1] 韩克庆：《兜底、统一、还是倒挂——农村低保标准与扶贫标准的关系》，《探索与争鸣》2018年第12期，第100—107页。

动有劳动能力的低保农户的数量锐减(见表7)。

表7 2016—2018年湟中县民政局农村低保金、临时救助统计表

	2016年	2017年	2018年
农村低保户数（户）	9589	6154	3284
农村低保人数（人）	30241	18719	9046
农村低保金（含取暖补贴、一次性生活补贴）（万元）	5587.3	5258.1	3922.7
临时救助人数（人）	9889	6213	3500
临时救助基金（万元）	3288.5	2363.7	1412.2

由表7可见，从2016—2018年，湟中县农村低保人数从3万多人下降到9000多人，农村低保金也相应从5587.3万元下降到3922.7万元。与此同时，临时救助的人数也从9889人下降到3500人，临时救助基金从3288.5万元下降到1412.2万元。农村低保金、临时救助金的降低，有效减轻了财政兜底的负担。在这样的背景下，提高低保标准，能够将有限的财政资金用于最需要低保兜底的那部分群众，特别是对于那些失去劳动能力的贫困农户，最大化发挥低保兜底的政策效果。

（二）"倒挂"逻辑：着眼于防贫与防返贫的制度设计

湟中县出现的低保与扶贫标准的"倒挂"，要基于精准扶贫的政治严肃性与定位前瞻性进行考量。从政治严肃性来看，精准扶贫的攻坚战要在2020年取得彻底胜利，如果按照低保标准低于扶贫标准或与扶贫线相同，那这些低保兜底户就无法达到脱贫的标准，尤其是那些完全丧失劳动能力的农户，影响脱贫攻坚的整体战略。在贫困人口不断减少的背景下，通过提升低保标准来完成脱贫攻坚的政治任务，因为不会加重财政压力而具有相当的合理性。

缺劳力的贫困户大部分通过纳入低保兜底来维持生活，但是对于

"因病"而导致的支出型贫困家庭,如果没有"单人户"这样的制度设计,整户就会被纳入贫困户,但是产业扶贫、金融扶贫等发展性扶贫措施,对因病致贫的家庭难以起到切实有效的作用,而通过低保兜底,配合大病救助、临时救助等社会救助政策,就能有效减轻家庭的医疗费用,避免这样的家庭因为大病而陷入贫困。如果家庭状况继续恶化,甚至达到变卖生产工具、房产的阶段,陷入贫困恶性循环,则利用多重扶贫政策对家庭进行支持。"无论是低保还是建档立卡贫困户,都是按整户保,不允许拆户保,但是我们低保里面有个特殊政策,比如一个正常的三口之家,两口在外面打工挣钱,这属于一般家庭。但是如果两个人因为疾病,或者慢性病之类,对孩子的抚养有困难的话,如果认定为'低收入家庭',我们可以把这个孩子单独纳入低保,这相当于'拆户'。低收入家庭里面的重度残疾人、精神智力残疾的也可以单独纳入。之前这部分人一直是靠临时救助的政策来支撑,但是临时救助发挥的作用不是很理想,毕竟那些都是一次性的。"①

因此,低保与扶贫标准"倒挂",是在脱贫攻坚实施以来,大部分丧失家庭能力的家庭已经通过低保兜底实现脱贫的情况下,面对因病、因灾、因学等支出型贫困家庭成为贫困主因而进行的制度设计,其要解决的核心问题是:在脱贫攻坚战中,达不到贫困线标准但生产生活相对困难,存在返贫致贫风险的边缘贫困户怎么办?《湟中县2019年上半年民政总结》中,比较全面地说明了这种制度设计的合理性:"完善以最低生活保障制度为基础,医疗、教育等专项救助为辅助,临时救助为补充的社会救助制度体系,建立健全全县低保边缘户、支出性困难家庭信息数据库,强化动态管理,完善预警机制,做到'第一时间发现、第一时间救助',推动救助工作由'被动救助'向'主动救助'转变。"

---

① 访谈湟中县民政局救助科科长,2019年9月3日。

（三）"倒挂"机制：基于精准识别的风险预警与政策整合

为了回应脱贫攻坚后期出现的贫困户可能再度返贫和其他农户陷入贫困的问题，湟中县将低保标准提到扶贫标准之上，形成"标准倒挂"。为了支持这种制度设计，湟中县不但按照青海省的要求，将低保与其他的社会救助制度有机整合，形成社会救助的合力；而且创造性地设置了跨越部门的"防贫基金"，通过对因病、因灾、因学等情况可能导致返贫的已脱贫户和处于贫困边缘的易致贫农村低收入家庭等为防贫对象设置不同的"防贫保障线"和保障措施，来进行风险预警。此外，通过低保兜底与其他社会救助措施的整合，对贫困农户及时进行救助。

在2018年脱贫攻坚巩固阶段，湟中县由县财政每年统筹整合安排防贫资金1500万元，并积极吸纳金融资金、社会资金、帮扶资金以及政府投入扶贫资金产生的收益资金，在县扶贫开发局设立"防贫基金"，主要以因病、因灾、因学等情况可能导致返贫的已脱贫户和处于贫困边缘的易致贫农村低收入家庭等为防贫对象。防贫基金设立"防贫预警监测线"，警监测线设置按已脱贫户全部纳入监测对象，对因病、因学、因灾等因素叠加，导致家庭人均支出负担达到当年脱贫标准的1.5倍的非贫低收入户及其他临贫易贫的农户家庭及时纳入监测范围。同时，防贫基金分类设置"防贫保障线"，根据不同的社会救助原因和程度进行相应的社会救助：

> 针对因病救助类农户，建档立卡脱贫户住院医疗费用经政策减免、基本医疗保险、大病医疗保险及医疗救助、商业补充保险、临时救助等各项措施后，个人自付费用超过总费用的10%时启动防贫救助；非贫困低收入户在享受国家各项救助措施后，以个人自付医药费达到2万元为防贫保障线，对超出保障线部分

启动防贫救助。

针对因学救助类农户,建档立卡脱贫户中接受全日制中高等教育学生,年支付三项费用(学费、住宿费、教科书费)经落实各类高校教育资助措施后,家庭承担费用仍在5000元以上的(即5000元为保障线),对超出保障线部分按50%救助,最高救助限额3000元;非建档立卡贫困户为3000元。

针对因灾救助类农户,因灾致贫包括自然灾害类、意外伤害类和交通事故类。种植、养殖等产业受灾按"产业保"方式解决。意外伤害类和交通事故类导致身体伤害或身体残疾的按因病救助类进行救助,导致主要劳动力身故的给予1万元救助,并按规定享受其他社会保障政策。因灾导致房屋损失的,享受房屋受损保险、危旧房改造、地质灾害搬迁和无能力改造危房等措施后,对人均25平方米以内的房屋面积,家庭承担费用仍在2.5万元以上的(即2.5万元为保障线),对超出保障线部分分档救助。

在低保政策与其他社会救助的政策整合方面,2018年,青海省民政厅出台《关于在脱贫攻坚三年行动中切实做好社会救助兜底保障工作的通知》(青民发〔2018〕65号),提出建立农村低保渐退机制。脱贫攻坚期内,纳入农村低保的建档立卡贫困户人均收入超过当地低保标准后,在核准收入后,列入减退范围,可给予不少于1年的减退期,实现稳定脱贫后再退出低保范围。此外,通知还要求进一步加强与教育、卫健委、住建等部门的衔接协同,实现基本生活救助与教育扶贫、健康扶贫、农村危房改造等政策的有效衔接,综合解决未脱贫建档立卡贫困人口的"两不愁三保障"问题。同时,提出支持社会组织参与脱贫攻坚,加快建立社会组织帮扶项目与贫困对象信息对接机制。增强慈善资源、专业社会工作和志愿服务力量。

有学者指出，我国下一阶段要围绕扶贫标准和低保标准的统一化、贫困和低保对象的识别瞄准、贫困和低保对象的信息平台构建和信息共享机制、政策实施主体以及低保资金保障等方面进行制度创新，提高低保与扶贫相结合的效率，使其在脱贫攻坚中真正发挥兜底作用。[①] 湟中县农村低保与扶贫政策从"两线合一"到"有效衔接"转变的过程，是针对湟中的社会现实进行的及时调整。低保与贫困人口的锐减，使得湟中县的脱贫攻坚任务从解决"绝对贫困"向应对"相对贫困"转变。这时的低保线高于扶贫线，能够保障那些因各种原因可能致贫返贫的农户提供基本的生活保障，发挥好低保"兜底"的作用，特别是"单人户"政策的出台，能够有效避免整户纳入带来的"低保养懒汉"问题。同时，扶贫政策逐渐向"保障基础上的发展"转变，针对低保家庭中的"基本保障户"和"一般保障户"，以扶贫帮扶和就业扶持为主，鼓励其通过发展产业、自主就业和扶持就业，脱贫后逐步退出农村低保保障范围。此外，为了应对新脱贫户和未来可能陷入贫困的农户，湟中县推出防贫基金，这是着眼于"后扶贫时代"的风险预警机制，特别是其"防贫预警监测线"和"防贫保障线"的设置，为应对相对贫困问题进行了探索。

第二节 多重社会福利供给机制

对于西部地区贫困村，由于大量农民外出务工，村庄原有的社会结构逐步瓦解，乡村经济发展、社会治安与社会治理问题严峻，村庄

---

① 张璟、许竹青：《扶贫与社会保障制度结合的减贫国际经验》，《中国城乡金融报》2019年12月4日第B03版。

的公共服务供给严重不足。虽然国家不断提高整体的社会福利水平，但是面对庞大的贫困人口，中国的社会保障制度建设始终应坚持"底线公平"[①]的原则，顶层设计做到社会保障基础部分的待遇大致相同并实行全国统筹，非基础部分待遇采取个人积累。[②] 这样，贫困地区仅能获得国家层面的基础部分社会福利，在社会福利的覆盖范围、保障水平等层面，跟东部地区都有较大差距。有研究指出，社会保障支出是农村贫困人口收入的主要来源，社会保障支出可以用来保障农村极端贫困人口的养老、教育和医疗需求，巩固脱贫攻坚成果，有效避免贫困人口脱贫后返贫。[③] 特别是贫困地区的老人、妇女、儿童、残疾人等弱势群体，人口规模大、贫困程度深，由于自身生理条件、年龄约束或身体障碍，受自然资源禀赋、自身发展能力、社会参与机会、社会保障水平等的限制，无法依靠自身力量维持其个人及家庭的基本生活水准，在政治和社会生活上也处于边缘或被排斥的地位，需要家庭、社会和国家给予更多的支持和帮助。[④]

湟中县在精准扶贫政策的实施过程中，对这些特殊弱势群体给予了更多的关注。在福利设施建设方面，初步建立起政府、市场、社会多元供给的福利模式；在福利的提供方式方面，从单纯的物质型福利向物质、服务型福利并重转变；在福利的给付方式方面，从单向的福利供给向工作福利转变。湟中县为老人、妇女、儿童与残疾人这些特殊弱势群体提供的社会福利，从短期的特殊福利向可持续的福利供给模式转变。

[①] 景天魁：《底线公平与社会保障的柔性调节》，《社会学研究》2004 年第 6 期，第 32—40 页。

[②] 高和荣：《底线公平：社会保障制度建设的内在根据》，《社会科学辑刊》2016 年第 3 期，第 129—133 页。

[③] 岳希明、种聪：《我国社会保障支出的收入分配和减贫效应研究——基于全面建成小康社会的视角》，《China Economist》2019 年，http://kns.cnki.net/kcms/detail/10.1238.F.20191230.1818.002.html。

[④] 万兰芳、向德平：《精准扶贫方略下的农村弱势群体减贫研究》，《中国农业大学学报（社会科学版）》2016 年第 33 卷第 5 期，第 46 页。

一、政府、市场、社会协同福利供给

我国的社会福利供给一直以政府为主,市场与社会力量的动员不足。但是脱贫攻坚却始终强调"大扶贫格局":政府以强大的政治动员能力和资源整合能力在扶贫开发中居于主导地位;市场通过"看不见的手"使经济增长惠及贫困人口;各种社会组织以其灵活、高效的优势参与特殊贫困地区及特殊贫困人口的扶贫开发与社会救助。[①] 这在湟中县社会福利设施建设中体现得最为明显。第一书记和驻村工作队自身的社会资源及其身后的组织资源,以及东部扶贫协作地区政府以外的社会、市场资源,都被有效地动员组织起来,成为政府提供的社会福利的重要补充。

(一)民营资本参与老年之家建设

随着脱贫攻坚的深入推进,农村扶贫开发中面临的贫困问题包括从过去的同质连片性转变为异质分散性、从收入型转变为支出型、从年轻并且有劳动能力者占多数转变为年老和缺乏劳动能力者占多数等。[②] 湟中县作为典型的西部内陆县,大量年轻人外出务工造成的农村留守问题突出。随着脱贫攻坚的实施,贫困村老年人的赡养问题成为社会治理的重点问题之一。针对农村高龄空巢老人多、故土难离不愿去敬老院等实际情况,2016 年开始,湟中县在老年人较为集中的 200 个行政村建设老年之家,因地制宜推进城乡居家和社区养老公共服务均等化。为此,湟中县除了为老人发放基础养老金,为 70 周岁及以上的老人发放高龄补贴,开展"敬老爱老,全民行动"为主题的敬老月等活动外,从 2017 年开始建设农村老年之家,到 2019 年已

---

① 龚毓烨:《构建协同推进的大扶贫格局》,《广西日报》2018 年 8 月 2 日。
② 左停、赵梦媛、金菁:《路径、机理与创新:社会保障促进精准扶贫的政策分析》,《华中农业大学学报(社会科学版)》2018 年第 1 期,第 9—10 页。

经建成74个，在全县16个乡镇（街道）设立乡镇（街道）养老服务工作管理平台，每个村（社区）设一个养老服务点，实现养老服务站点全覆盖。老年之家的资金来源，西宁市财政35万，湟中县财政配套15万作为建设经费，每年再给予2万元的运营经费，其他要靠村民自助。农村老年之家的建设成本较高，每个老年之家要建设200平方米左右，需设置七个功能室，在县级财政有限的情况下只能逐年推进，贫困村面临的建设与运营压力更大。

土门关乡上山庄村老年之家，就是由第一书记协调、全县第一家民营资本建设的老年之家。上山庄村地处脑山地区，耕地面积1418.2亩，人均2.4亩左右，村民经济收入主要靠外出打工、种植业和养殖业。全村152户，592人，其中60岁及以上的老人就多达101人，老人们每天就是吃饭、睡觉、坐在村卫生室外面晒太阳。虽然建设老年之家没有经济效益，但是第一书记却通过私人关系，利用"大扶贫"成功动员商会老板出资。"投资我们这个项目的是湖北商会的副会长W，他媳妇是我们湟中人，他是我们青海的女婿，也一直资助海东市几个失学儿童。他是我朋友的朋友，我跟他吃过几次饭，关系也不是那么熟。有一次我下乡回去，大家一起吃饭，就在饭桌上说起了这事儿。我就跟他这么一说，咋说呢？就是四个字来形容——一拍即合！我觉得这取决于两方面的因素：一是国家将扶贫当做头等大事，号召全社会参与到扶贫；二是人家以前也做公益事业，乐于做这个事情。这个真的不是想象得那么费事，这儿的勘察、功能区划、设计都是他们的专业人士做的。"[①]

政府为每个老年之家投入建设经费50万，要求建筑面积200平方米，但是上山庄村老年之家建筑面积400多平方米，目前投资240万左右，不但能发挥老年之家的作用，而且配套建设了儿童乐园、党员活动中心等机构，建设标准全县一流。像W这样的社会资本，正

---

① 访谈土门关乡上山庄村第一书记，2019年9月7日。

是在脱贫攻坚的政治责任和第一书记的感召下，参与到老年之家的建设中。社会资本的参与，极大降低了政府的投入压力，政府用于老年之家建设的经费可以用于后续运营。

（二）社会力量关爱民族地区儿童

国家的福利制度，虽然会根据不同的地域、人群等因素进行适当的调整，但是难以从根本上根据村民的实际需求进行复杂的制度设计。而社区恰可以充分识别与回应村庄福利需求，根据村民的需求调整国家福利供给的方式和路径，以更好地满足社区居民的需求。第一书记等驻村干部，由于其身份的特殊性，具有动员政府各组织内部资源和链接外部资源的特殊力量。他们凭借长时间驻村所掌握的村庄福利供给情况，既能够识别出村庄的最重要福利需求，又能够整合市场、社会团体甚至个人等力量，形成供给贫困地区社会服务的合力。湟中县第一书记等驻村干部在驻村工作期间，往往会针对村庄中老人、妇女、儿童和残疾人的特殊需求，链接最契合的社会资源。

如李家山镇汉水沟村第一书记，被村里孩子们亲切地称呼为"书记爷爷"，重要原因就在于他为村庄中的儿童链接了最需要的社会资源。汉水沟村是回族村，全村381户1801人，有891人常年居住村外或打工经商。2015年确定为重点贫困村，全村现有贫困户35户154人。因为地处山沟、交通不便、家庭贫困，汉水沟教学点（仅含一二年级）的孩子们连身统一的校服都没有。2018年6月，第一书记收到的一张照片让他和驻村工作队队员们格外心酸。"六一"儿童节，在下西河举办的运动会上，没有统一校服的汉水沟村教学点代表队服装五颜六色，在一群身着整齐校服的学生间显得格格不入。李书记将所见所感写成《触摸贫困——我的第一书记生活》，在微信朋友圈及微信群内转发，碰到亲朋好友、同学同事聚会，也会将汉水沟村的孩子们没有校服的事反复说起。文章在网络上被转发1036次后，广东的孙凤兰、周曼茹、何小勇等爱心人士在6月25日来到汉水沟村，把为孩子们募集的103套校服和学习用品发放到了孩子们的手中。此外，李书记在驻村入户的时候，发现一家人的户口本，第一页死亡注销（父亲煤气中毒）、第二三页迁出（母亲带姐姐远嫁）、第四页剩下一个四岁的"事实孤儿"。因为女孩未成年且没有父母死亡证明，无法享受国家孤儿福利救助政策。李书记与镇领导联系，与民政、扶贫部门协商特事特办，将小女孩纳入低保兜底户。广州的牛新艳女士等爱心人士，也向女孩伸出援助之手。2018年10月，青海妇女儿童发展基金会、西宁友成公益联合援助中心成为爱助事实孤儿项目在青海地区的合作伙伴，目前助学近千名儿童，助学经费达150万元。

第一书记与驻村工作队，通过长期的驻村工作和逐户走访，才有效地识别出村庄中的最弱势群体，其利用个人关系链接的社会福利，逐渐被政府主导、市场社会参与的多元福利制度所承接，有效保证了福利供给的可持续。

二、物质与服务并重的福利供给

贫困地区由于经济发展水平滞后，在社会福利供给方面一直以政府为主，福利方式以物品、资金等物质性社会福利供给方式为主。随着脱贫攻坚的深入推进，第一书记、驻村工作队、社会帮扶等外部力量的进入，贫困地区的社会福利供给方式也逐渐从注重物质向物质与服务并重的福利供给方式转变。

（一）动员村庄内部互助合作福利生产

对于村庄中的老人、妇女、儿童和残疾人等弱势群体，村庄原本具有一定的福利供给能力。随着脱贫攻坚的深入推进，政府及各种社会福利的引入，村民们相互之间的互助合作福利生产机制被重新激活，形成对于村庄特殊人群的特殊关照。针对农村的老人赡养问题，湟中县提出"2+3+N"的模式，2指两个县级福利院，3指三个敬老院，N指正在建设的老年之家，包括四个社区的日间照料中心。随着老年之家的建设，逐渐形成"政府+村集体+村民互助"的养老格局。

村集体经济较好的村庄，不但能利用老年之家解决"托老"问题，而且还可以发挥"托幼"功能，如拦隆口镇上寺村老年之家，考虑到留守儿童的妇女都外出打工，学校又没有食堂，很多孩子"小嘴上啃个馍馍喝点水就把中午饭解决了"，因此不但为70岁以上的老年人做饭，而且为孩子提供两菜一汤的五元午餐。孩子中午在老年之家吃饭，对于养老问题本身又是一种正向影响，这种"老幼结合"的服务模式，只有依托村集体的协调支持才能实现。虽然很多贫困村经济条件有限，但是本地传统文化艺术也随着社会福利而被激活，如李家山镇提出的"文化养老"："因为李家山镇的文化氛围特别好，每个村都有曲队，这些老人就到老年之家去吹拉弹唱。村里成立了老年协会，有一个德高望重的老人做会长，负责管理老年之家，做饭、打扫卫生都要村里自己找人来做。"①

再如拦隆口镇卡阳村的"百家宴"，是敬老爱老的社区共识与社会福利指向的表征。卡阳村为重点贫困村，全村有农户256户926人，建档立卡贫困户共44户128人。随着村庄乡村旅游的发展，村集体经济不断壮大，在脱贫攻坚期间修建了老年幸福院，并在幸福院里开了"百家宴"："我们在九九重阳节的时候，给老人们过'百家宴'。我们村两委的负责张罗，村民来帮忙摆桌子、抬凳子、帮忙煮饭什么的，还拌好馅儿擀好皮包饺子。所有的饭菜都是我们卡阳村的妇女每家每户自愿炒好拿过来的，端到老人的桌子上让他们品尝，这就叫'百家宴'。我们村一共有120个老人，那天除了腿脚不方便的，基本上都过来了。老人们就座之后，村长和书记先发言，然后就上菜让老人吃饭，吃完之后就表演节目，我们请了西宁的百姓大舞台

---

① 访谈湟中县民政局局长，2019年9月3日。

来表演。"①

现实中国条件下的农村社区福利,是指国家通过制度化配置资源为杠杆,以推动农村社会合作为策略,以村庄组织化建设为手段,以村庄治理能力改善为路径,支持村庄组织建立旨在满足农村生活需要、降低农村生活脆弱性,提升农村生活价值、建立农村生活预期,主要通过社区合作自我生产与供给的公共品与私人品的总和。② 贫困村内部既有的互助合作,本身就是社区福利的有机组成部分,脱贫攻坚所带来的村庄及集体经济发展、外部社会福利资源,如果能与村庄内部的互助合作等村庄福利相互衔接,能够形成基于村庄的长期社会福利供给模式。

(二) 引入专业的社会工作与服务机构

湟中县在村庄社会福利生产方面,除了通过激活村庄内部既有社会互助与合作方式之外,还通过引入专业的社会工作与社会服务机构,为村庄特殊弱势群体提供专业服务。在老年服务方面,湟中县逐渐从为老人发放高龄补贴,向政府购买居家养老服务转变。在妇女服务方面,湟中县利用妇联、人力资源培训等方式,为妇女提供烹饪、园艺、舞蹈、手工等多种培训活动。在儿童服务方面,湟中县通过引入专业的教育机构,通过城乡"认亲"与联合举办活动等方式,促进城乡儿童交流。在残疾人服务方面,湟中县依托县域内培训平台与湟中职教中心,向残疾人开展针对性的职业技术训练,帮助残疾人解决就业问题。

在老年福利方面,湟中县从 2018 年开始,80 周岁以上高龄老年人平均每月购买 60 元的养老服务,年服务费用 720 元;60—79 岁的优抚(计生)、特困、城乡低保、城镇低收入老人每月购买 150 元的

---

① 访谈拦隆口镇卡阳村妇女主任,团支部书记,2019 年 9 月 8 日。
② 毛刚强:《论发展社区福利与农村减贫》,《贵州民族大学学报(哲学社会科学版)》2016 年第 2 期,第 68 页。

养老服务，年服务费用1800元。2018年，湟中县民政局为3736名60—79岁老人、3924名80岁及以上老人购买了青海康祺养老服务中心等7家专业的养老服务机构提供的居家养老服务，总资金914万元。2019年又把扶贫的234户纳入政府购买，为老人提供生活照料、康复医疗、心理健康辅导等居家养老服务项目。虽然政府购买养老服务的内容有限，但极大改善了老年人居家生活状况，有力推进了养老服务的专业化水平。

在妇女福利方面，组织部、妇联、人社局等提供的妇女学习与培训项目，成为贫困村妇女开阔眼界、更新知识技能的有效途径。如拦隆口镇卡阳村，作为"青海省基层妇女干部培训实践教学基地"，在2018年搞了村级手工艺品展览："我们村妇女联合会有11个人，1个会长2个副会长。去年省妇联请湟源县的一个老师来村里培训了两次，每次一个星期左右，培训刺绣、丝带绣，每次有40个妇女参加，两次大概有40多户的妇女参加。今年三八妇女节，我们就搞了个手工艺品展览，60多个妇女参加，展览的有鞋垫、香包、枕头、鞋子，还有一些小挂件。我们请了县妇联主席、女镇长和我，还有三个老人，总共六个评委。评选出来一等奖发了300元，二等奖发了200元，三等奖发了100元。"[①]

在儿童福利方面，湟中县除了做好困难留守儿童救助之外，还引入专业的社会教育机构，加强对留守儿童的关爱。土门关乡上山庄村的儿童乐园，通过引入公益性质的教育机构贝尔安亲，让城市与农村的孩子"结对认亲"，并通过夏令营等方式让农村孩子享受城市孩子的教育。第一书记讲述了自己引入贝尔安亲的初衷："在我8岁的时候，我爸为了让我能念书就搬到西宁去了。我不是想把贝尔安亲这一套照搬到这里，村民没这个条件肯定办不下去。我觉得最起码让农村的娃娃接触一下，我觉得对他们心灵的影响可能更深远一点，因为'扶

[①] 访谈拦隆口镇卡阳村妇女主任，2019年9月8日。

贫先扶志扶智'。"①

湟中县为贫困村引入的这些社会福利,不仅仅是一种单向的赠予或爱心,而是一种社会福利理念的更新与服务形式的创新。湟中县目前尚无专业的社会工作机构,但是脱贫攻坚期间引入的这些社会工作与服务机构,以公益性质为贫困村弱势群体提供专业的社会服务,表面上看仍是城市居民、社会组织等对于乡村的帮扶,但实际上已经演化成城乡居民相互了解、相互扶持的趋势,对于城市居民而言,这种农村社区福利的桥接与整合,对他们自身而言同样是一种福利。如贝尔安亲在上山庄村举办夏令营,不但能让农村儿童享受城市儿童享受的教育,而且对城市儿童和老师本身也是一种教育,通过让"结对认亲"的城市儿童去贫困户家庭参观,让城市孩子和老师也有所触动。

三、"工作福利"式有偿福利领取

精准扶贫实施阶段,各贫困村因为第一书记、对口帮扶单位等组织的帮扶,而获得资金、人才、政策等方面的优惠,社区福利也明显增加。随着村民收入水平的提高和村集体经济的发展,村庄自身也有了一定的公共积累。但湟中县在脱贫攻坚期间,在利用村庄集体经济增加村民福利方面,逐渐从传统的集体入股分红向基于社区参与的"工作福利"转变,有效增加了贫困户参与公共生活、享受社区福利的内生动力。20年前国外开始普遍实施的"有条件现金转移支付",逐渐运用于反贫困措施并取得了良好效果,受到世界银行等国际组织的推荐。目前,全球将近有70个国家实施了"有条件现金转移支付",其主要内容是受益人在接受贫困救助时需承诺承担起某些家庭

---

① 访谈土门关乡上山庄村第一书记,2019年9月7日。

义务（例如，不得吸毒，督促子女上学等）和履行寻找工作的承诺。[①]"工作福利"是指凡接受政府福利补助者，必须接受政府或立法规定的与工作有关的特定义务，引入"工作福利"制度后，社会福利金就由无偿给付转变为有偿领取。[②] 湟中县不断推广的励志爱心超市（具体见第三章）、李家山镇汉水沟村的"馍馍车间"和卡阳村等村集体经济支撑的公益性岗位，鲜明地体现出这一特点。

（一）"馍馍车间"：以工作换技术

湟中县李家山镇汉水沟村以回族为主，全村共有1803人，1830亩地，人均1.04亩山地。汉水沟村在第一书记的带领下，发掘汉水沟村馍馍近270年的历史，最早可追溯到清朝嘉庆年间，馍馍产业又有较为成熟的基础：全村有70多户在外面开馍馍铺，到2019年已经发展到124户，带动了全村将近380人就业，最高时带动600多人。因此，第一书记及驻村工作队发挥身后帮扶单位西宁市食药局的优势，及时和省工商局和商标事务所联系，特事特办花费5000元向国家商标局给汉水沟村申请注册"汉水沟馍馍"品牌，并利用南京市栖霞区尧化街道对口帮扶资金20万，加上西宁市食药局对口帮扶资金10万，建设了湟中县李家山镇汉水沟村馍馍产业发展中心（扶贫车间）。汉水沟村第一书记讲述了建立"馍馍车间"的初衷："村民们要搞个馍馍店，买什么设备不知道，怎样的流程不知道，有什么制度不知道。这样，他就可以在发展中心培训。现在已经搞了三期，每期几个月。我们利用这124个馍馍店形成小产业集群，西宁市有84家，湖北、宁夏都有。"[③]

汉水沟村的"馍馍车间"，通过吸纳贫困户就业的方式，让贫困户掌握馍馍生产的技术，并利用村庄共同品牌进行营销。特别是对于

[①] The World Bank Group, *World Development Report: The Changing Nature of Work*, 2018.
[②] 张红：《现代西方福利制度评析》，《兰州学刊》2007年第11期，第42—44页。
[③] 访谈李家山镇汉水沟村第一书记，2019年9月9日。

那些居住在本村，因为要赡养老人等原因而无法外出的农户，可以在扶贫车间工作，并利用14家馍馍铺销售，其实质是变相的社区福利：无法外出务工就业的农户，可以在馍馍车间工作，获得一定的工作收入；想创业的农户可以利用在馍馍车间工作的机会，学习馍馍生产的技术，并可以在进入市场后使用村庄的集体商标进行销售。换言之，农户通过在馍馍车间工作的方式，获得了免除培训费用和学徒费用的待遇。这种通过工作而获得的村庄福利，让农户的积极性更高，主动退出贫困户行列。"我感觉这个村发生了翻天覆地的变化。村里这36户贫困户，通过'八个一批'今年全部自愿脱贫了。上一次几个贫困户说：'书记啊，我们真的已经脱贫了！我们有安全的住房，吃穿不愁，我们养的牛也好，开得馍馍铺也好。我们自愿脱贫，跟一般户一样。'"[1]

（二）公益性岗位：以劳动促就业

通过开发公益性岗位来带动贫困户就业，增加贫困户收入，是让贫困户脱贫的重要举措。精准扶贫实施以来，湟中县积极开发特设就业扶贫公益性岗位，在生态管护、水域管理、环境整治等领域，优先安置符合条件的贫困户生态管护岗位1254个，巡河员、保洁员等公益性岗位150个。通过将贫困户转换成为护林员等公益性岗位的工作人员，不但能增加贫困农户的收入，而且能让其参与村庄的公共事务而产生对于村庄共同体的认同以至于国家的认同。如群加藏族乡毗邻湟中县群加国营林场，林场面积10万亩，仅有正式职工30名，在冬季草场非常茂盛的时候，面临相当严峻的防火压力。因此，群加乡招聘了40名护林员，每个月工资1800元，让其成为群加国营林场的守护者。"因为生态保护是绝对不能忽视的一方面，我们这几年就主抓把贫困户变成生态护林员，让他感到对家乡特别自豪，可以在家门口

---

[1] 访谈李家山镇党委书记，2019年9月9日。

工作，每个月还可以拿 1800 元工资，每个月休息 4 天。我们有个系统，他可以按照巡航路线去看一下森林资源怎么样，如果是造林的就看看有没有破坏的，有没有野生动物等等。"①

从村庄的层面来看，公益性岗位往往承担村庄公共环境卫生维护、垃圾清运等公益性事业。通过公益性岗位设置，可以利用工作福利，增加社区的整体福利。特别是对于 60 岁以上的老年人，很难再通过外出务工的方式获得收入，却可以通过公益性岗位的方式，参与到村庄的环境卫生整治与日常维护当中。"我们现在有河长制和环境卫生整治工作。那贫困户，比如说家里边有残疾病人，劳动力常年不能出去，那他干什么？我把他纳入公益性岗位，负责村的这个环境卫生或者河道环境卫生的管护，村集体经济可以给你开工资，这个劳动力利用起来了，不出远门，你把家里边照顾上，在村里边做一些服务，我给你报酬。这也是我们解决贫困户劳动力的一个方式。"②

无论是护林员还是河长、清洁工，虽然没有直接给年老力衰或残疾人发放生活补贴，但是其本人和家人通过参与到国家、村集体的公共事务中来，不但能够通过劳动增加家庭收入，而且能够较好地保持家庭结构的完整，照顾村庄弱势群体。质言之，由国家或村集体经济支撑的公益性岗位，通过对于特殊困难群体整个家庭的支持，增加由于亲属照料而减少的家庭收入，其对特殊困难群体精神方面的支持亦不容忽视。

湟中县在脱贫攻坚中，针对贫困地区老人、妇女、儿童和残疾人等特殊弱势群体，在"大扶贫"的格局下为他们提供了多种社会福利，逐步建立起由政府、市场和社会参与的多重福利供给模式。能够凝聚社会力量形成福利可持续供给的关键，在于各级党委领导下的扶

---

① 访谈群加藏族乡上圈村第一书记，2019 年 9 月 5 日。
② 访谈土门关乡乡长，2019 年 9 月 7 日。

贫单位的有效参与，与村庄中特殊弱势群体福利供给不足的有效契合。而如果把社区为单位的多重社会福利供给机制看作一张网的话，这张社会福利网的核心是以第一书记为核心的驻村工作队与村两委共同组成的工作队伍。村两委对于贫困户特别是特殊弱势群体的有效识别，能够凝聚民心形成村庄对社会福利的公共需求；而第一书记为首的驻村工作队，则可以链接私人资源、所在组织资源、对口帮扶资源等，有效地回应、满足村庄特殊弱势群体的社会福利需求。土门关乡上山庄村赵瑜将第一书记称为"金字招牌"："我觉得有时候真不需要认识，第一书记就是个金字招牌！我觉得我要多跑出去，主动跟相关部门领导汇报我们的工作。另外，我们西宁市公安局的政委齐春岭，几次说过有什么解决不了的事情我来解决，这是代表我们市局党委说的话。也就是说，我赵瑜后面还有市公安局党委，我是从刑警支队派出的，后面还有刑警支队党委。我下乡来一年多的时间，心血全在这上面，就是想把组织的力量用起来，不能让这第一书记白费！这不仅是对我的一个交代，对投资方的交代，对村民的交代，也是对党委组织的交代！"[①]

以习近平同志为核心的党中央能够在国家的层面上凝聚民心，形成对脱贫攻坚大格局的共识；各级党委与政府对脱贫攻坚的支持，是第一书记和驻村工作队的坚强后盾；第一书记和驻村工作队队员，是脱贫攻坚的排头兵；而村两委则是脱贫攻坚的坚实堡垒。正是不同层级的党政体制，才能让第一书记成为"金字招牌"，形成凝聚社会力量的强大动员能力；而政府在这些特殊弱势群体的多重社会福利供给机制基础上进行的社会福利政策调整，则有助于将福利制度化、规范化，形成有稳定财政供给的长效福利模式。

---

① 访谈土门关乡上山庄村第一书记，2019年9月7日。

第三节　扶贫搬迁户的可持续生计体系

易地扶贫搬迁，是针对"一方水土养不起一方人"的贫困地区的人口进行系统整体搬迁的一种方式，针对的对象主要是因地质灾害、生态环境脆弱、生产生活条件恶劣等原因，必须整体搬迁的建档立卡贫困户和非贫困户。生态贫困理论的观点认为，如果某一地区的生态环境较为恶劣，自然资源严重不足，或者某一地区的生态环境不断恶化，超出其承载能力，造成不能满足在这一区域人们的衣食住行等基本生存需要，难以维持再生产的情况，就会导致这一地区的人口长期处于贫困状态。从资本视角来看，拥有优质高效的生计资本是贫困群体降低生计脆弱性、增强风险抵御能力的基础，是贫困群体实现可持续发展的关键要素。[1] 湟中县易地脱贫搬迁的过程，既是贫困农户改变居住环境、生产条件与公共服务的过程，又是重构易地搬迁农户可持续生计体系的过程。

一、易地扶贫搬迁的本土性知识

（一）易地搬迁的核心区域：脑山地区的小南川流域

湟中县位于青海省东部，是黄土高原和青藏高原过渡地带，属青藏高原凉温半干旱地区，境内三面环山，祁连山余脉娘娘山雄踞西北，拉脊山脉绵亘西南。境内沟谷错纵、山川相间，地形地貌比较复杂，地势南、西、北高而东南略低，海拔2225—4488米。地势的起

---

[1] 许汉石、乐章：《生计资本、生计风险与农户的生计策略》，《农业经济问题》2012年第33卷第10期，第100—105页。

伏和地形的多样，成为影响湟中县脱贫攻坚阶段产业发展的重要因素。湟中县在确定易地扶贫搬迁时，也是根据本区域的特征进行推进的。

湟中的地形可以分为"川水""浅山"和"脑山"三种主要的类型。"川水"指海拔比较低，地势比较平坦，热量条件比较好，能够实现灌溉的地区。"浅山"指海拔相对要高一些，降雨量少，但是热量条件还不错的地区。"脑山"指海拔在2600米左右，热量条件较差的地区。脑山地区因为海拔较高，一般用于种植青稞、油菜籽等，产量也较低。在脱贫攻坚中，脑山地区，特别是以田家寨为代表的"小南川"地区，成为易地脱贫搬迁的重点区域。田家寨镇由3个乡镇合并而成，共有43个行政村，1个社区，4.3万人。全镇贫困村28个，贫困户1113户，是全县贫困户最多的乡镇，易地搬迁之前，贫困户居住在山大沟深、交通不便、易山体滑坡等边远落后地区，基础设施条件非常差，群众吃水难、行路难、用电难、住房难、就医难、上学难、增收难、娶妻难这"八难"是那时候生活的真实写照：

> 我先说一下"娶妻难"，原来住在山上的想娶媳妇，媳妇来看了一下那个地方马上就跑掉了，因为在那她想买吃的都买不上，没有小卖部。她看到那种居住条件，不可能在那长期生活呀，根本就住不了。小卡阳村2014年村里娶了5个媳妇，跑掉了4个！再说"上学难"，虽然原来的路是硬化的水泥路，但是10多公里的路，冬天下雪以后特别滑，摩托车根本没法走，走路下来要一个多小时。有一个村民，山上要照顾老人，还要在镇上租个七八十块钱的房子，方便照顾孩子。"看病难"。有的老人要经常打针吃药，来回跑根本承担不了；虽然上面也有村医，但是突然有个头疼脑热的，根本不能及时下来看病。"住房难"。原来住房基本上都是土木结构，很多房子都年久失修，院墙破

损，有的甚至倒塌过。山上主要有三类房子：一是长期外出务工的非贫困户的房子，他们有部分在外面买了房子，老家的房子年久失修就放在那；二是还住在这里的非贫困户，他们的房子虽然老旧，但是没有一点安全问题；三是这些贫困户，他们没能力改造房子，所以住房最困难。"吃水难"。虽然村子里已经通了自来水，但是因为官网老旧，或者有时候家里结了冰，或者有时候蓄水能力下降，经常会出现断水的情况。"行路难"。原来的山路都很陡很危险，好多路也没有硬化，农户家里面的路也没有硬化，出行非常不方便。①

基于此，湟中县确定了田家寨镇、土门关乡等8个乡镇24个村实施易地搬迁项目，计划搬迁贫困对象及其他农户714户2337人（建档立卡贫困户358户1242人）。

（二）易地搬迁的主要形式："自主安置"与"集中安置"

根据青海省易地搬迁的政策，搬迁安置方式主要分为两种：集中安置与自主安置。集中安置包括村内就近集中安置、建设新村集中安置、小城镇或工业园区安置、乡村旅游区安置四种类型；自主安置包括插花安置、投亲靠友两种方式。虽然湟中县需要易地搬迁的贫困户绝对数量并不多，但在实践中仍然坚持了"政府主导、群众自愿、因地制宜、多样安置、资源整合、精准脱贫"的原则，积极引导推行就近分散安置、就近集中安置、易地新村安置和自愿迁入城镇等多种形式相结合的搬迁安置方式，充分尊重了农户的自主权利。

1. 自主安置：插花安置为主

湟中县在选择易地搬迁农户的自主安置方式时，主要采用"插花安置"的方式，即"依托安置区已有基础设施、公共服务实施，

---

① 访谈田家寨镇副镇长，2019年9月10日。

由搬迁户自行购置农村牧区现有的闲置庄廓房屋进行安置"。因为小南川流域的生态环境不佳,很多农户在精准扶贫实施之前,已经通过购买乡镇、城市的商品房而搬出本村。留在村里的村民,恰是由于依赖农业生产或自身发展能力不足而不得不留在村庄内。湟中县根据不同的自主安置形式给予不同等级的建房补助。自主安置的建档立卡贫困户每户一次性补助10万元;非贫困户每户补助4.5万元(含农村危房改造资金2.5万元)。2016年,易地搬迁项目插花安置地大才回族乡前沟村等18个村150户529人,其中建档立卡户92户349人,搬迁住房建设当年完工并入住。2017年插花安置田家寨镇永丰村、上五庄镇黄草沟村2个村建档立卡户35户122人。

插花安置的形式,赋予农户充分的选择权。他们可以在村庄周边选择自然条件、社会结构和文化传统较为接近的地域易地搬迁安置,有的农户也会靠近自己的亲戚进行搬迁。这种以尊重农户意愿为前提的安置形式,既能够让贫困农户"离村不离土",仍然生活在原有经济社会网络中,获得必要的社会支持与心理归属;又能够充分利用其他村庄的闲置资源,避免农村土地的浪费。"插花安置的形式,村庄的自主性比较高,一个村子可能在项目实施之前已经搬走了百分之五六十,那么插花安置政策就用来帮助剩下的百分之四五十搬迁。以前搬下来的这些人也没有意见,因为他们都是有自身发展能力的,家庭条件比较好,剩下的普遍是老弱病残。另外,其他村民之前已经享受过危房改造或奖励性住房建设补贴,所以村民对于易地搬迁政策也没有什么意见。"[①]

2. 集中安置:建设新村为主

在选择集中安置方式时,湟中县主要采用了整村整社推进、建设新村的方式,甚至将多个农村的农户搬迁到乡镇中心村,形成一个易地搬迁农户的集中安置点。因为自然环境恶劣,村庄已经部分空壳,

---

① 访谈土门关乡乡长,2019年9月7日。

在村内就近集中安置较为困难,将多个村庄搬迁到乡镇中心村安置点,能够尽量实现就近安置,维持农户原有的社会关系网。所谓"建设新村集中安置",指通过调整、置换建设用地,统一规划,建设搬迁新村集中安置。2016年集中安置的田家寨大卡阳、小卡阳、马昌沟村194户644人,其中建档立卡户89户285人。原来三个村原来有420户,因为自然条件比较恶劣,一部分村民已经搬到乡镇,湟中和其他县,也有搬到西宁去的,自发搬走的有300多户。2017年集中安置土门关乡上阿卡村、秋子沟村2个村335户1042人,其中建档立卡户142户486人。

集中安置项目,由住建局统一规划设计,住房由搬迁户自行建设。集中安置农户房屋建设及水电路等基础设施和公共服务设施全部配套建设。易地搬迁安置经费主要来源于四个方面:建房补助、建设用地费、基础设施投资和群众自筹。(1)建房补助:建档立卡贫困户每户补助8万元;整村整社同步搬迁的非建档立卡贫困户每户补助4.5万元。(2)建设用地费:建档立卡户每户补助6万元,非建档立卡户征地费用自筹解决。(3)基础设施投资:建档立卡贫困户每户安排6万元,非建档立卡户基础设施由行业部门配套建设。(4)群众自筹:为充分调动搬迁安置群众的积极性,落实搬迁安置群众的主体责任,建档立卡贫困户每户自筹建房资金1万元,非建档立卡贫困户每户自筹建房资金3.5万元。

二、集中安置点的建设与管理

湟中县在进行易地搬迁集中安置的过程中,始终按照集中安置点"统一规划、农户自建、统一管理"的方式进行。而在新村建设完成后,三个村庄依然延续了原来的村庄组织与管理模式,"集中办公,属地管理"。

（一）建设方式："统一规划、农户自建、统一管理"

"统一规划"能够集中进行土地平整、基础设施建设、公共服务设施设置，提高易地搬迁的效率；"农户自建"能够尊重农户的选择权，降低农户建房成本；"统一管理"能够保证集中安置房屋建设的质量控制和进度安排。集中安置点人畜饮水工程、道路工程、污水管网工程、卫生室、活动室、文体广场等基础设施和公共服务设施全部配套完成。

"统一规划"由扶贫办牵头，国土局、住建局、相关乡镇和村负责，能够顺利完成土地报批、规划设计等工作，其他相关部门也能做好项目村水、电、路等基础设施，以及文化广场、村委办公大楼、卫生室等相关配套设施的项目储备申报工作，保证了项目的顺利实施。此外，由政府部门牵头统一规划，能够让同时搬迁的非贫困户免费享受基础设施，只需要出3万元的征地费用，就可以享受乡镇中心村的基础设施，如"三通一平"、卫生室、文化广场等。"田家寨镇大卡阳村，小卡阳村，马场沟村三个村易地搬迁整个占地146.9亩，我们找西宁市城乡规划设计院做前期规划，原来河道在中间，我们就改了河道的流向，节约了土地，然后做了三通一平的场地。每个农户按照80平方米的标准建设，三室两厅一厨一卫。这个大楼400平方米，三个村现在统一办公，非常方便。卫生室60平方米，为什么只有60平方米呢？因为这是田家寨镇的镇区，离卫生院不到500米，再加上田家寨村就有4个卫生室，所以我们就按照最低标准建了。"[①] 此外，为了降低搬迁成本，镇上负责协调搬迁土地，宅基地仍然是集体宅基地而并没有转为国有土地。

我们河道治理投入500万左右，是从水务部门争取的项目；

---

① 湟中县田家寨镇座谈会，2019年9月10日。

拉电将近300万；村庄的道路投入1092万；污水处理投入200多万；绿化投入28万；美丽乡村建设440万，包括村庄的广场、舞台、路灯什么的；办公楼建设投入50多万；卫生室投入8万左右。①

"农户自建"，而非政府统一招标的方式，能够有效节省招标过程所产生的费用。同时，农户可以通过投工投劳和找亲戚朋友帮忙来节省建房的成本。此外，农户自己建房会对质量控制更为严格，房屋出现质量问题也不会跟政府扯皮。"国家对贫困户的补偿款一共是20万，其中8万块钱是建房款，6万建设用地费，6万基础设施投资费。我们征收的是田家寨村的土地，按照6万块钱/亩进行征收。贫困户如果建80平方米的房子，整个建房成本是88885块。我们给贫困户8万块的补助，他自筹只有8000多块。有的贫困户会觉得自己钱少，8000块钱也拿不出来。如果政府统一招标，有很多招标的程序，相关费用要占20%左右，而且所有的发票都需要报销。如果农户家里有劳动力，就可以自己出劳力，或者他的亲戚朋友有劳动力，也能够来帮忙，这样花费就会比较小一点。三个村自己施工的有20多户，他的工钱自己赚了，或者亲戚朋友帮忙，这样花费就很少了。再一个，我们把规划做好，他们自己设计、自建过程中有什么问题也会自己解决，以后房子有什么问题，比如说房屋的墙皮有点脱落了，也不会找我们。我们只需要把国家的补助资金给到位就行了。"②

"统一管理"，意味着即使是"农户自建"，各级政府和村委会也负有不可推卸的管理责任。在房屋的建设过程中，扶贫办和住建局经常到工地进行质量监督，村委会也会找农村里面懂工程质量的村民参与监督。这种"统一规划、农户自建、统一管理"的方式，既能够

---

① 访谈田家寨镇党委书记、镇长，2019年10月13日。
② 访谈田家寨镇党委书记，2019年10月13日。

让农户充分参与新家园建设，而逐渐生成一种对新社区的认同，减少由于专业施工队伍施工增加的建设成本，又能够加强对新建社区的社会管理，避免农户自建过程中的不合理行为。

（二）管理机制："集中办公，属地管理"

虽然大卡阳、小卡阳、马昌沟村已经搬到田家寨村，形成地域性的居住集群，三个村也共用一个行政大楼办公，但是湟中县并没有要求三个村在行政管理方式上立即实行统一的社区管理，而是采取了"集中办公，属地管理"的方式。村委会办公大楼同时挂三个村党支部和村民委员会的牌子，三个村共用办公楼集中办公。三个村仍然有完整的党支部和村委会组织结构，分别管理原来各个村的村民。为什么需要按照属地各自管理呢？田家寨镇副镇长Z给出了解释：

> 因为他们虽然搬下来，但是只有两年的时间，实行统一管理需要一个过程。原来村民们都是分开居住，村里面管理都是村民自治，村干部都是大家推选出来的，是大家认可的村干部。不可能让大卡阳村的来管理小卡阳村。每个村的干部都很了解自己村的基本情况，如果实行统一管理，他们对其他村的情况不了解，管理上很有难度。如果非要从机制上把三个村归到一起，让大家推选一个人，不一定能推出成效来。因为村子里面都是沾亲带故的，很多七大姑八大姨，大家都是一个团体一个团体，一个家庭一个家庭，在推荐村干部的时候，是大家信任、一票一票推选出来的。老百姓的思想是根深蒂固的，他们就认为我们是小卡阳村的人。尤其是在村两委换届的时候，很多村民中老党员的数量多一些，如果整个合到一起，还是有难度的。
>
> 另外，村民们会想，我是一个村能享受一些单独的政策，如果合到一起，很多政策可能就享受不到。比如每年5万块钱的运转经费，美丽乡村建设经费，如果合到一起村里能用的就少了。

假设我们统一管理了，给这个村的多了那个村少了，村民的意见就会出来。农村的事儿很复杂，就连烧锅炉的事儿，他们有时候还嫌人家用的煤多了，给我提意见。我们是三个村共用一个锅炉，我说你们每个村一个月轮流烧锅炉，这样谁也没意见。这三个村的村民，有些也都互相认识，互相交往，但是他们还是要抱团，别人还是别人，自己还是自己，不像我们在单位就是一个集体。比如说排演节目的时候，说不定这三个村还在暗地里较量PK呢。以后县上还是要去我们整合成一个社区，但是这是一个过程，经过融入、碰撞之后，大家思想上有这样的认同，这样才行。①

三、搬迁农户的可持续生计体系重构

易地搬迁农户从原住村庄搬到新建村庄（镇中心村），整个生产、生活的方式都发生变化。如何重构农户的可持续生计体系，让易地搬迁农户"搬得出、稳得住、可发展、能致富"，实现可持续生计，是易地搬迁扶贫面临的最严峻挑战。李克强总理指出，易地扶贫搬迁是精准扶贫工程的重要组成部分，是打赢脱贫攻坚战的关键举措。为此，扶贫搬迁就不能仅考虑农户的需求，更要考虑可供给的资源，即在搬迁的终端有没有可供开发的空间，通过资源的重新配置，增加可利用的资源。② 湟中县结合国家的政策，对于处于不同环境的农户进行分类施策，从农村、乡镇和县域城市等不同的层面，重构搬迁农户的可持续生计体系。

（一）原住村庄生计资本的保留

在易地扶贫搬迁完成之后，农户的原宅基地要进行复垦，但是复

---

① 访谈田家寨镇副镇长，2019年9月10日。
② 王晓毅：《易地扶贫搬迁方式的转变与创新》，《改革》2016年第8期，第71—73页。

垦之后的土地由原宅基地的农户进行耕种。农户原来承包土地所获得的承包权关系也不变。这样，农户原来的农业生计资本就完全保留下来。农户可以选择继续耕种原来的土地，维持基本的温饱。但是这些资本已经很难维持易地搬迁农户的生计，因此农户往往会将土地流转给种植养殖大户、家庭农场，或者流转给本村、外村的扶贫龙头企业、种植养殖合作社，如饲草合作社，从而在客观上推动了土地流转。

这样，易地搬迁农户依然能够通过保留原住村庄的生计资本；或者通过资源流转而获得现金收入；或者通过资本集中来从事规模化的农业生产："虽然土地流转的费用不高，像山上的土地流转一亩30—50块钱，但是对农户来说也是一笔收入。一般农户人均不到3亩土地，一户家里也就有十几亩土地，这样就能有几百块钱收入。现在三个村子，流转出去和农户自己耕种的比例大概各占50%。有的农户就种自己的口粮，因为他吃惯了自家种的麦子，喜欢吃自家麦子磨的面，他种一年够两三年的口粮。"[①]

湟中县在易地扶贫搬迁之后，不但没有减少对村民原住村庄的投入，反而会为这些农户做好农业生产的基础设施，如水、电、硬化路等，并为搬迁的村子修机耕道，如田家寨镇搬迁的3个村共做了80公里，让农户获得更便利的生产条件。生产条件的改善，反过来又提升了土地价格，进一步促进了土地流转与集中，为新型农业经营主体的进入提供了方便。

（二）现居乡镇生计资本的获得

虽然易地搬迁农户依然能够从原住村庄获得原有的生计资本，但是搬迁到乡镇中心村，意味着衣食住行主要靠市场交易获得，原来通过耕种土地、饲养牲畜所维持的自给自足的生活状态完全被打破，农

---

① 访谈田家寨镇副镇长，2019年9月10日。

户迫切需要在居住地周边生成新的生计资本。湟中县在"后续产业扶持保障"方面，主要通过三个方面来增加农户的生计资本：第一，是对建档立卡贫困户按人均 5400 元同步配套到户产业扶持资金，按"一户一法"实施产业发展项目。如有的农户就会用这笔资金购买农用车搞运输、做小生意等。而下营一村则利用这笔资金启动了光伏发电产业："我们 2016 年下营一村插花安置了 60 多户，从脑山地区搬到公路两旁。2017 年永丰村搬迁了 21 户，这个村正好是住建部联点村，帮扶了 100 万，再加上村里将农户的 5400 元产业发展扶持资金，做了光伏发电产业，农户在自家的屋顶上可以安装光伏板，电价补贴之后，农户每年能收入 5000 元左右。"①

第二，依托安置点在交通沿线和乡镇所在地的区位优势，发展第三产业，实现就近就业。如田家寨镇就整合村集体经济资金，配合从上级整合的资金，利用 300 万元建设了一个农贸市场，交给三个村村"两委"进行管理，优先考虑让搬迁农户到市场租赁摊点做小生意。"村里有 50 万的互助扶贫资金，我们利用这个作为抵押担保，可以向农村信用社贷款 150 万。如果贫困农户发展产业缺少资金，我们会把'530'这一块的贷款给他，信用社贷款 5 万块钱，三年零利率。农户可以贷款去搞运输，或者做点小生意。"② 第三，将实施易地搬迁的农户纳入乡镇公益性岗位或临聘人员，增加农户的收入。湟中县会为搬迁农户优先安排护林员等公益性岗位，如田家寨村移民安置点就落实了 5 名公益护林员岗位，每个月收入 980 元；1 名农户做村警，每个月收入 1800 元；同时，联点帮扶的省交通厅可以为高中毕业的学生优先安排到高速公路收费站做管理员，每个月收入能达到 5000 元。

（三）周边县市生计门路的扩张

虽然部分易地搬迁农户可以在乡镇生成新的生计资本，但是对于

---

① 访谈田家寨镇副镇长，2019 年 9 月 10 日。
② 访谈田家寨镇副镇长，2019 年 9 月 10 日。

大部分农户而言，交通条件的改善特别是公共交通的发达，让劳动力进城务工更为容易。通过打工获得劳务收入，能够极大扩张农户原有生计资本的规模，让农户获得更多的市场机会。特别是对于湟中县这样的县城，南、北、西三面环绕西宁市，从田家寨村到西宁市仅有30多公里的路程，农民进城务工是最容易也是最有效的脱贫手段。在贫困户进行易地搬迁之后，湟中县强化搬迁群众技能培训，紧盯市场用工需求，持续开展"菜单式"培训，确保搬迁户搬得出、稳得住、能致富。搬迁农户可以选择进城务工或外出劳务，在培训体系的支持下重谋生计。对于搬迁的建档立卡贫困户，技能培训全覆盖，根据农户的个人意愿，可以参加家政、驾照、烹饪等技能培训。

  原来村民们在山上住的时候，他没有打工的思想，就守着那二三亩地，反正肚子别饿着就行了。但搬下来之后思想发生了很大的变化，他受周边的人影响，不得不外出打工，因为我不去别人就说"你看这个没本事天天在家里坐着"。再一个，村民们搬下来之后，思想上更自信了。原来他们都叫"山上人"嘛，现在搬到小区里，他们觉得自己也要做城市人，所以思想上转变了。现在很多年轻人去西宁打零工，搞搞绿化、在餐饮店当服务员什么的。这样他的收入和家庭能够兼顾，一个月能挣1500—3000块钱。[1]

四、"城乡两栖"的生计方式与策略

  湟中县的易地搬迁工作，最突出的特征在于，保留了农户原住村庄的生计资本，让农户获得了现在居住乡镇的生计资本，同时扩张了原有生计资本的规模和范围。这样，农户可以在农村—乡镇—县市之

---

[1] 访谈田家寨镇党委书记、镇长，2019年10月13日。

间自由往复，这种就业与生活的生计方式与策略，让农户的家庭在易地搬迁地区重置生计资产成为可能，让农户的生活更有弹性，能够有效降低市场风险可能带来的损害。"我们的易地搬迁不盖楼房，现在好多易地搬迁户麻烦很大，他搬进城根本留不下，好多都逃回农村。当时我们选择易地搬迁的地方的时候，就要充分考虑让他们搬得出、稳得住、能致富，所以把他们搬到中心镇的周边。这样的话，第一，他们最起码离原来的村子不太远，就有一种归属感；第二，中心镇的周边经济要素相对活跃，他们可以搞一些自己的产业，市场买卖等；第三，中心镇交通便利，他们还可以进城务工，搞劳务输出。"[1]

这种"城乡两栖"的生计方式，让农户既能够保留乡村集体的生活记忆，又能够很快地融入城市、乡镇的城市文化中，加速贫困地区农村和农户的现代化进程。田家寨村正在发生的变化，就表明了这一点。"农户在融入大环境之后，原来等靠要的思想也发生了很大转变。基础设施建好之后，整个环境就变好了，夏天晚上农民们喝点小酒之后，就喜欢跳广场舞。周边村庄的村民一看有活动也来参加，当地的小商小贩就做点小生意。在文化精神这一块，村民们跳跳舞买点小吃，看看人家咋跳，来了也学着那样。人和人思想上碰撞，原来找不上对象的也来这里找对象。我们小卡阳这两年娶了3个媳妇，有个快50岁的光棍也娶了一个，他在山上根本不可能娶上媳妇的。另外，原来村民们身上穿的衣服真的是一身土，干净衣服根本穿不了，鞋上都是土，都是泥。现在你看人家晚上出来，有的穿高跟鞋、有的穿拖鞋就出来扭，也有女人开始烫头发了。原来我们这三个村都叫'山上人'，现在人家搬下来之后都叫'城里人'了，说'山上人'掉到'福窝里'了。孩子读书也近，买个东西也方便，生活质量提高

---

[1] 访谈湟中县县长，2019年9月1日。

很多。"①

"要说搬迁对村庄的影响,一是村子面貌真的发生了翻天覆地的变化。脱贫不是凭空存在,扶贫以后,每个村庄的基础设施,基层的阵地,还有群众的文化生活的文化大舞台,健身器材,绿化都有。二是群众的面部,或者可以说,从群众的精神面貌、精神状态,就可以看到脱贫的整个作用。群众脱贫以后口气都不一样,原来贫困的时候,他就不敢去、不愿去人前面讲话,现在不一样呗,我也脱贫了呗,政府帮我、我通过努力脱贫的。有一个贫困户,国家扶贫资金帮扶了30多只羊。我今年一月份开车去他家一看,养了7头母牛。他的媳妇髋关节有病,利用国家的扶贫项目做了手术。他们现在两口子高兴,娃娃们也高兴,老头子也高兴。那个老头子还主动打扫村办公室的卫生,整个精气神都提高很多。"②

有学者指出,农村已经不再是费老描述的"乡土中国"时代而进入"城乡中国"③时代,只有促进城乡要素的双向流动、推动一二三产业融合和城乡融合,才能实现产村融合。④ 因此,对于乡村振兴路径的选择,既要打破人才虹吸的悲观论调,又要破除"逆城市化"的浪漫想象,而应通过乡村社会的再组织化,对接城市资本,实现乡村要素的双向流动。应通过乡村振兴政策设计,吸引那些在迁出地(农村)和迁入地(城市)来回就业和生活的"城乡两栖者",让他们既可以保留着农村的土地、房产,甚至还可以盘活这些资源,又可以在城镇从事非农劳动,通过打通和融合一二三产业,找到了新的发展空间和机会。

---

① 访谈田家寨镇副镇长,2019年9月10日。
② 访谈湟中县统战部部长,2019年9月2日。
③ 刘守英:《"城乡中国"正在取代"乡土中国"》,《北京日报》2019年8月26日第14版。
④ 周立:《"城乡中国"时代的资本下乡》,《中国乡村发现》2018年第6期,第109—114页。

本章小结

湟中县在脱贫攻坚期间,无论是低保户兜底、特殊困难群体福利供给,还是易地扶贫搬迁农户的生计体系重构,均是在有效识别贫困农户生计能力的基础上,分类进行能力培养与能力提升的过程中完成的。在这一过程中,党政体制的运行机制,即设定中心工作确定目标、整合部门资源开展治理和实施督促检查验收评比[1],均有较为明显的体现。

在社会救助与扶贫政策的关系上,在脱贫攻坚的中心工作指引下,农村社会救助政策始终围绕脱贫攻坚运作。"两线合一"是低保标准与扶贫标准统一设定,其本质是农村低保线向扶贫线"看齐"。两线合一期间,低保部门与扶贫部门的多轮数据核查,均是在湟中县扶贫开发工作领导小组的政治领导下进行的,作为指挥部部室之一的"社会保障部",能够整合民政、人社、医疗、医保等多个科层制行政部门,特别是网络共享平台更是利用技术手段突破了农民收入核查不准的关键问题,保证了低保户与贫困户识别的精准度。"有效衔接",是农村低保制度对扶贫开发的主动区分,目的在于剔除那些已经通过产业扶贫、教育扶贫等其他扶贫方式摆脱贫困,生计资本获得能力显著增强的部分建档立卡贫困户,充分发挥"低保兜底"的作用。"标准倒挂"阶段,农村低保通过调高"纳入标准",而主动将可能再次陷入贫困的边缘户和支出型贫困家庭纳入低保,保证脱贫攻坚政治任务的圆满完成。如果没有脱贫攻坚,以农村低保为核心的社会救助制度,很难通过自身制度建设的方式,应对贫困农户的多种样

---

[1] 杨华:《县域治理中的党政体制:结构与功能》,《政治学研究》2018 年第 5 期,第 17—19 页。

态与动态。此外，农村低保的乡镇审核阶段，由原来以部门审核为主的方式，改为由乡镇党委会集体负责制，也凸显出工作任务的政治严肃性。

对于农村老年人、儿童、妇女和残疾人等特殊弱势群体，老龄办、共青团、妇联、残联等事业单位群团组织，虽然也在持续关爱农村的特殊困难群体，但是普遍面临政策的条线状、碎片化问题，且普遍以政府提供的资金与物质型福利为主，难以针对各贫困村庄的实际需求进行福利供给革新。"五级书记一起抓、全党全社会共同行动"的"大扶贫"格局，则突破了年龄、性别、残疾与否等福利界定的个体特征，聚焦于提升特殊困难群体家庭能力，增加贫困农户的生计能力。在政府福利资源供给有限的前提下，第一书记及扶贫工作队队员所拥有的私人资源、其派出单位为主的组织资源，以及由于受脱贫攻坚而发掘的制度性福利供给的薄弱环节而被动员起来的社会资源，皆成为政府福利的有益补充，形成市场、社会与政府多元福利供给的格局。特别是专业的社工组织和社会机构以劳动技能培训、生计教育、社会服务等形式给农村特殊贫困群体的支持，突破了福利供给以金钱、实物为主的传统福利供给方式，为经济基础薄弱、政府福利供给硬约束的新型社会福利供给提供了经验。

而针对易地扶贫搬迁农户，确保易地搬迁农户"搬得出、稳得住、可发展、能致富"，既不是明确可操作的行政目标，也绝非住建部门单个部门所能够完成。这种行动目标与考核指标带有鲜明的政治性意涵，在易地扶贫搬迁的不同阶段，整合部门资源的方式不尽相同。在易地扶贫搬迁的建设阶段，国土、住建以及与农户社区公共服务相关的政府部门，均要按照新社区建设的要求进行配套性服务；安置点建设完毕后，以扶贫、人社部门为主的生计能力建设与生计体系重构，又是一个需要稳定制度支持的长期性过程。这种对于人民群众美好生活期待的主动回应，不仅是建设服务型政府的要求，更是对党政治合法性的主动回应。

第五章

以教育助推减贫发展

提起教育，或许是因为身份、职业、学科、专业和志趣等方面的不同原因，不同的人会有不同的认知与理解。然而，人们对于它的重要性，几乎都有高度的共识，大家均认为教育在促使人们从愚昧走向开化、从野蛮走向文明、从非理性走向理性等过程中发挥了至关重要的作用。在现代社会，教育尤其是体系化、专业化的教育的重要性更是得到了人们高度认同、高度重视。人们普遍认为教育在通过对人的培养，实现人的整体素质提升，增进人的社会竞争能力，继而实现社会流动、促进社会公平与发展等方面无疑已成为最重要的途径。在脱贫攻坚战中，教育的重要性又一次被提到很高的位置，被认为是实现可持续减贫和可持续发展的重要基础，同时也是最根本的对策。2012年12月，习近平总书记在河北考察扶贫开发时，就谈到了发展教育对贫困治理的重要影响。他说："治贫先治愚。要把下一代的教育工作做好，特别是要注重山区贫困地区下一代的成长。……义务教育一定要搞好，让孩子们受到好的教育，不要让孩子们输在起跑线上。古人有'家贫子读书'的传统。把贫困地区孩子培养出来，这才是根本的扶贫之策。"[1] 2015年，习近平总书记又再次强调教育对扶贫开发的重要性。他指出，要帮助贫困地区群众提高身体素质、文化素质、就业能力，努力阻止因病致贫、因病返贫，打开孩子们通过学习成长、青壮年通过多渠道就业改变命运的扎实通道，坚决阻止贫困现

---

[1] 习近平：《在河北省阜平县考察扶贫开发工作时的讲话》（2012年12月29日、12月30日），载《做焦裕禄式的县委书记》，中央文献出版社，2015年，第24页。

象代际传递。[①] 习近平总书记的重要讲话，为中国开展贫困治理时务必要高度重视教育的重要作用提供了方向引领和理论指导，同时也为贫困地区在进行脱贫攻坚时开展教育扶贫提供了理论依据和政策导向。本报告所调查的湟中县，就是一个这方面很好的案例。拥有46万人口的湟中，现有各级各类学校88所、小学教学点64个、幼儿园89所、幼教点47个。其中小学49所、初级中学4所、九年一贯制学校31所、完全中学5所、高级中学1所、十二年一贯制学校1所、职业学校3所、特殊教育学校1所。全县在校（园）学生88282人，其中在园幼儿15800人，小学生34250人，初中生16889人，普高生10982人，职教生10143（中职8778人，大专1365人），特校生218人。全县156个贫困设村有教育机构112个。2018年全县有建档立卡户贫困学生4802人（2017年4838人，2016年4552人），其中学前703人、义教3328人、普高505人、中职266人。2016年湟中县被教育部等国家六部委命名为"全国第一批成人教育和职业技术教育示范县"，2017年被国务院教育督导委员会认定为"全国义务教育发展基本均衡县"和"全国中小学校责任督学挂牌督导创新县"。在扶贫攻坚战中，湟中县进一步提高政治站位，严格按照习总书记的要求和指示，实事求是、开拓创新地开展教育扶贫工作，在教育公平、教育培训和教育扶助等方面开展了大量有益的工作，积累了丰富的经验，为可持续减贫和可持续发展奠定了重要的基础。

[①] 习近平：《在参加十二届全国人大三次会议广西代表团审议时的讲话》（2015年3月8日），《人民日报》2015年3月9日。

第一节　教育公平的在地化践行

一、差异化办学的教育理念

在现代社会，对人的发展影响深远的学校教育主要是通过专门化的办学来进行的。为此，办学过程中所涉及的观念、力度和方式都是非常重要的内容。对于具有强制性、普惠性特征的义务教育，人们通常是把注意力集中在办学者的教育观念和发展力度方面，这固然很重要。但是，相关研究表明，当我们在强调观念和力度的同时，也应给予具体的办学方式以同样的重视，甚至在某种程度上来说，办学方式直接关系到教育观念如何贯彻，工作力度如何体现等方面的问题。[1] 脱贫攻坚战中，湟中县在继承之前一些很好的做法的同时，也在办学方式方面进行了一些创新，比如差异化办学。所谓差异化办学，就是指在严格执行国家有关教育方面的法律法规的前提下，结合湟中的自身情况，围绕着更好地培养人、促进人的整体发展这个中心任务，实事求是地通过创新办学方式来办教育，让教育作为一种公共服务惠及每一个家庭、每一个孩子。正是出于这样的认识，湟中县从学校设置、日常管理、政策倾斜和素质拓展等方面来办学。

---

[1] Kenneth King, "Youth, skills development, and work in the Education for All Global Monitoring Report 2012: Learning from Asia or for Asia?" *PROSPECTS*, 2014, Vol. 44 (2), pp. 141-158. Júlia Griful-Freixenet, Katrien Struyven, Wendelien Vantieghem, Esther Gheyssens, "Exploring the interrelationship between Universal Design for Learning (UDL) and Differentiated Instruction (DI): A systematic review", *Educational Research Review*, 2020, Vol. 29. 劳凯声：《教育机会平等：实践反思与价值追求》，《北京师范大学学报》2011年第2期，第5—11页。

在湟中，仅仅就普通中小学教育阶段而言，在学校类型及其设置方面，就有完全小学、九年一贯制学校、十二年一贯制学校、初级中学、完全中学、高级中学和教学点①等类型。之所以设置这样多类型的学校，这首先是考虑到湟中复杂的自然地理条件。湟中处于青藏高原向黄土高原过渡的地带，全县海拔处于2225—4488米之间，气候复杂多变，同时具有川水、浅山和脑山三种类型的地形地貌。其次是全县15个乡镇380个行政村的交通条件、村落规模和人口，以及社会经济发展程度等都有很大的差异性。于是，县里在办学时，不是采取一刀切的方式，仅仅设置完小、完中、高中这些基本类型的学校，而是从实际出发，因地制宜，通过多种不同的办学方式来为人们提供相应的教育机会，以满足人们对于教育的相应需求。在学校的布局及其设置上，坚持务实、灵活、平等的原则，科学、合理地配置教育资源，让教育资源不短缺、不闲置。简言之，就是哪里适合办哪一种类型、哪一种规模的学校就在哪里办哪一种类型、哪一种规模的学校。比如，在人口主要集中、交通便利、经济活跃的城区，就设置完小、完中、高中和十二年一贯制等类型学校；在人口相对较多，交通相对便利、经济相对较好的多巴镇、李家山镇、拦隆口镇和田家寨镇等镇所在地就设置完全小学、九年一贯制学校和高级中学等类型的学校；在人口规模、交通状况、经济水平等指标在全县处于中等水平的土门关乡、共和镇、上新庄镇等乡镇所在地就设置完小和初中等类型的学校；在回族和藏族分布较多的李家山镇贾尔吉、上新庄镇金桥和马场以及群加乡设置民族学校；而在人口较少、交通条件滞后、经济发展水平落后的鲁沙尔镇下重台、田家寨镇群塔尔和上五庄镇北庄等64个村庄，则设置了教学点。

在日常管理方面，则根据上述不同学校的类型和不同学校的自身

---

① 所谓"教学点"，指那些主要分布在自然条件相对较差、交通条件相对落后、经济发展相对迟缓的村庄里的农村小学。一般来说，这些农村小学的年级少于六个年级且规模很小，学生从几人到十几人到几十人不等，而教师通常只有几人，甚至只有一人。

情况，采取多样化、差异化的管理方式。以学生是否住校为例，根据学校的住宿条件、当地的交通条件和学校与学生家庭所在地之间的距离，以及孩子的家庭情况等方面的综合考虑，分别采取了集中统一住校、校车接送或就近走读三种不同的方式，其目的是为了更好发挥学校、家庭、社会三者各自的优势，共同开展工作，对孩子的成长、学习和安全共同负责。比如，教学点因为是设置在孩子们所在的村子里，上下学较为方便，于是便发挥家庭的重要作用，让孩子们放学回到家庭，由其家长和老师来共同培养孩子；对于九年一贯制的学校，如果条件允许的话，低年级（通常为一至三年级）回家住宿，而中高年级的学生集中住校；对于初级中学、完全中学的学生，则采取集中住校为主、回家住宿为辅的方式，并提供周末校车往返接送的服务。以上这些差异化、多样化和人性化的安排，既有利于学生的成长，又有利于教学的进行，还有利于家庭的生产生活的开展和家庭收入的提高。

湟中是一个多民族多元共生、和谐发展的地方，有汉、回、藏、土等25个民族长期生活在这里。在全县15个乡镇中，有一个由5个村组成、人口2000人的群加乡。这是一个藏族聚居的民族乡，距离县城所在地大约78公里，海拔2477—4488米，是以牧业为主要生计方式的地区，加上交通条件比较落后，这里的经济发展程度是整个湟中县最靠后的地方，在脱贫攻坚之前也是整个县里贫困发生程度较高的地方之一。在义务教育方面，全乡只有一个九年一贯制的学校和一个教学点。为了更好地照顾到当地的实际情况，这里开设汉藏双语教学，同时，这里的初中毕业生参加中考时，在同等条件下，湟中的高级中学降低30分予以录取。近40年的实践表明，这个政策使得该乡很多贫困家庭的孩子能够顺利地进入高中阶段的学习，继而考上大学、研究生接受更高层次的教育。

学者杨东平认为："通过将乡土文化引入校园，开展乡土文化教育激活校园文化，实施有根的、有机的、绿色的教育，是农村小规模学校提升教育品质的有效途径。"[1] 为了更好地拓展学生的素质，湟中的很多学校根据国家的有关教育方针并结合当地的实际情况，将民歌、书法、民族特色体育和农村趣味游戏等内容巧妙地融入教学中，以此激发学生的学习兴趣并促进其综合素质的提高。在开设素质拓展课程方面，也是本着各校的实际情况，采取最适合开设什么类型的课程就开设什么课程的做法。比如城区的鲁沙尔二小，师资相对较好，就重点开展民间美术、传统书法、合唱等课程；比如土门关小学则依据当地的实际情况，开展了灯影戏、秦腔、主题阅读、数字绘画、电子琴、乡下人家美食、民间小调、锅庄舞和武术操等课程；又比如土门关中学，在开好其他素质拓展课的同时，则把主要精力放在农村趣味游戏上，开发出撞拐子、单腿推人、攻城、丢沙包、追逃、打泥炮、跳房子、手推车、包莲花白、抓小偷、藏猫猫、捡冰棍棒、划拳、找东西、翻绳、编花篮、走圈子、滚铁环、抽陀螺、打弹弓、羊拐骨、斗草、扎家、扔砖头、老虎洞等十余种上百个游戏；而其他一些学校，则在花儿等民歌上下了很大功夫并取得很好的效果。也就是说，城区、乡镇、村庄的各个学校在开展素质拓展教学的过程中，更多是从各校的教学资源、各地的社会文化等方面入手，处理好生活与教育的关系，呈现出多样化和差异化的特征。这些带有鲜明地方文化色彩、鲜活农村社会生活气息，以及蕴含大量地方性知识和民间智慧的教学，在开展的过程中，很好地解决很多学校特别是农村学校的素质教育资源贫乏、单调的问题，更重要的是让学生回归本真、了解传统、热爱生活和热爱乡土，实现了对人的全面培养的目标。这种做法，与近年来以倡导"乡土、生命及自然"为核心而颇受关注的贵州省正安县田字格兴隆实验小学的教育实践不谋而合。[2]

---

[1] 21世纪教育研究院：《西部农村基础教育发展报告（2019）》，http://www.sohu.com/a/358847690_141154。
[2] 陈斌、张定贵、吕燕平：《屯堡村社教育》，社会科学文献出版社，2019年，第289—302页；肖诗坚：《校长札记》，自序，未出版。

二、教学点、幼教点支持乡村减贫

在湟中的很多贫困现象较为突出、贫困发生率较高的边远村庄里，分布着一种被称为教学点的乡村学校，与被称为幼教点的乡村幼儿园。据统计，目前在整个县域内，有教学点64个、幼教点46个。一般来说，这些教学点、幼教点的规模都比较小，就读学生和入园幼儿从几人到十几人到几十人，甚至上百人不等。在调研中，我们发现规模最小的教学点只有1名教师、1名学生，而这样的教学点就有3个，它们是上五庄镇业宏和柏树沟以及李家山镇塔沟教学点；规模最大的是鲁沙尔镇甘河沿教学点，它有4个年级7名教师114名学生。同样，规模最小的幼教点也只有1名幼儿、1名老师的海子沟乡薛姓庄幼教点和上五庄镇业宏幼教点这两个幼教点，规模最大的是拥有3个年级、72名幼儿的鲁沙尔镇青石坡幼教点和李家山镇金跃幼教点。为了让教学资源得到更为合理、更为充分地利用，教师的教学、生活更为方便，以及孩子们的学习生活更为丰富、游戏更为有趣，这些教学点与幼教点通常放在一起来办学，所以就会看到教学点与幼教点的两块不同牌子挂在一起的情形。

表8 湟中县小学教学点班级、学生、学校数量统计表

	班级数量	班级数 合计	一年级	二年级	三年级	四年级	五年级	六年级	复式班	学生数 合计	一年级	二年级	三年级	四年级	五年级	六年级	学校数量
1	1个班级	26	22	3	0	0	0	0	1	242	211	31	0	0	0	0	26
2	2个班级	58	28	29	0	1	0	0	0	909	437	469	0	3	0	0	29
3	3个班级	3	1	1	1					77	27	25	25				1
4	4个班级	24	6	6	6	6	0	0	0	499	140	128	113	118	0	0	6
5	5个班级	5	1	1	1	1	1			80	20	18	13	14	15		1
	合计	116	58	40	8	8	1	0	1	1807	835	671	151	135	15	0	63

对于这些主要分布在社会经济发展落后、贫困现象较为突出的乡村里的教学点和幼教点，也许有人会认为它们存在的价值与意义不大，因为其规模太小、师资太单薄；也有人认为可以保留一部分，但要将其中一些撤掉后并入其他规模更大一些、师资更强大一些的教学点和幼教点，从而更好地开展教学。应该说，这些想法有一定道理。但是，在调研中，我们发现在教学点上学和幼教点入园的孩子中，有一半以上都来自建档立卡的贫困家庭，所以像湟中县这样坚持保留并加强建设如此之多的小规模——即使它只有1名教师、1名学生或幼儿——的乡村教学点和幼教点的做法其实更有价值和意义了。

表9 湟中县幼教点班级、学生、教师、学校统计表

序号		班级数					学生数					教师数	学校数
		计	托班	小班	中班	大班	计	托班	小班	中班	大班		
1	1个班级	15	0	1	6	8	165	0	4	49	112	15	15
2	2个班级	8	0	2	4	2	25	0	5	13	7	3	4
3	3个班级	69	0	23	23	23	644	0	215	199	230	33	23
	合计	92	0	26	33	33	834	0	224	261	349	51	42

首先，对很多上小学的孩子们来说，因为自家村子里设有教学点，他们就可以就近入学，不用到其他村子或更远的地方上学。要知道，在环境、气候、交通等方面都很特殊的青藏高原，年幼的孩子们在每年10月以后的特殊季节要到哪怕只有几公里远的地方去上学，其难度是不小的。对于学前教育阶段的孩子们来说，如果村子里没有幼教点，让他们到别的村子或更远的地方入园，这要么很麻烦，要么不大安全。而村子里设有幼教点，即使它的规模、师资、条件等方面相当有限，但也能为幼儿们入园提供方便，满足他们按时入园接受学前教育的基本需求。

其次，对很多家庭特别是建档立卡的贫困家庭来说，村里的教学

点和幼教点解决了他们的孩子上学或入园的棘手问题，同时也让他们腾出更多的空余时间来种地、养殖、放牧、挖虫草或就近打零工，增加家庭的收入，为摆脱贫困提供重要的支持。调研中，我们发现，在湟中的很多设有教学点和幼教点的村子里，有孩子就近上学或入园的贫困家庭，如果合理安排时间的话，每户每年增加1万元的收入是完全可能的。比如，群加乡来路村设有幼教点，村子里的孩子就在家门口入园。每年4—5月，很多家庭会把孩子交给老人帮着照看一段时间，夫妻一起到玉树、果洛一带挖虫草。正常情况下，一个月下来每人会有1万左右的实际收入。如果村子里没有幼教点，孩子们要是到乡上入园，那至少得留一个大人在家接送和照顾，挖虫草的收入就会减半。再比如，由于很多村子里都设有教学点和幼教点，而村庄又是熟人社会，孩子们通常是自己或结伴上下学，或邻居之间轮流接送幼儿们，或来不及的时候老师（很多老师就是村子里的人）花几分钟就可以帮把幼儿们送到家里。这样，相当一部分家长就解决因为接送孩子而没有时间去乡镇、县里或西宁市区打工的烦恼。换句话说，因为村子里设有教学点和幼教点，相当一部分人可以就近打工。在鲁沙尔上重台教学点和幼教点，陪同调研的该镇中心校的C校长为我们算了一笔账。他说，在这里上学的孩子们，他们的父母70%以上都在湟中、多巴、甘河和西宁等二十公里的范围内打零工，几乎是早出晚归，每月收入2000—3000元之间，每年可以从4月中旬到10月上旬这段时间断断续续打工至少5个月以上，每人的打工收入均在1万以上。如果村子里没有教学点和幼教，很多人家就至少要留一个大人在家全天候照看或准时接送孩子，这样就近打工就不大可能了。如果这样的话，家庭收入就会减少不少。那么，对一些建档立卡的贫困户来说，他们的脱贫难度就会增大。

最后，对整个村庄来说，这些教学点和幼教点使得村庄的生活更加丰富、更加有希望、更加有朝气。调研中，很多人都对我们谈到这些小规模的教学点和幼教点对于村庄的重要性。在拦隆口镇卡阳村，村干部 Z 说:"村子里还是要有学校,要是没有了学校,就觉得没有朝气,没有活力。"在共和镇葱湾村,一位上了年纪的 W 大爷这样说:"我一看尕娃们背着书包去学校,跟从学校回来,我就高兴;我一听到尕娃们的读书声,我的心里面就踏实了。村子里要是没有了学校,尕娃们都出去读书了,白天村子也就不大看到他们,看不到他们,我这心里就空落落的。"在李家山镇汉水沟村,一位年逾六旬的回族 M 大爷说,"我们这沟里要是没有学校,娃娃读书都要到沟外去,夏天下大雨时不放心,冬天下雪也不放心。再说了,沟里要是没有学校,那是个什么事呢,冷清清的,那样不好。"这种做法,很好地将学校教育与乡村生活勾连起来,让"学校嵌入村庄"[①] 成为现实。

从以上当地人的话不难看出,虽然他们来自不同地方,但几乎都肯定教学点和幼教点对于村庄的重要性。其实,如果把视线稍微拉长一些,我们发现在湟中的很多偏远的村子里,长期以来正是由于设有一个个教学点和幼教点,使得村子里的孩子迈出了改变自身及其家庭命运、继而改变整个村庄命运的第一步。以共和镇的北村和南村为例,这两个汉藏杂居、人口规模均为 1000 人以上的普通村庄,最近 40 年来分别考出了 112 名和 50 名大学生,共有 41 名上了 211 或 985 大学。而且,这些毕业以后的大学生或是成了国家公务员,或是在省内外的事业单位工作,或是在包括央企、外企在内的各类企业工作,为国家和社会发展贡献了一分力量,更重要的是为乡村本身的发展发挥了极为重要的作用。需要指出的是,在湟中,类似北村和南村的这样的村庄,在我们调研中,就发现了不下 10 个。我们难以想象,如果没有教学点和幼教点,村子里这些年会不会产生如此之多的人才呢?村庄的减贫发展又会是一种什么样的状况呢?令人欣慰的是,这

[①] 单丽卿、王春光:《离农:农村教育发展的趋势与问题——兼论"离农"和"为农"之争》,《社会科学研究》2015 年第 1 期,第 124—132 页。

种重要的举措，在整个县域内，使得当地很好地避免如下的情形，即在后撤点并校时代，西部农村教育所面临"城挤、乡弱、村空"的窘境及其所关联的"上学远、上学难、上学贵"等一系列问题。[1] 因此，这些教学点和幼教点存在的价值与意义是巨大的。也正是基于这种认识，湟中县非但没有盲目地裁撤或合并这些教学点和幼教点，反而是从经费、设施、师资和待遇等方面加大对其投入、建设和倾斜力度，让其得以存续、得以发展。这不仅保障了村里人特别是低收入和贫困群体接受教育的基本权利，也是支持村庄发展的感人做法。

表10 湟中县共和镇北村和南村40年来考取大学及就业情况统计表

	民族（人）		性别（人）		年龄（岁）		大学类别			职业				
	汉	藏	男	女	41—60	20—40	211、985院校	非211、985院校	军队院校	公务员	事业单位	企业	在读	其他
北村（1320）	63	39	56	46	14	86	33	68	1	18	9	40	28	7
南村（1546）	33	17	43	7	20	22	8	41	1	13	15	20	0	2

三、均衡发展的教育举措

当代中国的社会结构具有城乡二元结构的特征，由于在过去一段时间对城市与农村在教育、医疗、劳动保护、社会保障、养老、福利等方面曾经实行不同的政策[2]，城乡之间的确存在着不小的差距。以教育为例，在资源配置上呈现出明显的区别化和层级化的特征。正如

---

[1] 21世纪教育研究院：《西部农村基础教育发展报告（2019）》，http://www.sohu.com/a/358847690_141154。

[2] 陆学艺：《走出"城乡分治，一国两策"的困境》，《陆学艺文萃》，生活·读书·新知三联书店，2019年，第104页。

有研究者指出那样："目前的学校教育是一个层级化体系,城市—县城—乡镇—农村这一序列既是教育质量的排序,又表示了教育发展的优先顺序。"[1] 事实表明,这种发展思路或模式,一方面使得教育自身陷入了前所未有的困境,另一方面也在社会层面造成了许多问题。某种意义上说,贫困问题在城乡民众之间的发生几率、程度及其所包含的逻辑,教育显然成了一个非常重要的因素。因此,在脱贫攻坚的大背景下,教育特别是农村教育既是教育发展的对象之一,也是减贫发展的重要手段之一。为此,扶贫攻坚战以来,湟中在开展教育扶贫时,通过在教育领域里开展均衡发展的一系列工作来缩小城乡之间的差距,既促进了公平正义,又为可持续减贫打下了重要的基础。

第一,进一步加大政府对教育事业的财政投入,使得县域内的学校尤其是农村学校的办学条件得到极大的改善。2014年以来,全县围绕着教育的均衡发展,逐年加大投入,据初步统计,到目前为止固定资产投资达89700万元。在全县范围先后实施"标准化学校"和"全面改薄"等建设项目达181项,新建、改建校舍面积约为10万平方米,使得之前由于资金紧张一直想做但未能做成的中小学标准化建设和薄弱学校校舍改造任务得以圆满完成。为解决农村地区孩子上学返家的交通问题,县里共投资680万元新购置23辆标准化校车,先后投资2061万元,为全县级开通班班通、所有教学点实现完成数字资源建设项目。需要指出的是,在这个过程中,县里为了补足农村教育发展的短板,先后投资7000多万加强一些地处边远、办学条件较为困难的教学点的配套设施。比如,先后投入2800多万为多巴片区双寨、李家山镇贾尔吉、鲁沙尔青石坡等全县21所学校建立标准化运动场,投入2000多万为李家山下西河、上五庄镇小寺沟学校等83所学校购置、更新教学仪器,中学生生均仪器设备值直接增加了430

---

[1] 单丽卿、王春光:《离农:农村教育发展的趋势与问题——兼论"离农"和"为农"之争》,《社会科学研究》2015年第1期,第124—132页。

元，小学生生均仪器设备值直接增加了409元；此外投资近590万为80所学校购置可升降课桌椅9944套和为20所学校厕所的改造，以及投资300多万元为李家山中学等学校新建17个网络教室，1300余万元征地为解决拦隆口中学等学校运动场地和校舍不足的问题。

第二，采取多管齐下、多头并举的方式，着力优化、提升教师尤其是农村教师的整体素质。针对全县师资特别是农村学校师资有所不足、结构不合理状况，县里整合免费师范、特岗教师等资源，千方百计为全县农村学校补充正常替换、流动的师资。以2017年为例，专门为农村学校新招聘体育、音乐、美术等学科的教师40名，初步补齐县域内农村学校在这些学科教学方面长期以来一致存在的短板。同时，充分利用"国培""省培"等类型、层次的培养平台，积极推动全县老师参加相关培训，培训人次高达15830人次。通过培训，教师的专业水平和教学能力得到大幅度的提升，从而更好地开展教学与管理工作。县里积极开展乡村教师支持计划，按时足额兑现乡村教师岗位补助、生活补助，以及切实落实各种关于农村教师的各项优惠政策，使得3380名乡村教师真正受益。与此同时，县里制定和推行交流轮岗、走教、支教等政策，使专业教师结构不合理问题得到了有效缓解。在我们调研中，正好在该县共和镇遇到一位刚从本镇维新中学交流回到共和镇初中的L姓教师。L老师毕业于西北师范大学数学系，毕业后来到共和镇初中工作。因为基础厚实，教学认真，是镇里乃至县域内有名的中学骨干教师。几年下来，在他和其他老师的共同努力下，维新中学的教书水平提升得到了显著的提升。现在，他又被该镇中心校调回原单位从事教学工作。我们问起像他这种情况是不是个案。他回答说，这种情况在共和镇，甚至本县范围内是非常普遍的，现在已经是常态了。他还补充道，经过这种交流后，现在学校与学校之间的办学差距已经比以前大幅缩小了。对此，在我们调研的过程中，通过多种方式予以证实。

第三，积极开展集团化办学，通过深度合作，共享优质教育资源，切实缩小城乡之间教育水平的差距。集团化办学主要分两大类：第一类是与市属学校开展集团化办学，如土门关中学加入西宁八中教育集团。具体做法是将集团化办学与教研联盟有机结合，经常性、多样化开展教学研讨活动，集团内教师研讨实现"零距离"互动交流。比如，市一中在海子沟乡海上学校成功举办"中小学同课异构"教研活动，指导改进教学方法，优化课堂结构，课堂效益切实得到提高，建立"集团校共同成长"QQ群，每周定时开展网上教研研讨活动；北大街小学"特色全课程"张晓慧名师工作室"阅读、悦读、跃读"等先进经验让集团内教师深受启发。开展"结对互助"活动，通过"一对一"业务互助方式，加速了青年教师成长。第二类是县里根据自身实际，按照"强校带弱校、同学段组团、协作共管、乡镇为主体"的原则，通过实施"学区化""优质学校+潜力校""职教中心"的办学策略，先后组建了13个乡镇中心学校、5个县属学校和1个职业技术教育集团。乡镇中心学校教育集团实行"七个统一"的管理模式。[①] 通过这种方式，较好地实现了同区域教育资源的均衡化、优质化发展目标。县属学校教育集团采取"1+X"组建方式，即1所优质学校加若干潜力校参与组建。集团内学校之间实行管理互通、领导流动、师资共享、研训联动、质量共进、文化共建、项目合作、捆绑考核8个方面互动，缩小了校际办学质量差异。调查发现，这些教育集团化办学模式的运行，加快构建了育人为本、公平发展、注重质量的教育体系，促进了城乡教育均衡发展，极大地激发了全县教育发展的内生动力、活力。

四、边远、艰苦地区教育特惠政策

相关研究表明，在过去的一段时间里，由于教育资源配置受市场

---

① "七个统一"的管理模式，即统一规划、统一章程、统一师资、统一经费、统一制度、统一教科研、统一评估。

化的影响，使得城乡教育发展出现城市强、农村弱的严重后果。① 这种情况在贫困发生率较高的西部农村地区更是突出。在农村教育中，学生可以使用的教育资源，教师的待遇、职称、培训等方面都受到很多的制约。② 这不但影响了农村教育自身的发展，而且限制农村地区的整体发展，其中也包括现在大家较为关注的农村地区的减贫发展。基于此，对此前有着较浓色彩的市场化资源配置进行调整，对基础薄弱、条件艰苦、涉及人口较多的边远、艰苦地区推出带有帮扶性质的特惠政策成为大家的共识。所谓特惠政策是相对普惠政策而言的，主要是指对特殊群体、特定区域而制定、实施的政策措施，其目的是通过倾斜、照顾、优惠和扶持等方式，促进特定群体、特定区域的整体发展。在脱贫攻坚战中，考虑到县域内一些地理条件相对特殊、交通条件相对落后、社会经济发展速度和水平相对滞后、贫困现象较为突出的地区存在的实际困难，湟中县里经研究，决定以特惠政策的方式助推边远、艰苦地区的减贫的发展。

首先，对县域内所有贫困家庭的孩子实行资助政策。由于建档立卡的贫困户中的很大一部分是分布在边远、艰苦地区，所以这项政策实际上很大程度上是对这类地区的贫困群体开展的。为此，县里通过摸底排查全县各类贫困学生的真实情况，建立健全所有贫困家庭子女教育档案，修改、复核青海教育扶贫大数据平台信息，数据复核率达100%。2016年以来，根据全面覆盖、精准到人的工作要求和"退出贫困村但不退政策、不退帮扶、不退责任"的工作原则，县里全面落实贫困学生资助金38600万元，其中营养餐为10400万元，住宿生

---

① 梁晨等：《无声的革命——北京大学、苏州大学学生社会来源研究 1949—2002》，生活·读书·新知三联书店，2013 年；杨东平、陶红、叶忠：《徘徊于公平与效率之间的政府与市场——关于农村基础教育"市场化"改革的反思》，《中国教育政策评论》2008 年，第 181—198 页；熊春文：《"文字上移"：20 世纪 90 年代末以来中国乡村教育的新趋向》，《社会学研究》2009 年第 5 期，第 110—140 页。
② 21 世纪教育研究院：《西部农村基础教育发展报告（2019）》，http://www.sohu.com/a/358847690_141154。

补助为1940万元，蛋奶工程为672万元。这项政策实际惠及贫困学生39.2万人次，其中包含营养餐27.82万人次，住宿生补助3.12万人次，蛋奶工程3.12万人次。同时，29546人次的建档立卡学生享受资助金达2909.6万元。具体是：2016年，县里落实建档立卡学生资助金918.56万元，惠及贫困学生10513人次；2017年，县里落实建档立卡学生资助金968.84万元，惠及贫困学生9316人次；2018年，县里落实建档立卡学生资助金1022.2万元，惠及贫困学生9717人次。这项特惠政策的实施，在保障贫困家庭的孩子接受教育的权利的同时，也使得贫困家庭尤其是边远、艰苦地区的贫困家庭摆脱贫困的压力得到了真正的缓解。

其次，对农村学校的教师的师资结构、综合素质和能力水平等进行全方位、整体性的提升。脱贫攻坚战以来，湟中县进一步实施乡村教师支持计划，建立"退补相当"的教师补充长效机制，全面实行校长聘任制和校长教师交流轮岗制，加大城乡之间的师资的共享、交流与流动的规模和程度，从而有效地提升了农村地区的教育教学的整体水平。近5年来，全县补充教师753名，农村学校教师结构性缺编问题得到有效解决。同时，根据湟中不同地区的学校分别所在的Ⅰ类、Ⅱ类、Ⅲ类地区，为了支持、发展和提高农村地区的教育，特别是边远、艰苦地区的教育，在全面落实乡村教师岗位补助、生活补助政策的基础上，又进一步对在这些地区工作的教师的待遇进行较大幅度的倾斜。据统计，2016年以来，全县每年有3400多名乡村教师年人均享受补助资金9000多元，而边远山区教师工资高出同级城镇教师月工资平均750元。比如，因为地区不同，一个老师在海拔3000米的上五庄镇工作，相对于一个同级的但在海拔2400米的土门关镇工作，每个月实际收入至少多出800元以上。又比如，因为乡镇地区比城镇地区的工作条件更为艰苦，所以，县里对在乡镇工作的教师的待遇进行了很大的倾斜。在调研中，刚刚从鲁沙尔镇某小学校长岗位交流到共和镇中心校的S校长，向我们证实了他现在每个月增加约

1000元的收入。

同样，在职称评定方面，县里在之前的基础上，把更多的名额和机会安排给农村学校，并要求、鼓励和支持各乡镇进一步向在边远、艰苦地区工作的老师予以倾斜。在调研中，我们发现，在湟中的很多乡镇，老师申请职称晋级，需要到乡镇所在地之外的更加边远、艰苦的地区工作一定的时间，这已经成为一个基本条件。

与此同时，加大力度对农村教师专业素养和能力培训进行提升，县里还通过国家级、省级等多种培训计划和东西协作的平台和渠道，积极探索教育人才梯队培养机制。近年来，县里选派校长、教师特别是农村地区的校长、教师到东部发达地区的学校进行跟岗研修，开阔了视野，拓宽了思路，提高了学校管理和教学水平；并通过深入开展新教师、骨干教师、教学点数字资源、信息技术应用等专题培训，每年培训教师达1.5万人次，还组建了教研联盟、名师工作室、学科工作室，坚持"羚羊车"送教下乡活动，从而使农村薄弱学校和薄弱学科教学得到很好的指导。实践证明，以上这些特惠政策和相应举措的配合运用，使农村教育得到了实实在在的发展与提高，从而为农村地区特别是边远、艰苦地区的发展提供了很好的支持。

五、控辍保学填补减贫发展漏洞

在脱贫攻坚战中，作为依法实施义务教育的重要内容之一，控辍保学又被赋予新的使命，既是国家教育治理的重要实践[1]，同时也是新时代推进精准扶贫精准脱贫"三保障"的重要组成部分[2]，其目的是通过保证每一位适龄儿童少年接受完整的义务教育，为今后的长远

---

[1] 沈洪成：《教育下乡：一个乡镇的教育治理实践》，《社会学研究》2014年第2期，第90—115页。

[2] 赵阔、张晓京：《改革开放四十年我国教育扶贫政策变迁及其经验》，《中国人民大学教育学刊》2019年第1期，第16—30页。

发展准备必需的前提条件。

为了阻断贫困的代际传递，控辍保学这项基础性工作的重要性不言而喻。湟中县经过调研，发现之前有一段时间，县域内由于各种原因的确存在一定程度的辍学情况。经过认真地调研，发现主要有：一是因少数民族风俗习惯女童早婚而辍学；二是少数民族出家或在清真寺念经而辍学；三是随父母到外地打工或经商而辍学；四是学困生因"学困、厌学"而辍学。虽然辍学的学生所占比例相对较小，但为了将这些潜在的发展漏洞给及时补上，县里通过创新工作机制和出台具体措施来开展工作。

（一）工作机制

成立县控辍保学领导小组，由县委副书记、县长任组长，成员单位包括统战部、教育局（主要业务部门）、县综治委（含宣传、公安、文化等部门）、民族宗教局、司法局、人力资源和社会保障局、食品药品和市场监督管理局、民政局等部门，联合共青团、妇联、残联等组织，督促乡镇人民政府、街道办事处等基层，要求各成员、各组织和各基层单位在各自领域和属地采取措施，依法保障适龄儿童少年接受义务教育的权利，最大限度减少义务教育阶段学生辍学流失，形成政府、社会、家庭和学校齐抓共管、常抓不懈的"控辍保学"良好局面。

（二）制度保障

经过反复研究，制定相应的制度，以此来保证控辍保学这项工作的有力、有序、有效开展，为可持续减贫提供支持。具体包括：1. 月报季评制；2. "七长"责任制[①]；3. 台账销号制；4. 辍学报告制；

[①] 所谓"七长"责任制是，建立由县长、教育局长、镇长、村长（村主任）、校长、家长、师长等共同组成的控辍保学责任制。

5. 责任督学制；6. 专项督导制；7. 结对帮扶制；8. 家访登记制；9. 群众监督制；10. 信息公开制。

（三）具体措施

具体措施包括以下五个方面的内容。

1. 通过广泛宣传，严格依法对辍学进行治理。每学期开学初，各乡镇人民政府和中心学校利用开学后的第一月，积极宣传《义务教育法》《未成年人保护法》《妇女儿童权益保护法》，以此来提高学生、家长及全社会的法律意识，努力营造控辍保学人人有责的社会氛围。各校要组织学校领导、班主任、教师全面走访未报到注册的学生家庭，了解实际情况，积极动员学生立即入学。

2. 以台账管理的方式对辍学情况实行动态监测。各学校依托学籍管理系统和扶贫精准资助系统，建立控辍保学信息库，形成动态监测机制，详细核实和记录学生转出、转入等变动情况。各乡镇依据学校报告认真填写《义务教育适龄儿童少年辍学（失学）情况登记表》，建立台账，确定劝返责任人，因人施策，逐户落实。教育局统筹全县控辍保学工作，及时提出干预措施，指导乡镇、学校做好控辍工作。

3. 采取减负提质和规范办学的方法来推进控辍保学工作的开展。各学校开齐、开足、开好课程，努力改进教学方法，提高课堂教学质量，减轻学生过重的课业负担。学校不得以考试成绩排名次、排座位，教师不得歧视学困生，不得强行或变相要求其退学、休学、转学。对于容易发生辍学的个别学困生、偏科生等，建立个性化帮扶机制，确保一名学生也不能掉队。同时，依托乡村少年宫，开展丰富多彩的校园文化活动，使每个学生都有展示自我、发挥特长的机会，培养他们的学习兴趣和自信心，有效防控新增辍学。

4. 通过关爱学生，走以情控辍之路。对留守儿童、单亲家庭学生等易发生辍学的群体和个体，学校安排教师，通过上门家访、谈心交流和单独辅导，积极开展心理激励和学业帮扶，帮助其树立学习信心，避免因丧失学习动力而辍学。

5. 认真落实国家的惠民政策，帮扶家庭贫困的学生，杜绝因贫辍学现象的发生。各乡镇、各学生认真贯彻落实"教育"惠民政策，切实落实国家政策性补助等，建立健全低保户和农村贫困家庭学生的救助机制，防止"因贫辍学"问题的出现；严格落实残疾儿童少年相关保障政策，确保每一位适龄儿童少年依法接受和完成义务教育，等等。

在讨论脱贫攻坚的成就时，黄承伟提出了可以从直接效果、间接效果和溢出效应三个方面加以分析的理论模式。[①] 围绕着事关教育本身及其贫困地区贫困群体减贫发展的控辍保学，我们可以对此进行这样一些总结。

第一，直接效果是全县适龄儿童少年受教育程度越来越高。2015年，湟中县九年义务巩固率为97.02%，小学年辍学率为0.02%，初中年辍学率为0.82%，辍学现象在边远贫困地区一定程度存在；2016年，开展教育扶贫攻坚工作以来，义务教育巩固率逐年提升。2016年为98.02%，2017年为98.03%，2018年义务教育巩固率提升到98.04%。以"互联网+控辍保学"全新模式，开展控辍保学"销号清零"专项行动，共动员劝返194名辍学学生返校就读，做到了建档立卡学生无一辍学。目前，全县小学适龄儿童全部入学，初中毛入学率为100%，小学年巩固率为99.99%，初中年巩固率为99.52%，九年义务教育巩固率达98.04%，高中阶段毛入学率达100%。全县无因贫辍学学生。第二，间接效果是当地的少数民族群众越来越重视教育，全社会控辍保学氛围日渐浓厚。政府相关部门和学校联手，动员辍学学生重返校园接受义务教育，全社会对义务教育有了崭新的认识，不送子女接受义务教育是违法的观念深入人心，营造了人人参与控辍保学良好氛围，尤其是少数民族地区，早婚、入寺等严重影响义

[①] 黄承伟：《决胜脱贫攻坚的若干前沿问题》，《甘肃社会科学》2019年第6期，第1—8页。

务教育巩固率的顽疾得到有效遏制，从 2018 年秋开始，再没有出现新的辍学现象。第三，溢出效应是，经过几年党委政府、社会、当地人的共同努力，控辍保学这一重要的教育治理及其教育扶贫措施得到较好实践，一方面有力支持县域内农村教育的快速发展，另一方面也有力地支持了脱贫攻坚战的开展，同时为未来的发展填补了漏洞。

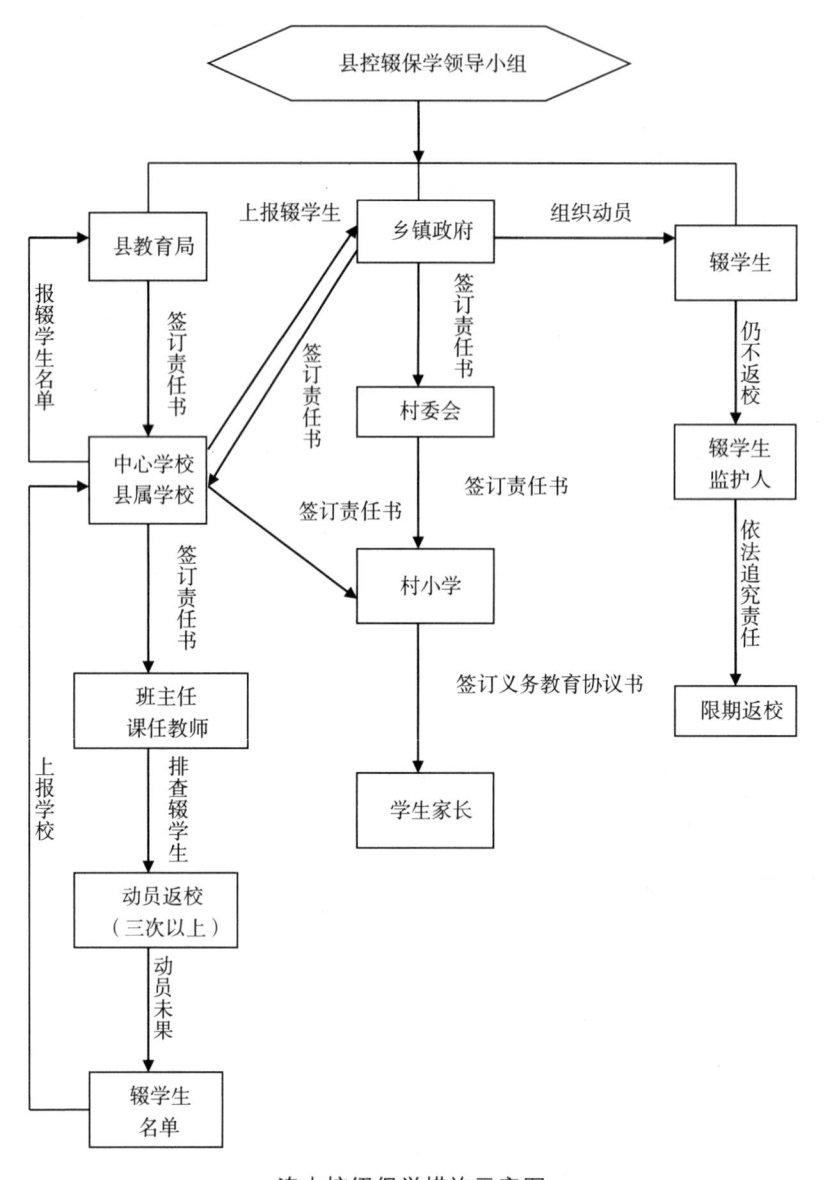

湟中控辍保学措施示意图

第二节　提升减贫行动能力

一、高质量发展职业技术教育

职业技术教育作为教育扶贫的重要举措之一,这已经得到了社会的高度认同。改革开放以来,我国的职业技术教育取得显著的成就,为国家减贫发展事业作出了积极的贡献。① 但是,由于在师资、学制、学科、层次、结构、资金、力度和定位等方面存在着或多或少的问题,这已成为制约我国职业技术教育进一步发展的重要瓶颈。② 同时,它也在很大程度上影响了贫困群体的减贫发展。这种情况,在西部贫困地区更为突出。2014 年,习近平总书记在全国职业教育工作会议指出,"要加大对农村地区、民族地区、贫困地区职业教育支持力度,努力让每个人都有人生出彩的机会。"③ 习近平总书记的重要讲话为新时代全国职业技术教育的新发展指明了发展方向,也为通过发展职业技术教育来帮助贫困群体摆脱贫困提供了理论遵循。于是,脱贫攻坚战以来,湟中县在全面贯彻习近平总书记的讲话精神和《国家职业教育改革实施方案》,对县域内职业技术教育进行大刀阔斧的改革,探索创新职业技术教育的办学模式,积极开展现代职业技

---

① 曾天山:《教育扶贫亦需转型升级》,《人民政协报》2019 年 2 月 13 日。
② 孙琳:《我国职业教育的成就、问题及发展趋势》,《教育研究》1997 年第 7 期,第 47—52 页;鹿林:《我国高等职业教育现状及发展趋势分析》,《中国成人教育》2008 年第 22 期,第 92—93 页;俞启定:《新中国成立以来职业教育定位及规模发展演进的回顾》,《浙江师范大学学报》2019 年第 5 期,第 12—21 页;陈鹏、王辉:《改革开放 40 年我国职业技术教育学的嬗变与反思》,《职业技术教育》2018 年第 16 期,第 6—13 页。
③ 习近平:《加快发展职业教育　让每个人都有人生出彩机会》,2014 年 6 月 23 日,http://www.xinhuanet.com//politics/2014-06/23/c_1111276223_2.htm。

术教育和新型职业农民的培训，促进农民的发展能力的提升，为精准脱贫、稳定脱贫提供重要的支持，并取得了一些兼具理论性和应用性的经验与启示。

第一，通过大手笔、大力度、大投入的方式组建职教中心，实现职业技术教育的办学方式的创新和职业培训水平的进一步提升，从而培养更多高素质和专门技术技能人才，为可持续减贫和可持续发展创造更好的条件。2016年，湟中县基于城镇发展规划、职业技术教育发展趋势、精准脱贫及稳定脱贫等方面的综合考虑，采取"贷款兴校"方式，先后投资43000万元在多巴地区新建占地364亩、建筑面积14万平方米的职业技术教育多巴新校区。2018年，为了更好推进职业技术教育办学的规模化、集团化、园区化，成立县属的湟中职业教育中心。该中心是将原西宁卫生职业技术学校、原西宁湟中职业技术学校、原西宁甘河工业技术学校已有人、财、物进行资源整合，形成"一个职教中心、两块职校牌子、四个重点基地"的组织架构，以"一套班子，一块牌子"的模式来运行管理。目前，该中心现有在册学生10143人，其中中职学生8778人（全日制学生5912人，非全日制学生2866人），电大学生1365人，有教学班235个；学校现有职工384人，其中在编教师201人，外聘教师183人，拥有132个实训室和75个实训基地，已成为青海省规模最大的一所中等职业学校。

第二，在发展职业技术教育时，从文化自觉出发，敏锐地"发现"地方性知识的重要价值，并依靠塔尔寺、群加国家森林公园等丰富的旅游资源，创办和开设地方特色专业，探索职业技术教育与文化资源开发的新路径，从而更好地带动脱贫。通过专业培训，为地域文化、民族文化的传承保护培养人才，也为就业创业提供帮助。湟中处于河湟地带，长期以来，汉、藏、回、土等多元文化在这里密切接触，广泛交流，融为一体，蔚为大观。脱贫攻坚以来，县里在塔尔寺

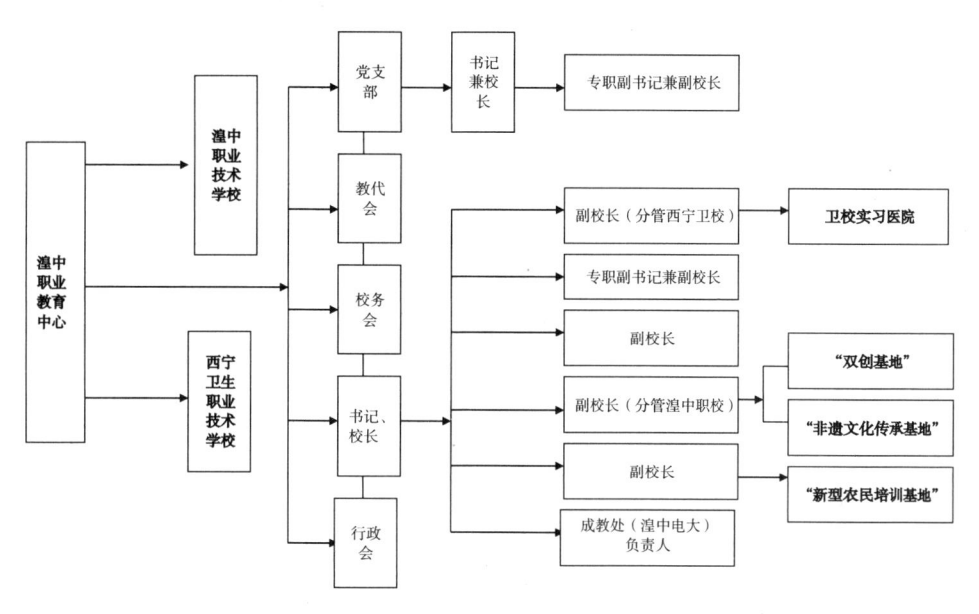

湟中职业教育中心组织结构图

精心打造了鲁沙尔民族文化旅游产业园，推出"八瓣莲花"① 的文化品牌，把丰富的当地地域文化、民族文化资源予以盘活、开发，并取得了较为丰硕的收获。受"八瓣莲花"案例的启发，湟中在发展职业技术教育时，经过调研后，敏锐地发现可以在地域文化、民族文化方面做文章，于是通过整合各方资源，重点推出中医药、民族医药、民间传统工艺、民族服饰、民族艺术等专业大门类，具体包括民族歌舞、中草药种植与加工、蒙藏服饰制作、木雕、精雕、国画、唐卡、堆绣和镶丝等专业方向。几年下来，从以上这些专业毕业的千余学生（绝大多数来自建档立卡贫困家庭）或在中藏药产业园就业，或在鲁沙尔民族文化旅游产业园就业或在相关工作坊就业，成了靠手艺吃饭的人，并由此实现了减贫发展。

第三，从职业技术教育自身的特点和优势出发，建立扎根本土、瞄准市场的人才培养模式。立足于本土、主要为县域社会经济发展服

---

① 八瓣莲花，是指湟中的八种历史悠久、影响深远、富有特色的民间艺术形式，即农民画、堆绣、镶丝、雕刻（含木雕、砖雕、皮雕）、铜银器、藏地毯、壁画和泥塑。

务的湟中职教中心，在综合自己的办学传统、优势专业和市场需求等方面的基础上，共设置了医药卫生类、教育类、交通服务类等13个专业大类型，具体又分为护理、中医、医学影像技术、民间传统工艺、学前教育、汽车运用与维修、中餐烹饪、旅游管理与服务、计算机技术应用和轨道交通等30个应用性较强并具有较好的市场前景的专业方向。因此，它的招生就业情况一直很不错。据不完全统计，2016年以来，其招生人数呈持续增长态势，年均增幅在10%以上，其中2018年相比2016年增幅达35%，一次性就业率近3年均保持在99%以上。在我们调研中，得知这里培养的医护专业毕业生在西宁呈现出供不应求的情形。

除了完成日常的职业技术教育的工作，在脱贫攻坚战中，县里的职业技术教育还利用自身的专业技术优势，因人、因地、因事、因时、因岗位地为贫困群体开展技术技能培训，消除其摆脱贫困的脆弱性，增强其减贫发展的基本能力。其做法如下：一是调查摸底，确定培训内容。每次培训，都要进村入户，逐一调查，根据学员需求，确定培训专业、时间和地点。如：针对群加森林公园旅游和共和盘道山区生态旅游，专门开展烹饪和民族歌舞培训；针对田家寨千紫缘、拦隆口卡阳等美丽乡村建设，专门开展乡村旅游培训，有效支撑了当地农家乐经济；针对塔尔寺旅游景点，专门进行唐卡堆绣培训，带动了旅游产品开发与销售；根据李家山地区新型发展的中药材种植业，开展中藏药种植与加工培训，切实增加了当地农民收入。二是教育引导，激发学习热情。每到一个培训点，首先对群众进行宣传引导，把对学员的思想教育贯穿于培训工作的始终，从正面引导群众积极参加技能培训，明白技能培训的好处，激发起他们的学习和自主创业的热情，让农牧民自觉地加入到学习中来。三是因地制宜，灵活培训方式。为方便农牧民，一般采取在当地集中学习、个别辅导、现场参观与实践相结合的方式，个别也选择在职业学校集中培训，这受到了广大受训学员的好评。四是因户施策，落实培训任务。培训工作中不搞一刀切，根据学员需求因户施策，对一些行动不便或照顾家人无法脱身的特殊学员要特殊照顾，或通过送教上门，或请到学校随班学习，与专业教师建立学徒制等方式落实培训，效果良好。

二、大力度推进"雨露计划"等技能培训

脱贫攻坚战以来，本着"扶贫先扶智、治贫先治愚"的工作思路，湟中在开展教育扶贫时，除了前述的重要举措外，以职业培训、市场需求为导向、重在提升劳动者发展能力的教育培训也是重要举措。县里在认真贯彻落实中央、省、市教育精准扶贫工作有关文件和会议精神，充分发挥资源优势，因地制宜，开拓创新，认真开展了职业技能培训工作，取得了良好的效果。在此过程中，县里的一些工作思路和工作方法是值得认真总结提炼的。

第一，重点抓好旨在技能培养的农民工培训工作。在开展"雨露计划"及相关培训时，在思路上，紧紧抓住一条主线，即以培养农牧民实用技术为抓手，以促进当地经济发展为主题，以农牧民脱贫致富为目标。于是，结合湟中及西宁市的用工需求，因地制宜、因时制宜、因人制宜，开展了农家乐、挖掘机、叉车、天车、刺绣、烹饪、计算机、装饰装修、民族歌舞、汽修、唐卡、堆绣、中藏药种植与加工、蒙藏服饰制作、蔬菜种植、保育员等20多个专业的农牧民技能培训。其目的是通过培训真正让农牧民掌握1—2项实用技术，让他们实现就业、创业和减贫发展。

在开展具体工作时，一是积极落实"雨露计划"，开展贫困人口就业技能培训。据不完全统计，2016年以来，县里先后组织县域内980人进行了"雨露计划"技能培训，通过扶持、引导和实用技术培训，提高了贫困人口素质，帮助他们解决在就业、创业中遇到的实际困难，加快了农牧民脱贫致富步伐。在调研中，我们获得很多这方面的成功案例的信息。比如，湟中鲁沙尔镇新民巷学员S，系建档立卡

的贫困户，2017 年通过中式烹饪培训后，在多方的支持下，她和丈夫 C 在湟中县城开起了小吃店——春源小吃，现在两人月收入达到了 7000—8000 元，摆脱了贫困，家庭收入比建档立卡之前有了根本性的变化。又比如，鲁沙尔镇团结路的建档立卡学员 Y 通过计算机操作培训，由于勤学肯干，电脑操作比较熟悉，培训结束在湟中职业教育中心实现了就业，专门从事档案制作、管理工作，月收入 3500 元，实现了脱贫。S、Y 两位女性就是经过"雨露计划"培训后通过自己的技能实现了脱贫的典型案例。

县里还开展了城镇居民贫困人口和"两后生"培训。2016 年培训城镇居民 90 人，对其中 20 名城镇居民贫困人口免费提供了堆绣专业的培训，培训合格率达 100%，就业率达 80% 以上。三年下来，培训总人数中有 3379 名"两后生"，为将没有升入大学或高中学段的"两后生"100% 纳入湟中县新型职业农民转移就业创业培训范畴提供了重要保证。此外，还充分利用本县强大的职业培训能力，拓展了培训范围，对果洛州班玛县、玛多县和黄南州河南县等三江源地区贫困农牧民技能培训达 1740 人次，有力地支持兄弟县份的脱贫攻坚工作。

此外，人口大县的湟中还有一类因身体原因在生产生活中受到诸多限制的，同时也是贫困现象比较集中的群体——残疾人。据统计，全县残疾人总人口为 16429 人，约占全县总人口的 3.57%，而 16—50 岁之间的青壮年残疾人总人口为 5685 人，其中建档立卡贫困残疾人口为 3327 人，需接受正常培训的残疾人有 3000 多人。县里在对其身体条件进行检查、评估的基础上，对具备职业技术教育培训条件的残疾人开展了相应的培训，以帮助他们更好地就业。一是对他们进行职业技术方面的培训，使其生活内容更为丰富，生活品质得到进一步的提高。针对残疾人特点和创业需求，县里依托县域内培训平台，开发他们的职业潜能，强化其就业观念，积极加强职业培训，提高了他们的就业技能。比如，针对他们的特殊情况，专门开展了手工艺术品制作、唐卡、堆绣制作等专业和创业意识、创业能力、创业项目指导及企业经营管理培训。以 2018 年为例，对残疾人的实用技术培训人数达到 330 人次，增强了残疾人自立、自强、自信、自尊意识，使他们的生活水平得到改善，幸福感、获得感获得提高。二是通过系统的培训，帮其实现就业，增加收入，从而帮助其实现精准脱贫。县里安排职教中心负责此项工作，并要求该中心结合参加人自身的特点与市场需求开展针对性的职业技术训练，通过与企业开展深度合作，真正帮助解决残疾人就业问题。据统计，2016 年以来，该中心为残疾人每年开展实用技术、种养业等技能培训均达 400 人次以上，接受过培训的残疾人每年增加收益均在 1 万元以上，很好地帮助其以就业或创业的方式逐步摆脱贫困。

第二，重点抓好以校企合作为依托的培养工作。习近平总书记指出："职业教育是国民教育体系和人力资源开发的重要组成部分，是广大青年打开通往成功成才大门的重要途径，肩负着培养多样化人才、传承技术技能、促进就业创业的重要职责，必须高度重视、加快发展。……要牢牢把握服务发展、促进就业的办学方向，深化体制机制改革，创新各层次各类型职业教育模式，坚持产教融合、校企合作，坚持工学结合、知行合一，引导社会各界特别是行业企业积极支持职业教育，努力建设中国特色职业教育体系。"[①]

为了让职业技术技能培训发展得很好，让更多的劳动者特别是低收入和建档立卡贫困户能够获得更多实用的技术技能培训，湟中通过深化校企合作，推进产教融合，创新人才培养模式，加强内涵建设，大胆改革，走出了一条面向市场、服务"三农"、服务企业，学历教育与短期培训相结合的办学新路子，助力精准脱贫、长效脱贫、稳定脱贫。具体做法：一是积极主动加强校企合作，实现学校与企业优势互

---

① 习近平：《加快发展职业教育 让每个人都有人生出彩机会》，2014 年 6 月 23 日，http://www.xinhuanet.com//politics/2014-06/23/c_1111276223_2.htm。

补，充分利用企业资源，提高学生技能实践水平。二是主动融入市场，加强与企业、行业的联系合作，为学校发展提供信息指引和技术指导，共同制定人才培养方案。三是积极探索职业教育实训基地产业化运作新模式，面向社会，参与社会生产，向社会有偿开放设备、厂房等教学资源，弥补办学经费不足。并且，围绕"依托专业办产业，办好产业促专业"的办学思路，顺应市场，贴近企业，探索适合学校发展的产教深度融合项目建设。四是积极推行现代学徒制试点工作，建立校中厂、厂中校和专家工作室和技能大师工作室，通过"订单培养""顶岗实习"等校企合作模式，完善产教融合校企协同育人机制。

第三节 特殊群体的教育扶助

一、残疾学生的"送教上门"

事实与研究表明，相对于身体健全的普通人，残疾学生由于先天或后天在生理方面所遭遇的种种不幸，使得他们在日常生活、康复学习、社会交往和就业收入等方面都面临着很多常人难以想象的困难。[1] 从贫困发生学的角度来说，由于身体和社会的原因，残疾人士也是最容易陷入贫困的群体之一，尤其是在生活环境较为艰难、社会经济相对落后、公共服务相对滞后的西部农村地区更是突出。这种情形在人口大县湟中同样如此。为此，在扶贫攻坚战中，湟中根据精准

---

[1] 朴永馨：《特殊儿童及其心理发展》，《心理学报》1981年第4期，第394—400页；朴永馨：《和谐发展 双赢共荣》，《中国残疾人》2007年第8期，第30—31页。Gheorghe Marinescu et. al., "The improvement of strength in mentally disabled pupils through the use of differentiated instruction in the physical education lesson", *Procedia-Social and Behavioral Sciences*, 2014, Vol. 117, pp. 529–533.

扶贫精准脱贫的要求,对县域内的残疾学生采取精准的教育扶助措施。据统计,2007年,全县年龄处于6—15岁之间的残疾儿童共有561名,有461名在学校接受教育。其中,在普通学校随班就读的残疾儿童有350名,在特殊学校就读的有92名,在家接受送教上门教育扶助的有26名。此外,尚有100名残疾儿童未入学,其中92名重度残疾,6名无法联系,2名因病已故。对于这些残疾学生,县里首先是采取了经费资助的措施,以此帮助他们顺利地完成义务教育。一方面是学前教育到高中教育阶段残疾学生每生每年免费资助1300元,义务教育阶段残疾学生每生每年教育公用经费6000元,有力保障了残疾儿童少年受教育权利;另一方面是对19名因为身体原因不能到校接受教育的残疾儿童,采取送教上门的扶助措施,避免因为未能到校而辍学在家的情况发生。从数量上来说,虽然湟中县送教上门的只有19名,但其工作难度实在不能小觑。而且,围绕着送教上门所形成的一整套机制、方法、措施,在帮助残疾学生的摆脱贫困、快乐成长、快乐生活,以及长远的发展等方面都具有重要意义。在调研中,我们对此项工作进行了以下的梳理,以此来呈现该县在扶贫攻坚中对残疾学生的教育扶助的基本思路与逻辑。

第一,建立多单位、多部门共同负责、协同参与的工作机制。由县政府出面,成立县级层面的送教上门工作领导小组。该小组下设办公室,办公室设在县特殊教育学校,由该校校长兼任办公室主任,具体落实工作责任,负责协调、处理特殊教育"送教上门"服务相关工作,拟定工作实施方案,并按方案组织实施。该小组结合实际做好送教上门人员的工作量标准确定、津贴发放、教研科研认定、职称评定等工作,为送教上门工作提供便利;利用和发挥卫计局、残联、特殊教育学校、普通中小学的资源与作用,建立由特校送教教师、校聘康复师、乡镇中心学校送教教师共同组成的送教上门工作队伍,逐步建立送教上门服务网络。卫计局负责为送教上门的特殊儿童提供基础医疗保障;残联做好全县特殊儿童的筛查登记工作;教育局和特殊教育学校按相关财务规定，妥善解决送教上门工作经费及交通补贴等问题，确保送教上门工作顺利开展。

第二，从实际情况出发，确定送教上门的对象、原则和内容。采取属地管理的方式，将所有具有本县户籍且在本县域内居住的7—15周岁的特殊儿童全部列为送教上门的对象。为了顺利、良好地开展本项工作，确定"五大原则"。即：1. 家庭自愿原则。在家庭自愿的基础上，通过定期送教上门，实施特殊儿童身体、心理康复和特殊儿童的最近发展区能力的开发，提高其认知能力、语言能力、运动协调能力、生活自理能力、社会适应能力及其他方面能力。2. 免费送教原则。对所有送教上门的学生进行全额免费教育与康复训练，为他们提供学习用品与康复器材。3. 示范指导原则。为特殊儿童做好送教上门和康复训练的同时，指导家长做好家庭教育与康复示范，发挥家庭在教育和康复训练中的重要作用。4. 普特结合原则。即是说，充分发挥特校和普校资源，积极开展送教上门的相关服务。县城附近送教，以特校教师为主，普校教师为辅；县域内特别偏远乡村送教，以普校教师为主，特校教师为辅。教学康复器材设备可重点发挥县特殊教育学校资源教室功能。5. 资源结合原则。全县100名丧失学习能力的重度特殊儿童分布在全县15个乡镇，由学校聘请的具有康复资质及行医资质的康复师和医生承担以送康复工作为主，送温暖、送政策为辅的送教工作，保证适龄特殊儿童完成九年义务教育。送教内容包括：残疾人保障法、残疾儿童理想信念、身体康复、心理康复、潜能开发、认知能力、语言能力、运动协调能力、生活自理能力和社会适应能力培养训练等。在开展的过程中，围绕着这些内容，以送政策、送教育、送康复、送才艺、送技能和送温暖等方式进行。

第三，制定务实、严谨、可操作的保障措施。首先，切实做好各单位、各部门联动与协作工作。经过与残联、卫计局、社区、村镇的沟通协调，发挥社区、村镇的桥梁作用，争取家长的积极配合，提高送教上门服务的质量和效益。其次，合理安排送教时间。采用个别送教方式，对个别送教的对象，教学时间由送教教师与家长根据学生实际情况共同商定，报县特殊教育学校备案。有学习能力的中重度特殊学生每两周送教1次，每次教学时间不少于4小时（包括学生康复训练及家长培训两部分），每生每年送教不少于16次；对丧失学习能力的重度残疾学生及多重残疾的特殊儿童由校聘请的康复师每月送康复1次，每生每年送康复不少于10次。再次，加强送教上门服务教师管理。送教上门服务教师及医生必须严格执行送教工作时间和遵守工作纪律，严禁不足时送教、不保质送教等不良的行为。普通学校送教上门服务教师，在业务上接受县特殊教育学校指导和管理，工作成绩纳入普通学校绩效考核。最后，做好送教上门的宣传工作。通过板报、标语、广播及网络宣传媒体，积极向社会和特殊儿童家庭宣传送教上门服务工作，进一步营造全社会关心重视特殊儿童的良好氛围。

第四，开展送教上门的具体工作。脱贫攻坚以来，根据送教上门服务工作方案，正式实施"一对一"方式送教上门，教学生与教家长并举，同时做好送教上门记录，实行一生一档的档案管理制度。档案资料主要包括学生基本情况、学生发展评价资料、教学过程资料、个别化教育计划、训练记录等。送教上门工作档案由送教服务教师、校聘康复师负责填写、收集、整理，学期末交县特殊教育学校教导处统一归档管理。建立督导检查、绩效评估和奖惩评比制度，做到"周有检查、月有通报、季有考评、年有总结"。周检查和月通报结果以简报形式于每月底前向县教育局报送。在此基础上，拓展送教上门成果。定期进行个案对比评估，及时调整送教方案，鼓励康复效果好的学生定期到特教资源中心或邻近的资源教室进行集中康复训练，参与社区的生活体验，促进伙伴交流和融合教育。

二、贫困大学生的后续资助

脱贫攻坚战以来，为了让县域内的所有适龄学生避免发生因学致贫、因贫辍学的情况和更加顺利地接受教育，湟中县在认真、全面落实国家规定的9年义务教育的普惠政策的基础上，并结合西宁市对于残疾儿童的帮扶政策和自身的实际情况，对建档立卡的贫困家庭加大帮扶力度，推出了15年教育资助政策。该政策贯穿了3年学前教育、9年义务教育和3年的高中教育或3年中等职业学校教育①三个阶段。在此基础上，又进一步推出对建档立卡贫困家庭的大学生特惠资助政策。政策具体内容如下：

（一）建档立卡贫困家庭学生资助

表11 建档立卡贫困家庭学生资助政策

资助对象	在普通高校具有全日制学籍的农村建档立卡贫困户子女和城镇低保家庭学生。	
资助类别		资助额度
1. 学费	A. 本科生	一本2013—2015年入学的每生每年6000元；2016年入学的每生每年7000元；二本、三本每生每年为6000元。
	B. 专科生	每生每年均为5000元（不包括就读职业技术类的贫困家庭学生）。
	C. 少数民族预科生	每生每年补助均为4000元（如次年转入本科仍为贫困，次年按本科生标准补助）。
	D. 高职生	2014年和2015年入学每生每年3000元，2016年入学的每生每年5000元。
	E. 中职生	每生每年3000元。
2. 生活费	2016年秋季入学的大学生（包括高职生）在资助学费的同时，按照全额城市低保标准，纳入城市低保范围，每月资助453元生活费（2016年403元），最长4年（医学专业除外）至毕业。	
3. 国家助学金	本专科生每学年3000元，硕士生每学年6000元，博士每学年10000元。	

---

① 中等职业学校教育阶段的具体资助政策是：具有中等职业学校全日制正式学籍的农村家庭所有学生，免学费每人每年3200元，免教材每人每年400元，国家助学金每生每年2000元（一、二年级学生），残疾学生免收住宿费，通常简称为"三免一助"。

（二）国家生源地信用助学贷款

表 12　国家生源地信用助学贷款政策

对象	家庭经济困难，不足以支付学生在校期间完成学业所需费用的大中专院校学生及研究生。
标准	普通大中专学生最高不得超过 8000 元/学年，研究生最高不得超过 12000 元/学年，在校期间均为免息。

根据以上特惠政策，2016 年以来，县里为 5309 人次农村建档立卡和城镇低保家庭大学生发放资助金 2015 万。同时，县里积极落实高考学生资助生源地贷款政策，共办理生源地信用助学贷款学生 29091 人次，发放金额共计 16100 万元，确保建档立卡户子女生源地信用贷款"应贷尽贷"。

对于湟中对贫困家庭的大学生的这种大力度的后续资助，或许人们会从经验的角度加以质疑，认为这样做会不会扩大了扶贫的边界？会不会出现"吊高胃口"的情况？会不会造成地方社会中贫困户与非贫户之间关系的张力？必须指出，这些质疑完全是可以理解的。但是，在调研中，根据掌握的综合情况，我们认为这种资助是合理的，也是有意义的。这是因为：

首先，资助贫困大学生本身是精准脱贫的有机组成部分。脱贫攻坚战以来，湟中县为了保证在 2020 年前完成消除绝对贫困，实现顺利摘帽，花了很大力气，制定了很多切实可行的方案，实施了很多战役型的重大行动并取得较好的效果。在这些方案中，对建档立卡贫困家庭的大学生进行扶助，这本身就是绕不开的问题。因为对很多贫困家庭来说，原本摆脱贫困的难度就很大，如果因为孩子考上大学而面临缴纳对他们来说一大笔压力不小的学费，这显然会加大他们脱贫的难度，也会让他们战胜贫困的信心在一定程度上受挫。为此，县里从实际出发，对县域内考上大学的品学兼优的出身贫困家庭的学子进行学费和生活费方面的资助，这种实实在在帮扶政策完全符合精准扶贫精准脱贫的主旨和要求，同时也向社会发出了一个重要的信息，鼓励向上，支持发展。在调研中，围绕这个问题，我们随机访谈了当地干部、教师、村民，出乎我们意料的是大家几乎都很赞成这一做法，而且均表示，农民尤其是建档立卡的贫困户家庭出一个大学生太艰难了，无论是家长，还是学生本人，都是付出常人难以想象的努力才闯出来的。所以，对于这种刻苦好学、有志气有出息的学生身上所具有的精神，要支持，要鼓励，要尽可能地帮助。

其次，资助贫困大学生是有效防范返贫、稳定脱贫的重要举措之一。对于一些本身发展能力较为脆弱的贫困家庭来说，在外界的帮扶下，他们短时期内是可以摆脱贫困的。但是，摆脱贫困并不意味着他们就彻底远离贫困的威胁了。相关研究表明，如果贫困户的发展的能力没有培养起来，以及稳定脱贫的长效机制与后续措施没有建立起来或没有发挥实际作用，那么他们返贫的风险是存在的，甚至风险还不小。对很多刚刚脱贫的家庭来说，要在3—4年的时间培养出一个大学生，其经济压力确实不小，稍有不慎的话可能会再次陷入贫困。为了防止这种情况的出现，湟中以务实的态度和超前的眼光，把对贫困家庭的大学生进行相应的资助作为防止返贫、稳定脱贫、巩固脱贫的重要举措来实施。从目前的情况来看，效果的确不错。

最后，资助贫困大学生是可持续发展的可行方案之一。就反贫困来说，人的因素是最重要的，人的发展也是彻底摆脱贫困的根本途径。也正是基于这样的原因，这些年来我国一直把教育扶贫作为解决贫困的根本对策，投入巨大的财力、物力、人力，采取一系列重大行动来并取得了伟大的成就。其实，众所周知，教育的重要性对国家是如此，对社会是如此，个人也是如此。具体到贫困家庭来说，通过上学，接受教育，增强能力，这是最有效的反贫困之路。大量的事实表明，一个贫困家庭如果能够培养出一个大学生且这个大学生顺利实现就业，那么这个家庭就有可能真正远离贫困，并走上可持续发展的道路。因此，湟中县在脱贫攻坚战中取得了了不起的成绩，并且在教育扶贫等方面或领域探索出了很多宝贵的经验。但是，接下来还要面临进一步解决相对贫困问题、做好精准脱贫和乡村振兴顺利衔接等一系列更加繁重的任务。因此，可持续发展既是目标之一，也是路径之一。而要真正让县域内发展能力脆弱人群能够真正地稳定脱贫和实现可持续发展，那么帮助这些好不容易顺利通过高考并获得上大学机会的贫困家庭学生是十分可行的方案之一。基于此，湟中立足于现实，着眼于未来，在力所能及的情况下对贫困家庭的大学进行资助是长远的、有效的发展思路之一，至少是有价值、有意义的探索之一。

本章小结

教育扶贫因其以社会发展能力脆弱性较为突出的贫困群体为主要关照对象，并通过教育的方式来切实增强他们的发展能力为主旨，由此被公认为是贫困群体摆脱贫困、实现发展的最根本、最彻底、最有效的路径和方法之一。脱贫攻坚以来，湟中县认真学习领会和贯彻落实习近平总书记关于教育扶贫的相关重要论述，在认真执行中央关于精准扶贫精准脱贫的有关政策的前提下，实事求是地结合当地实际情况，大胆探索，不断创新，通过一系列扎扎实实的教育行动，使县域内的教育扶贫开展得有声有色，真正助推了当地的脱贫攻坚事业的有效开展，更重要的是为下一步探索解决相对贫困问题及其实现乡村振兴筑牢了坚实的发展基础。总结其成效及经验，主要体现在如下方面：

一是通过采取一系列切实可行的措施来真正践行教育公平的理念，让贫困群体在教育机会和资源方面，最大限度地获得实惠，既让教育服务的公平性及其可及性得以实现，更重要的是奠定贫困群体、贫困地区减贫发展之基础。为了让贫困群体的教育公平得到真正落实，在脱贫攻坚中，湟中县切实尊重县域内不少地方在自然条件、发展水平、民族分布和生产生活等方面存在的差异性，于是采取了差异化的办学方式；为了更好支持一些自然条件相对较差、社会经济发展相对滞后的村庄的减贫发展，始终不遗余力地开设那些规模很小然而意义格外重要的教学点、幼教点；为了真正让贫困地区缩小与城镇的发展差距，县里以均衡发展的理念推进农村教育的软硬件、资源共享等方面的工作；为了切实支持边远地区、艰苦地区的减贫发展，县里又对这些地区的学生、教师实施特惠政策；再就是为了真正阻断贫困代际传递，县里在进行控辍保学时更是建立和实行了坚强有力、系统规范、切实可行的工作机制及其政策措施，等等。

二是通过加大力度、整合资源、因地制宜和扎根乡土的方法与理念，大力发展职业教育和对农民开展技术技能培训，提升其发展能力，一方面使得贫困群体在经过系统的、规范的职业技术培训之后，能够较为顺利地实现就业，从而摆脱贫困对自身发展的制约；另一方面使得贫困群体掌握相应的技术技能之后，实现了自身发展能力的提升，为今后更长远的发展准备了必要的条件。在脱贫攻坚中，湟中县大胆创新，组建职教中心，为当地的职业教育及其减贫发展提供重要的保证；在进行职业教育专业培训时，始终聚焦当地的社会文化、地方性知识和特色旅游，把职业教育培训这件事关贫困群体家庭摆脱贫困及其提升发展能力这些事情真正做实、做好。此外，围绕对农民的培训，依托雨露计划，通过务实、扎实、厚实的相关工作，让农民通过接受系统的技能技术培训，真正实现减贫发展。

三是通过对残疾学生和建档立卡贫困家庭的大学生采取教育扶助的帮扶措施，让"扶志"与"扶智"成为脱贫攻坚中的重要指向和抓手，既让这些特定的贫困群体增强摆脱贫困的信心，同时又要让他们接受教育的权利得到真正保证，从而为当前及其今后更为长远、更为重要的可持续减贫及其发展提供重要的支持。围绕对残疾学生的减贫发展，湟中在全面落实经费资助的前提下，还通过开展系统的特殊教育和实实在在地送教上门，让这些特殊的群体增强发展信心、增进发展的能力，让他们实现"扶志"与"扶智"相结合。而对于建档立卡的贫困家庭大学生，县里在可以承受的条件下对其开展后续资助，其目的是让这些出身贫困家庭的优秀学子能够接受来之不易的教育培训，从而真正地实现其自身的可持续减贫及其发展。

第六章

健康扶贫与"医联体"建设

贫困内涵的不断扩展直接引起了分析框架的不断更新，从经济维度的一元视角逐步发展成为多元视角。① 在贫困转变的过程中，一些新的关于贫困研究方法和分析框架也开始得到广泛应用，其中具有代表性的是社会排斥分析框架、可持续生计分析框架和脆弱性分析框架。社会排斥理论将"福利排斥"视为排斥的重要维度②；可持续生计理论认为在资产与社会政策和制度的相互影响下，作为生计核心的资产状况，决定了采用生计策略的类型③；脆弱性分析框架认为福利能力容易遭受风险的冲击就意味着脆弱④。从健康贫困的内部视角来看，健康贫困脆弱性是健康相关的风险冲击导致家庭或个人福利水平下降到贫困线以下的可能⑤，这种脆弱性是个人和家庭应对健康风险、健康波动的内在属性。而从医疗卫生服务供给的外部视角来看，医疗卫生服务的"可及性"，即"个人获得适当的卫生保健服务的能力"⑥，则能够有效应对贫困农户的健康脆弱性，增强农户抵御疾病

---

① 唐丽霞、李小云、左停：《社会排斥、脆弱性和可持续生计：贫困的三种分析框架及比较》，《贵州社会科学》2010年第12期，第9页。
② 曾群、魏雁滨：《失业与社会排斥：一个分析框架》，《社会学研究》2004年第3期。
③ 李斌、李小云、左停：《农村发展中的生计途径研究与实践》，《农业技术经济》2004年第4期。
④ Stefan Dercon, Vulnerability to Poverty: A Frame-work for Policy Analysis, DFID working paper, 2001.
⑤ 刘跃等：《健康贫困及健康贫困脆弱性内涵探析》，《医学与社会》2018年第31卷第5期。
⑥ Academy Health, *Glossary of Terms Commonly Used in Health Care*. Washington DC: Academy Health, 2004.

所带来的健康影响。本章将借鉴贫困的脆弱性框架与医疗卫生服务领域的可及性分析框架,总结湟中县在健康扶贫领域的主要成绩。

因病致贫是贫困地区贫困人口贫困的主要原因之一,因病致贫、因病返贫家庭是脱贫攻坚中的"硬骨头"。在湟中县建档立卡贫困户中,因病致贫2265户7647人,占贫困户的24.8%。湟中县在2016—2019年的"健康扶贫"工作中,紧紧围绕贫困人口"看得起病、看得好病、看得上病、少生病"的目标,不断构建整合型医疗卫生服务体系,着力解决"因病致贫、因病返贫"的问题,切断"健康—贫困"的恶性循环因果链条。在群众获得医疗卫生服务的能力提升和权利保障方面进行了卓有成效的探索推进,其主要工作可概括为三个方面:补齐基层服务短板,提高医疗卫生服务的空间可及性,应对健康脆弱性;实施医疗保障与救助,提高医疗卫生服务的经济可及性,阻断贫困恶性循环;推进紧密型医联体建设,系统性应对健康贫困脆弱性。

第一节 健康脆弱性及应对措施

对于贫困人口因为看不了病、看不起病而导致因病致贫、返贫的问题,有学者将之归结为贫困人口在健康风险方面的"脆弱性"。世界银行将脆弱性表述为家庭或个体面临各种风险冲击的可能,以及因为风险冲击而造成收入损失或生活质量下降到贫困线以下的概率。[1]湟中县虽然距离西宁市较近,但部分脑山地区由于自然条件恶劣、距离乡镇较远、医疗资源供给不均衡、经济发展较为滞后,贫困户的健

---

[1] WORLD BANK, *World development report 2000-2001: attacking poverty*, New York: Oxford University Press, 2000.

康脆弱性表征仍十分明显。为此，湟中县首先做的是补齐医疗卫生服务的短板，提高贫困农户基层医疗卫生服务的可及性。

一、健康脆弱性的表征

有研究将贫困农户的健康脆弱性分为三类——健康脆弱性、经济脆弱性和社会脆弱性。其中，健康脆弱性是指由于农村医疗卫生资源分布不均等，导致农村居民面临健康风险冲击的概率更大，表现为大病、重病患者多发；经济脆弱性是指农村居民处于经济收入弱势地位，应对疾病经济负担能力弱，容易形成灾难性医疗支出；社会脆弱性是指农村居民由于社会因素（如健康保障政策风险、报销程序烦琐复杂造成的脆弱性）导致其获取健康资源的成本较大。[1] 如果从"脆弱性"所指农户或家庭本身的特质来看，健康脆弱性可分为三个方面：一是贫困农户自身的健康和保健意识较弱，导致对健康预防的重视不够；二是贫困农户的疾病治疗费用承担能力不足，导致应对大病支出困难；三是贫困农户的社会资本缺乏，导致对医保报销和社会救助等政策的理解和利用不足。

（一）农户的自我健康保健意识脆弱

湟中县由于高原气候和自然条件影响，地方病多发。湟中县主要的几种地方病：一是肺源性心脏病和高原性心脏病；二是上呼吸道类疾病；三是肿瘤类的疾病；四是外伤和中毒等；五是消化系统疾病。前三类疾病基本上能占住院病人的45%—50%。湟中县的贫困农户因病致贫的比例高达24.8%，但是部分贫困农户由于受教育程度不高（多为初中及以下），受到自身和家人对于疾病预防和健康保健意识

---

[1] 翟绍果、严锦航：《健康扶贫的治理逻辑、现实挑战与路径优化》，《西北大学学报（哲学社会科学版）》2018年第48卷第3期，第57页。

较弱等因素的影响，导致其对疾病预防和小病治疗的重视度不够，增加了健康风险。贫困农户的健康意识，可以从分娩和慢性病治疗两个方面窥见一斑。

湟中县虽然一直在进行优生优育的宣传，但是部分地区真正结束在村庄中分娩的时间较晚。"村里的妇女直到2012年才不在村里接生。我们保健员做的宣传多了，她们的意识也逐步转变，新生儿筛查疾病也到有资质的卫生院，生育也去县级医院，也有到市级、省级医院去生育的，她们的（健康）觉悟更高了嘛。"① 另外，湟中县在提供家庭医生签约服务的过程中，特别是在进行健康预防保健与生活习惯教育时，也会遭遇到部分村民的不理解："我们现在提供家庭医生签约服务的时候，部分偏远的脑山地区高血压患者的话，就觉得你一年到头老检查老检查，也没什么作用；量的血压最近偏高，你只是告诉我应该怎么样怎么样，我的血压也不可能降低；免费药品也不能给我们发。我们就会在上门履约的时候，给人家一点盐、抽纸什么的，并且给他们解释，这药跟食物不一样，吃药可能有一些副作用；如果血压控制不好，可能有一些突发疾病，您也受不了。"②

（二）农户的医疗费用承担能力脆弱

在经济脆弱性方面，湟中县的贫困程度较深，农户的家庭收入较有限，抵抗疾病，特别是重病大病的脆弱性尤为明显。2011年，湟中县被国务院列为六盘山集中连片特困地区，全县贫困村156个，占全县380个行政村总数的41%。建档立卡贫困户9127户，29092人，占西宁市贫困人口的44.8%；占青海贫困人口的5.47%。总体上来讲，湟中县贫困程度较深，贫困面较广。2018年，农村居民人均可支配收入10762.5元，占全国农村居民可支配收入14617元的73.63%，

---

① 访谈群加藏族乡上圈村村医M，2019年9月5日。
② 访谈拦隆口镇卫生院公卫科主任，2019年10月12日。

农民收入仍然处在较低水平。同时，在致贫原因的分类中，"因病致贫"是最主要原因，占全县贫困总人口的24.8%。

（三）农户的社会资本支持网络脆弱

贫困农户由于经济收入较为有限，主要依赖血缘、地缘等较为有限的社会资本支持网络。而湟中县的医疗保险与医疗救助、临时性救助等政策分属于不同部门，政策脱节明显，难以形成政策合力。在精准扶贫实施之前，医疗保险由人社局管理；而医疗救助和临时救助均由民政局管理。在这样的制度背景下，贫困农户很难通过社会资本支持网络，充分利用国家的医疗保障与社会救济政策。再加上贫困人口由于整体文化水平和健康素养影响，也难以利用各种医疗保险与救助政策。湟中县人口多、服务半径大，患肺心病、冠心病等高原疾病和高血压、糖尿病等慢病的贫困患者较多，健康扶贫任务较为艰巨。

二、基本医疗卫生服务的可及性问题

贫困地区农户的健康脆弱性，使得他们更容易遭受疾病所带来的健康风险、经济风险，而且难以利用既有的医疗卫生服务政策去减少疾病治疗、家庭照护给家庭带来的影响。如果从医疗卫生服务供给的视角来看，贫困地区的医疗卫生服务设施较差、服务人才缺乏一直是阻碍医疗卫生服务均等化的重要因素。因此，国家在贫困退出标准中，将贫困人口"参加城乡居民基本医疗保险"，贫困村"有标准化村卫生室"和贫困县"城乡居民基本医疗保险参保率达到98%以上"作为退出硬指标进行规定。湟中县在脱贫攻坚实施前，基层医疗卫生服务设施的短板也较为明显。

（一）村卫生室硬件较差，医疗卫生设备缺乏

湟中县虽在精准扶贫之前，每个乡镇都有卫生院，大部分村庄也

建成村卫生室，但是由于服务场所年久失修、投入不足，基层医疗服务人员数量短缺、服务能力有限等原因，基层医疗服务水平较差。很多村卫生室的设备依然是"老三样"：血压计、听诊器、体温计，缺少专业的医疗设备。村医的专业素养和服务能力也有待提升。群加藏族乡卫生院牛科长介绍了2010年前卫生院的基本情况："零几年的时候，医疗条件差得很。我们三个人在群加，又当医生又当护士，看病、打针、搞公共卫生。那时候的公卫简单，主要是打防疫针、健康宣教。那个时候卫生院没有住院分娩，农村配一个接生员，2000年以后叫保健员，这几年才叫'女村医'。那时候没有汽车，群加到湟中一个礼拜通一趟班车。从群加到湟中，有80多公里路，手扶拖拉机要走五六个小时，遇到紧急情况就在卫生院抢救，抢救不过来就死亡了。那时候的药也不行，我们自己到西宁的医药公司来进药，一个月才进一次药。以前大夫就是'老三样'，血压计、听诊器、体温计，抢救的那些东西很少。"[①]

（二）村医学历普遍偏低，医卫服务能力堪忧

从村医的来源看，有一部分是"子承父业"，父亲原来是赤脚医生的，儿子读几年医学专业，毕业后回到村里当村医；二是卫生院通过选派或指定的方式，让医疗人才比较多的村庄的村医或者营利性卫生室的村医，调整到没有村医的村去承担基本医疗和公共卫生的服务。村医的年龄偏大、学历偏低、兼业明显。如湟中县共和镇，共有30个行政村，男、女村医各30名。其中男、女村医平均年龄分别为43、41岁，男村医最大、最小年龄分别为56、23岁，女村医最大、最小年龄分别为53、26岁。其中35岁以下的青年男、女村医分别为6、7名。在村医的学历方面，男村医中专学历最多，为25人，具有大专、本科学历的有4人；女村医初中学历最多，为14人，大专学

---

① 访谈湟田家寨镇卫生院院长，2019年9月10日。

历仅有 1 人。在村医的职业证书方面，男村医有 28 人持有乡村医生执业证书，仅有 2 人有职业医师证书；女村医有 9 人有医学学历。在基本医疗服务方面，能够提供中医药服务的男村医共有 13 名。[①] 湟中县其他乡镇，与共和镇的情况基本相同，村医年龄以 40 岁以上的中年人为主，男村医学历大多为中专，三分之一以上的村医能够提供中医药服务。很多女村医甚至根本没有医学背景，仅仅是因为有初高中学历，能够操作电脑，就被纳入进来。

三、补齐健康脆弱性村级短板

医疗资源分布不均，导致医疗服务对农村人口特别是贫困人口的可及性较差，这一直是我国医疗服务的顽疾。精准扶贫将推进医疗卫生服务均等化作为应对贫困的重要方面，并将"有标准化卫生室"和"有合格乡村医生或执业（助理）医师"作为贫困村退出的核心指标。针对这一问题，湟中县积极推进贫困村的标准化村卫生室建设与改造，充实村医队伍，并不断提升医疗服务人员的专业能力。湟中县在 2016 年制定的"医疗卫生扶贫专项方案"中，坚持填平补齐，完善功能的原则，优先支持贫困村基础设施建设和基本医疗设备的配备，进一步完善贫困村卫生室的服务功能，积极改善基层医疗机构服务条件，方便群众看病就医，有效应对贫困人口的健康脆弱性，推进医疗卫生服务均等化。

（一）实现标准化村卫生室全覆盖，提高服务可及性

村卫生室离群众最近，是提供医疗服务的最基层单位。湟中县认真开展"三个一"标准化建设，将标准化村卫生室作为重点工作，并按照村里有卫生室、有村医、有药品、有设备的"四有"标准和

---

① 以上数据根据《共和镇村医基本信息表》整理而成。

"填平补齐"的原则,加强贫困村标准化村卫生室建设,并在巩固提升阶段开展非贫困村标准化村卫生室美化亮化工作,提高了贫困村群众的医疗服务可及性。

湟中县2015—2017年累计投入981万元,新建和改扩建贫困村标准化卫生室156个,其中新建49个。每个卫生室60平方米,内分诊断室、药房、治疗室、观察室、资料室共五室。2018年以后,在脱贫攻坚巩固提升阶段,湟中县又进行了非贫困村卫生室美化亮化改善服务环境工作,避免贫困村与非贫困村的医疗条件差距。2018年投资740万元新建21个贫困村卫生室和23个非贫困村卫生室、维修改扩建28个贫困村卫生室,全县贫困村标准化卫生室覆盖率达到100%。健康扶贫的推进,让每个村都有标准化的村卫生室和先进的医疗设备,每个行政村配备2名村医:男村医主要负责基本医疗服务和基本公共卫生服务的大部分工作;女村医的主要工作是预防保健,主要服务对象是妇女儿童。

在新建、维修村卫生室的同时,湟中县还为每一个卫生室配备5万元常用医疗设备,改善了村卫生室诊疗条件,使村卫生室的设备由"老三件"增加为包括健康一体机、制氧机、观察床等多种医疗设备。2016—2018年,湟中县给村卫生室配备价值42万百姓药箱435个、26万元新生儿访视包185个、396万元健康一体机395台。

(二)建立村医的制度化培训机制,保证服务有效性

看得起病,看得上病,还要看得好病。人才队伍建设始终是提升医疗健康服务能力的重中之重。乡村医生是县、乡、村三级卫生服务网络的"网底",在保障基层群众身体健康方面发挥着重要作用。"在健康扶贫领域,我们是服务的提供方,老百姓的认可或满意度,要通过我们提供的服务来感受,所以我们把村医服务能力提升作为重点工作。每年我们都会开展乡村医生的培训工作,包括村医去县级医院、乡镇卫生院跟班学习。另外,我们这三年对村医重点开展中医适宜技

术的培训，由县中医院负责，在每个乡镇举办中医适宜技术培训班。"① 但基层医疗服务人员不足，是医疗服务体系的薄弱环节。湟中县在加强标准化村卫生室建设的同时，还通过订单定向免费培养、业务能力培训等方式，提高村医的医疗卫生服务能力，提高服务的有效性。

青海省在2016年出台《青海省订单定向免费培养村医工作方案》，实施8年免费订单定向培养计划，每年培养400名乡村医生，加大了乡村医生后备力量培养。方案采取"村来村去"的方式，对现已在村医岗位需接受医疗卫生学历教育的村医，签订定向培养协议，招收的高中（含中职）毕业生、初中毕业生，分别委托青海省相关院校培养，学制均为3年，可获得专科和中专学历。从2016年开始已经累计有52名村医拿到大专学历。湟中县很多女村医，原来并没有医学教育经历，通过乡村医生培训拿到相应的医疗资格证书，掌握妇女保健的基本医疗知识，为村民们提供服务。因此，湟中县男女村医是两口子的现象十分突出："我媳妇2008年之前在村里开了个小卖部。我们村里的女保健员已经60多岁了，乡镇卫生院领导说不让她干了，想找个人来干。我想我媳妇是初中毕业，也懂一点电脑操作，就让她报名了。当时县上有定向培训的任务，要求整个乡里面去多少女保健员，我就让她去参加了3年的培训，最后拿到的是中医资格证。"②

此外，湟中县还利用对口帮扶医院、县级医院和乡镇卫生院等，做好乡村医生的培训督导。通过集中授课、跟班学习、网络授课等方式，建立村医的制度化培训机制。湟中县仅2017年在18个贫困村实施订单定向免费培养乡村医生20名；安排85名村医到乡镇卫生院进行为期3个月的跟班培训；县中医院对县域内156个贫困村乡村医生进行10项中医药适宜技术培训10余次，各项督导20余次，发放中

---

① 访谈卫健局局长L，2019年9月3日。
② 访谈土门关乡上山庄村村医Z，2019年9月7日。

医适宜技术教学图 70 张，共培训乡村医生 271 人。脱贫攻坚实施以来，湟中县累计培训村医十项中医药适宜技术 1530 人次，累计免费学历教育和订单定向培养大专学历村医 52 名，累计集中业务理论培训 930 余人次。

（三）提高专职村医待遇保障水平，增强服务延续性

医疗卫生服务人员的能力与态度，对医疗卫生服务效果有直接影响。湟中县在脱贫攻坚期间，不但通过各种培训提高村医的服务水平，而且通过提升乡村医生的补助水平和补贴标准，健全村医养老保障制度等，提高专职存疑的待遇保障水平，让村医能够安心从事医疗卫生服务工作。

乡村医生的收入来源有三块：村医补助，包括村医基础补助，学历补助，卫生室水电暖补贴；政府购买公共卫生服务收入和基药补助。青海省不断提高乡村医生的基础补助水平，从 2017 年之前的 1 万元提高到 1.3 万元，其中取得执业（助理）医师资格或中专以上学历的乡村医生给予 1000 元的额外补助。村医每个月能得到村卫生室的水、电、暖补贴 1000 元。此外，乡村医生的收入还包括公共卫生服务补贴和基药补贴两块。按照 2018 年国家基本公共卫生服务补贴的标准（55 元/人/年）和乡村医生的比例（40%），乡村医生能够拿到 22 元/人/年，其中男乡村医生一般拿 75% 左右的公卫经费；女村医拿 25% 的公卫经费。根据村卫生室销售基本药物的总价格进行补贴，这跟服务半径与服务人口有很大关系，村医每年收入几千块钱不等。除了这些基本医疗和公共卫生服务的收入，部分家庭医生家里还种植土地："我现在一年收入 4 万多块钱。其中基本工资、职称补贴、取暖补贴一共 1.5 万；公共卫生服务每年有 1 万—2 万块钱收入[①]；

[①] 湟中县拦隆口镇卡阳村村医服务 960 人，按照 2018 年标准，男村医拿 18 元，女村医 6 元，男村医收入为 18×8 总收入 1.7 万多元。

基药补贴3000多。我老婆做女村医，每年基本工资1.3万，再加上公卫收入，1年收入2万多元。我家里还种着20亩土地，主要种小麦、油菜籽、大豆、洋芋，除了自己吃的，每年能卖1万多块钱。"①

除此之外，青海省还致力于提高退休乡村医生的社会保障水平。2015年，《关于印发进一步加强乡村医生队伍建设实施方案的通知》（青政办〔2015〕205号）出台，退出前在乡村医生岗位连续工作5年以上的村医根据实际服务年限，按每满一年每月给予20元的生活补贴。此外，乡镇卫生院招录中，同等条件下优先录聘获得执业医师、执业助理医师资格的乡村医生，这就拓展了乡村医生的职业发展空间。目前青海省还在探索乡村医生社会养老保险政府补助方式，解决乡村医生的后顾之忧。

2017年，《青海省健康扶贫工程"三个一批"行动实施方案》，面向全省农牧区建档立卡贫困人口开展"大病集中救治一批、慢病签约服务管理一批、重病兜底保障一批"行动。"三个一批"均需要依托乡镇卫生院和村卫生室来展开。湟中县通过补齐贫困村的医疗卫生短板，加强乡镇卫生院和村卫生室的基础设施建设，提高了医疗卫生服务的可及性；通过建立村医制度化培训体制来提升村医的服务能力，保证了医疗卫生服务的有效性；通过提高专职村医的补贴与社会保障水平，缓解了村医短缺、流失严重的问题，保证了村医队伍的稳定性。乡村医生队伍的稳定和能力提升，为贫困户大病、重病的发现与治疗，慢病签约服务管理的推进奠定了坚实的基础。

第二节 阻断因病致贫的恶性循环

我国贫困地区与贫困人口面临较高的健康风险，而且在患病后医

---

① 访谈拦隆口镇卡阳村村医L，2019年10月12日。

疗服务利用水平低,这一方面是因为医疗卫生资源更多地集中在城市,偏远的贫困地区基础设施落后、医疗人才缺乏、医疗服务质量不佳;另一方面是因为贫困人口的收入水平低而医疗价格高,支付能力不足限制了对医疗服务水平的利用。[1] 湟中县通过补齐贫困村医疗卫生短板,能够为包括贫困农户在内的所有村民提供基本医疗服务,但是难以解决疾病带来的经济脆弱性。我国的医疗保障体系分为三个层次阻断因病致贫的恶性循环,贫困人口"看得起病、看得上病、看得好病",湟中县通过健康扶贫构筑起建档立卡贫困户的"五道保险":基本医疗保险、大病保险、医疗救助、临时救助和防贫救助基金(原为"健康保")[2],强化了医疗保障体系,有效阻断了贫困农户的"贫困—疾病"恶性循环。

一、降低基本医疗保险体系门槛

基本医疗保险体系,是我国社会保障体系的重要组成部分。2016年,青海省率先将城镇居民基本医疗保险和新型农村合作医疗整合为城乡居民基本医疗保险制度,参保率达96%以上,实现了城乡居民的全覆盖。但是,不断上涨的基本医疗保险费用,对贫困家庭而言仍是一笔不小的开支。基于此,湟中县通过政府兜底贫困户基本医疗保险费用,降低贫困农户的保费支出;并通过"一免十减",免费接送等爱心服务,减少贫困农户就医过程中的间接费用,与基本医疗保险形成制度合力,减少农户的就医费用。

---

[1] 左停、徐小言:《农村"贫困—疾病"恶性循环与精准扶贫中链式健康保障体系建设》,《西南民族大学学报(人文社会科学版)》2017年第38卷第1期,第3页。
[2] 2019年湟中县取消了健康保,但是设置了防贫救助基金,因病、因学、因灾导致的返贫农户,可以申请防贫救助基金。防贫基金不仅面向建档立卡贫困户,也面向那些可能由于医疗费用大额支付而滑入贫困人口的低收入人群。

（一）医保政策倾斜，提高基本医疗保险保障水平

我国基本医疗保险制度的保障水平与缴费比例同步增长，给贫困户带来越来越大的压力。2015年，青海省新型农村合作医疗保险成年人①个人缴费标准为90元，但是到2019年已经增加到262元，一个5口之家的保费1300多元，这对于贫困家庭无疑是很重的负担。脱贫攻坚实施以来，湟中县建档立卡贫困农户的基本医疗保险费用个人自付部分由县上全额代缴，实现贫困人口医疗保险全覆盖。

为了更好地完成健康扶贫的任务，按照国家和青海省要求，湟中县对建档立卡贫困户实行倾斜性医保报付政策。特别是大病医疗保险，降低建档立卡贫困人口大病医疗保险起付标准，大病报销起伏线从5000元降低到3000元，报销比从80%提高到90%。同时降低贫困人口门诊特殊病慢性病病种鉴定医院级别，由省内或市内三级综合医院降为县域内有相关病种诊断科室的定点二级综合医院，并简化申报程序、缩短申报时间，确保符合条件的贫困人口及时纳入保障范围内（见表13）。

表13 一般贫困户与建档立卡贫困户医疗保险政策差别表

政策差别	一般农户	建档立卡贫困户
基本医疗保险费用	农户自费	财政全额代缴
大病保险起付线与比例	起付线为5000，报销比例为80%	起付线为3000，报销比例为90%
慢性病管理纳入规定	省市三级医疗机构进行认定	省市县二级及以上医疗机构进行认定

---

① 成年人，男性19—59周岁，女性19—54周岁，个人缴费标准为90元；老年人，男性60周岁（女性55周岁）以上，个人缴费标准为70元。

（二）实行"一免十减"，降低农户就医自付费用

为了应对贫困人口"看病贵"的问题，西宁市早在2014年就全市二级以上公立医院内为符合条件的"三无"人员和"五保"等特困患者实行"五免十减"救助措施，免收普通门诊挂号费、门诊肌肉注射费等五项的费用，住院诊查费、检查费等十项费用减少20%；同时，推出"无假日医院"和"午间门诊"等26项便民惠民新举措。在精准扶贫实施期间，西宁市在全市医疗机构全面实施贫困病人、五保户、特困家庭、低保户"一免十减"政策，即："一免"免普通挂号费；"十减"住院病人诊查费、检查费（X线、B超、心电图）、检验费、麻醉费、手术费、住院床位费、高压氧舱治疗、远红外治疗、激光治疗、深静脉置管术各项费用减10%。2016—2018年3年累计对贫困人口减免费用41万元，惠及贫困住院病人2.1万人次。其中2018年减免10.84万元，惠及贫困住院患者1.1万人次。"一免十减"政策的实施。

（三）提供爱心服务，减少农户就医间接费用

很多贫困农户不愿去医院，一方面是由于担心高昂的医疗费用；另一方面是由于交通、务工、照料而给家庭增加就医期间的间接费用。为了减少贫困人口的这些顾虑，部分医疗卫生机构提供免费接送服务；有的还设置爱心病房，提供免费餐食，甚至提供免费的护理服务。这些政策的落实，打消了贫困农户住院期间无人照料、交通不便、无法解决吃饭的问题以及放心不下家庭的问题，极大减少了贫困农户的就医间接费用，提高了医疗服务的可及性。

**案例：土门关乡卫生院为贫困人口提供
免费接送、午餐、护理服务**

2018年，在我们住院的病人里面，A和B两个村的病人特

别多。因为两个村都在山上，离土门关乡有十公里远，我们开车过去都要40分钟左右。我们进村提供服务的时候发现，80%全是留守老人，年轻人常年在外面打工，没有人照顾老人的生活。有一次我晚上值班，早晨5点多有人敲门，老两口基本上都70岁了，老爷子驼背特别厉害，就这么弓着腰走。我问了一下，老爷子刚好是A村的，前列腺肥大，晚上小便上不出来，憋得不行。我问了一下咋过来的，他们说是走过来的，从2点多走过来的。我当时心里挺难受的，心特别痛。有些老百姓其实病已经很重了，把感冒拖成支气管炎，我说您可以过来打两天吊瓶，他也说想来，但是太远过不来。我们回来开会，从那以后我们就做免费接送，接送服务现在基本上针对所有住院的病人，基本上百分百覆盖。只要他住院了，离家远，我们都可以接送。

免费午餐，我们主要针对贫困户和低保户。我们那段时间算过一笔账，所有职工都要掏4块钱去吃饭，比如这两天院里住着60个人，可能40个人是一般人，能掏得起4块钱，因为他们即时在外面买个方便面都4块钱了呀。对于老百姓来说，在医院里每天吃米饭有三四个菜，有拉面的话也是挺好的，我们都是把饭直接端到床边的。我们还做过一些优质护理服务，招聘几个护理职工，给病人洗洗头、打盆洗脚水过去。通过这些便民惠民服务，我们这两年病人数量增长很多。①

二、发挥医疗救助的"托底救急"功能

2017年，《青海省健康扶贫工程"三个一批"行动实施方案》，面向全省农牧区建档立卡贫困人口开展"大病集中救治一批、慢病签约服务管理一批、重病兜底保障一批"行动。其中"大病集中救

---

① 访谈湟中县土门关乡卫生院副院长H，2019年9月7日。

治"，是对患有特定疾病的贫困人口的直接救助；"重病兜底保障一批"则是在基本医疗保险体系的基础上，通过提高大病医疗救助水平，发挥医疗救助"托底救急"的功能。

（一）大病集中救治与重病兜底保障，切断致贫循环链

对于贫困群众来说，"没啥都不能没钱，有啥都不能有病"。因为患重大疾病的治疗费用往往高达数万、数十万元，"救护车一响一头猪白养"，让贫困群众感叹"得不起病"，甚至"小病拖、大病扛、重病等着见阎王"。对于贫困农户而言，贫困既是患病的原因，又是患病的结果。特别是那些患有重大疾病的贫困农户，其高昂的医疗费用往往使整个家庭陷入贫困。为此，2017年出台的《青海省健康扶贫工程"三个一批"行动实施方案》，在"大病集中救治一批"中要求"各定点医院要严格控制医疗费用，同时充分发挥基本医疗、大病保险、民政医疗救助等制度的衔接保障作用，降低患者实际自付费用"；在"重病兜底保障一批"要求"统筹基本医保、大病保险、民政医疗救助、健康保险等保障措施，实行联动报销，加强综合保障，切实提高农村贫困人口受益水平"。通过大病集中救治和重病兜底保障，能够切实减轻贫困人口的救治压力，切断"贫困—疾病"循环链。

2017年，《青海省农村牧区贫困人口大病专项救治工作实施方案》出台，在国家确定救治的9种大病的基础上，新增儿童先天性动脉导管未闭症、儿童先天性法洛四联症、儿童先天性肺动脉瓣狭窄症、包虫病、肺结核5种疾病，对符合条件的建档立卡贫困户罹患14种大病共计391名大病贫困患者，以县为单位组织患有14种大病的贫困人口分类分批到定点医院救治。2018年以来，专项救治覆盖面不断扩大，2019年，青海省将农牧区贫困人口大病专项救治病种增至30种，在国家27个病种基础上，增加肝硬化、肝炎（乙肝、丙肝）、类风湿性关节炎3个病种。青海省还不断完善重病兜底保障政

策，降低农牧区贫困人口大病医疗保障起付标准，贫困人口大病医疗保险起付线由5000元调整为3000元，报销比例不变。农牧区贫困人口全部纳入重特大疾病医疗救助范围，确保农牧区贫困人口住院医疗费政策内或合规费用自付比例低于10%。2016—2018年，湟中县累计为19845人次贫困人口住院病人报销基本医疗、民政医疗救助等1.95亿元；大病报销起伏线从5000元降低到3000元，报销比从80%提高到85%，累计救治大病484人次，大病救治率为100%。

此外，对贫困人口实施医疗服务"十覆盖"。具体包括贫困人口免费白内障复明手术全覆盖，资助贫困先天性心脏病患儿手术项目全覆盖，包虫病免费药物治疗和手术费用补助全覆盖等十项内容。2016—2018年3年来累计实施贫困白内障患者复明手术215人，发放贫困家庭儿童营养包1428人，免费计划生育服务1897人次；免费孕前优生健康检查298对，免费治疗管理包虫病患者6人；免费体检贫困老年人103188人次，免费筛查贫困家庭新生儿疾病392人次，筛查儿童先心病3285人次，免费发放贫困孕产妇口服叶酸319人次。贫困人群享受医疗卫生服务的覆盖率和可及性进一步提高。

(二) 医疗保险与医疗救助"一站式"结算，织密救助底网

医保报销制度烦琐，基本医疗保险、大病医疗保险与医疗救助制度不能有效衔接，一直制约着各种社会救助制度的有效性。虽然城乡居民基本医疗保险、大病保险、医疗救助，再加上补充性的商业医疗保险，有效减轻了贫困人口的就医负担。但是如果报销方式仍然沿用之前的报销制度，贫困人口要在出院之后，向医疗保险管理部门申请医疗救助（原归属人社局管理；2019年经机构改革之后归属医保局管理），再向人寿公司申请商业保险报销，前期的医疗费用仍然需要农户垫付，难以最大化发挥政策的效果。包括湟中县在内的青海省各

县，在脱贫攻坚期间，为保证建档立卡贫困户的大病集中救治和重病兜底保障任务顺利完成，均不断探索医疗保险、医疗救助与临时救助等的"一站式"结算。2019年，随着医疗与社会保障局的成立，医疗保险与医疗救助实现了归口管理，将进一步促进"一站式"费用结报机制的实施。

青海省人社厅积极与省民政厅协调沟通，推进城乡居民基本医疗保险、大病保险、医疗救助"一站式"费用结算平台建设，将符合政策的重点救助对象、低收入家庭、支出型贫困户因病在省内城乡居民医疗保险、民政救助共同确立的300多家定点医疗机构产生的单次或多次住院医疗费用，按城乡居民基本医疗保险、大病保险、民政医疗救助的顺序，通过青海省城乡居民定点医疗机构和定点药店结算前台完成"一站式"住院或门诊特殊病的即时结算。2018年9月，青海省城乡居民基本医保、大病保险、民政医疗救助费用"一站式"结算平台顺利上线。

湟中县不断在县级医院和乡镇卫生院全部推行贫困人口住院零押金和先住院后结算"一站式"服务。而且启动定点医疗机构、保险公司、民政与医保部门四方联动机制，为参保患者提供基本医疗保险、大病保险、普通门诊统筹、门诊特殊慢性病的"一站式"结算服务。其中，基本医疗保险和大病保险直接在定点医疗机构报销，民政医疗救助直接在24家定点医疗机构报销，人工报付医疗费的，在资料提供齐全后5个工作日内报付完成。截至2018年底，湟中县累计为全县19845人次建档立卡贫困户报销基本医疗费用7543.49万元，为2438人次报销大病救助金1150.48万元，为8186人次报销慢性病门诊费用162.53万元，发放民政医疗救助、低保金、临时救助等资金17814.36万元。

（三）启动"幸福西宁·健康药箱"，免费发放基本药品

2017年，《青海省健康扶贫工程"三个一批"行动实施方案》，对于"慢病签约服务管理一批",除了统筹基本公共卫生服务均等化项目和家庭医生签约服务工作;扩大门诊慢性病民政救助标准和提高救助标准外,"幸福西宁·健康药箱"启动,为全市三县 51 个乡镇卫生院和 330 个贫困村免费配发常用基本药品,为农村精准扶贫对象中 8 种慢性病患者发放常用治疗药品,平均每个卫生院发放药品价值 1 万元、每个贫困村发放 0.54 万元药品。为了对贫困人口的健康状况进行精准管理,湟中县实行了大病患者为红色卡、残疾人为黄色卡、慢病患者为绿色卡、健康人群为蓝色卡的"四色卡"管理制度。贫困农户可以持手中不同颜色的健康卡,到村卫生室、乡镇卫生院领取常用药品或适合自己身体状况的药品。这一政策,让贫困农户可以就近免费获得自己需要的药品,同时开展的专家义诊、健康教育活动,提高了贫困农户对自身健康的关注程度。3 年来累计给贫困人口发放免费药品折价 425 万元,2018 年发放免费药品折价 185 万元。其中发放"幸福西宁健康药箱"免费药品折价 266 万元,慢性病免费药品折价 159 万元,惠及贫困人口 17.6 万人次、贫困慢性病患者 6172 人,减轻了贫困人口用药负担。如上新庄镇尧滩村村民 W,就享受到基本药品救助:"W 村民 64 岁,劳动能力低下,家中有一刚成年的孙子,家中没有固定收入。W 患有肺心病和支气管炎,需要长期服药,还需住院治疗,每年花费医药费较多。自从领取免费药品后,节省了医药费,住院也不用发愁了,有医疗救助和减免政策。"

"幸福西宁·健康药箱"免费药品补助政策,通过发放常见疾病的治疗药品,减轻了贫困群众的负担,改善了贫困人群"小病靠扛"的现象,小病得到了及时救治,避免了住院治疗,实现了疾病早诊断、早治疗,减少了因呼吸道感染、消化不良、慢性胃炎等常见疾病引起重病的风险,对慢性病的治疗起到了有效的控制,提高了群众的生活质量。此外,为了减轻刚脱贫农户的医疗负担,湟中县将按照脱贫不脱政策的原则,做好未脱贫人口免费药品补助的同时,关注已脱贫人口健康,继续向贫困人口发放免费药品。

三、创新防贫医疗保险的设计

在健康扶贫的实施过程中,青海省除了依托基本医疗保险和医疗救助体系,切实降低贫困农户的就医门槛和就医费用之外,还创新补充医疗保险体系设计,致力于建立长效扶贫机制。青海省与中国人寿推出"健康保",通过商业医疗保险的方式降低财政负担。在脱贫攻坚阶段,湟中县又利用县财政设置"防贫基金",将贫困边缘户也作为重点监测对象,其中最核心的目的在于防止已脱贫困户因病返贫或其他农户因病致贫。

(一)购买"健康保",补充社会医疗保险

在医疗救助的实施过程中,为了放大财政资金效用、靶向投放社会资源,同时提升贫困群众大病报销比例、减轻群众医疗负担,湟中县为建档立卡贫困人口和建档立卡的贫困女性购买商业医疗保险——"健康保",作为社会医疗保险的必要补充。"健康保"由中国人寿中标实施,其"健康保"综合保险含意外伤害、意外残疾、疾病身故、意外医疗,大病补充医疗等多种保险,保费130元/人/年,保险金额总计12.4万元/人/年;其"健康保"关爱女性健康疾病保险,专门针对贫困女性(16—60周岁),保费40元/人/年,保障内容包括原发性乳腺癌、原发性卵巢癌、原发性子宫内膜癌、原发性宫颈癌、原发性输卵管癌、原发性阴道癌和子宫肉瘤等女性疾病,保险金额1万元/人/年。截至2019年3月底,湟中县"健康保"为建档立卡贫困人口投保59815人次,财政支付保险购买资金逾967.79万元,先后赔付13000多人次,赔付金额840多万元,为广大困难群众提供了兜底式的医疗保障。湟中县多巴镇合尔营村村民C就享受到健康保的报销:"以前看病贵、花钱多,家里负担重,这事村里人都

知道。后面得知县里给我们贫困户买了保险，让我们以后看病比以前便宜了不少。2018年两个孩子看病住院光保险这一项就多给我报销了17500多元！"基本医疗保险、大病保险和医疗救助，已经为C报销了看病花费的91%，有了"健康保"以后，保险公司又赔偿了17540元，加上政府给予的临时救助金，自己几乎不用承担什么费用。

（二）设置防贫基金，建立防贫长效机制

虽然"健康保"由财政负担，且具有明显的效果，但是由于其鲜明的政策优惠取向，中国人寿能够获得的商业利益有限。同时，由于商业保险实行年度缴费制度，每年由财政负担的保险费用难以形成剩余，因此这一政策在脱贫后期逐渐放弃。但是，湟中县财政拿出1500万元设置"防贫基金"，其中最重要的一个方面就在于应对因病致贫、因病返贫。

从2018年底湟中县尚未脱贫人员统计表（见表14）中可以看出，当前湟中县尚未脱贫的人员，最主要的原因有两个："因病"（238人）与"缺劳力"（120人），分别占尚未脱贫人数的45.2%、22.8%。其中，"缺劳力"又可能是因为有劳动能力的家庭成员需要照顾患病的其他家庭成员导致的。因此，因病致贫返贫，既是湟中县脱贫攻坚过程中的最大难题，又是保证贫困农户实现稳定脱贫的最难工作。特别是在贫困户动态管理体制建立之后，贫困户因病返贫、普通农户因病致贫，是脱贫攻坚工作面临的严峻挑战。

表14　2018年底湟中县尚未脱贫人员统计表

致贫原因	低保贫困户	一般贫困户	总计
交通条件落后	2		2
缺技术	26	7	33
缺劳力	104	16	120

续表

致贫原因	低保贫困户	一般贫困户	总计
缺资金	6	8	14
因病	158	80	238
因残	55	24	79
因丧	4		4
因学	12	8	20
因灾		3	3
自身发展动力不足	14		14
总计	381	146	527

"防贫基金"管理办法中规定，建档立卡脱贫户住院医疗费用经政策减免、基本医疗保险、大病医疗保险及医疗救助、商业补充保险、临时救助等各项措施后，个人自付费用超过总费用的10%时启动防贫救助，根据个人自付费用的金额救助比例同比提高[①]，最高救助限额为10万元；经过救助自付费用仍过大的，采取社会救助。此外，"防贫基金"已经突破"三个一批"仅仅解决建档立卡贫困户的政策范畴，将非贫困低收入农户纳入进来，按非贫困低收入农户低于建档立卡脱贫户的标准，进行社会救助[②]。

[①] 个人自付费用（含起付标准）低于1万元，按20%救助；个人自付费用（含起付标准）1万元（含）至3万元，按40%救助，个人自付费用（含起付标准）3万元（含）至5万元，按60%救助；个人自付费用（含起付标准）5万元以上按80%救助。

[②] 非贫困低收入户住院费用经政策减免、基本医疗保险、大病医疗保险报销及低收入医疗救助、商业补充保险、临时救助等措施后，以个人自付医药费达到2万元为防贫保障线，对超出保障线部分启动防贫救助：个人自付费用（含起付标准）超出保障线2万元以下，按20%救助；个人自付费用（含起付标准）超出保障线2万元（含）至5万元，按40%救助；个人自付费用（含起付标准）超出保障线5万元（含）至8万元，按60%救助；个人自付费用（含起付标准）超出保障线8万元（含）以上，按80%救助，最高救助限额为10万元。

第三节 多举措推进"医联体"健康扶贫

通过加强医疗保障与医疗救济,可以有效降低贫困农户的就医成本,应对经济脆弱性。但是这种短时期内大幅提高贫困户医疗保障待遇的政策设计,不仅对财政造成巨大压力,也会滋生非贫困农户对于公平性的质疑。唯有通过深化医疗卫生体制改革,为贫困户与非贫困户提供相对公平的医疗卫生服务,才能真正应对健康贫困脆弱性。湟中县在脱贫攻坚期间,不但顺利实现《湟中县健康扶贫三年脱贫攻坚行动方案(2018—2020年)》的既定目标,而且不断探索紧密型医联体建设,为应对西部地区的健康贫困脆弱性进行了有益尝试。

2013年,湟中县就启动医疗服务联合体建设工作;2016年推动组建紧密型医联体;2019年又提出建立紧密型医疗服务共同体,不断深化医改。如果从健康扶贫角度来看,湟中县的医联体建设工作有三方面的重要成效:一是疾病治疗与健康并重,建立以家庭医生和乡镇卫生院共同组成的家庭医生团队为核心的"双签约"服务机制,对贫困农户的慢性病进行有效管理,并减少其他疾病的发生;二是医疗资源与医务人员下沉,提升县级医院与乡镇卫生院的服务能力,完善基层首诊与分级诊疗制度,有效降低贫困农户就医的直接与间接费用;三是专家资源对本土资源支撑,充分发挥"互联网+"新技术等对本土医疗资源的指导与支撑,建立整合型医疗卫生服务网络。

一、建立家庭医生"双签约"制度

1946年世界卫生组织(WHO)成立时在它的宪章中提出"健

康"的概念:"健康不仅仅是没有疾病和虚弱的状态,乃是一种在身体上、心理上和社会上的完满状态。"在健康扶贫的政策设计中,通过将所有贫困户纳入医保并提高医保报销比例,辅以医疗救助和临时救助等措施,确实可以有效减轻贫困农户的负担。但是,如果从脱贫攻坚的长远目的来看,只有让农户家庭成员少生病甚至不生病,才能阻断贫困恶性循环的发生,降低健康贫困的脆弱性。湟中县在脱贫攻坚期间,不但按照"双签约"要求落实家庭医生签约制度,形成村医和乡镇公共卫生人员的协作机制,在实践中探索出"小团队"与"大团队"等不同的签约服务模式,其根本目的在于通过对农户的健康理念宣传、慢性病管理和健康生活方式指导,减少贫困人口的疾病发生的可能性。

(一)家庭医生服务团队与贫困农户建立"双签约"制度

2017年,《青海省推进家庭医生签约服务实施方案》(青医改〔2017〕2号)出台,面向全体城乡居民逐步推行家庭医生签约服务工作;同年9月,《青海省推进医疗联合体建设和发展实施方案》(青政办〔2017〕140号)出台,将家庭医生签约服务作为"完善医联体内部分工协作机制"的重要内容进行推进。但是在政策执行过程中也出现了多种"签而不约"[①]的问题:一是各地不同程度地存在着签约率虚高现象,"被签约""代签约"和"虚假签约"等现象不断涌现;二是居民对家庭医生签约服务的知晓度不高,很多居民对签约服务项目内容也不是十分了解;三是签约居民对家庭医生服务项目利用率不高。

湟中县在推进家庭医生签约服务建档立卡贫困户过程中,湟中县

---

① 高和荣:《签而不约:家庭医生签约服务政策为何阻滞》,《西北大学学报(哲学社会科学版)》2018年第48卷第3期,第50—51页。

落实青海省提出的家庭医生、乡村干部与贫困患者"双签约"服务，家庭医生与贫困患者签订慢性病管理服务协议，提供基本医疗、公共卫生和健康管理服务。签约干部团队主要成员指村干部、驻村帮扶干部、第一书记、村"两委"干部等。签约干部团队主要职责任务是，发挥政策保障"领路人"作用，提供健康扶贫政策宣讲、医保报销、民政救助等代报代办服务，解决群众就医报销问题。每季度至少开展一次随访，了解贫困居民就医和健康诉求，做好扶贫政策宣讲。[①] 这种"双签约"服务模式，使扶贫与健康相互促进：家医团队是落实健康扶贫政策的重要力量，签约服务对贫困户的健康宣传、疾病预防、慢病管理等，能够有效减少贫困农户因病致贫、因病返贫情况的发生，从而促进脱贫攻坚任务的完成。而扶贫干部与贫困农户签约，有助于健康扶贫政策的宣传与落实，有助于贫困农户与家医团队建立信任关系；同时，健康扶贫对于履约服务的有效监督，又促进了家医团队认真履行签约服务，保证了家庭医生签约服务质量。2018年，湟中县全人群签约率达46.1%，重点人群签约率达85.6%，建档立卡贫困户签约实现全覆盖。

（二）乡镇卫生院与乡村医生共同完成签约履约服务

我国的家庭医生签约服务，往往采取团队服务的方式，有别于欧美以全科医生为核心的服务模式。西宁市在家庭医生签约服务中探索出"3+1+N"模式[②]，其中"3"为核心，以1名全科医师、1名护士、1名公卫医师组成的家庭医生团队为核心。但是对于农村地区而言，全科医生数量有限，而且要承担乡镇卫生院的医疗服务工作，因

[①] 摘自湟中县《湟中县健康扶贫乡（镇）村干部签约服务协议书》。
[②] 以"3"为核心，巩固以1名全科医师、1名护士、1名公共卫生医师组成的家庭医生团队服务基础；以"1"为桥梁，依托医疗集团、医联体、医疗总院，鼓励在团队中增加1名公立医院专科或综合临床专家，提高团队服务的专业化水平；以"N"为补充，各地按照实际需求，个性化安排中医师、康复医师、保健医师、心理咨询师、公共营养师等技术人员加入团队，形成医疗与健康全程服务链条。

此湟中县采取"乡村医生+乡镇卫生院家医团队"的模式,乡村医生包括男村医与女村医共两名;乡镇卫生院家医团队往往由全科医生、公卫医师、护士组成,在缺少全科医生的地方甚至只有公卫科人员和护士,甚至将药房和医技人员也纳入进来。乡镇卫生院会根据村庄大小调整乡镇卫生院家医团队成员数量,一般每千人的村庄设置1名人员。家庭医生签约对贫困人口要求100%覆盖,实施红黄蓝绿四色卡管理,对健康人群每季度服务一次,对于高血压等慢病患者每个月服务一次。服务过程要记录清楚,服务结束后,被服务对象要签字确认,如果服务对象不识字或不会写字的,由被服务对象的家人或邻居签字确认,或者被服务对象按手印确认。

家庭医生签约服务模式有三种:一是家庭医生团队提供上门服务;二是家庭医生团队到村卫生室开展服务;三是在村民到乡镇卫生院拿药、看病的时候提供服务。拦隆口镇卫生院院长C介绍了自己家庭医生服务团队的情况:"我们有4个家庭医生服务团队,基本上每个团队要服务11个村。按照6天排班,比如说1号是一团队,2号是二团队,以此类推。此外,我们还实行家医团队服务人员'包村'制度,家庭医生服务团队中的每个成员都要包一个村庄。加上团队的服务时间,家庭医生团队服务人员每个月要在村里待10天以上。"[①]

由于全科医生严重缺乏而将公卫医师、药房及医技人员纳入家庭医生团队的做法,虽然带有明显的公共卫生服务经费导向,但是团队却能真正做好公共卫生要求的服务项目。同时,家庭医生团队在履约时,可以带着"百姓药箱"项目提供的免费药品,受到贫困农户的欢迎。2015年,为方便居民常见病、多发病、老年病、慢性病等看病就医,湟中县率先在西宁市基层医疗机构探索建立"百姓药箱"家庭服务模式,百姓药箱里主要配备治疗高血压、糖尿病、慢阻肺等慢性病的常用药,以及血糖仪、血压计、简单外伤包扎缝合用品。通

---

① 访谈拦隆口镇卫生院院长C,2019年9月8日。

过将176种非基本药物纳入"百姓药箱",能够把群众所需的常用药、低价药直接送到百姓家中,充分发挥基层全科家庭责任医生上门服务,预约服务等作用,减少群众到大医院开药就诊次数,缓解大医院普通门诊就诊压力。"扶贫干部签约后,主要负责医保等政策的宣传和落实,比如贫困户的健康保报销了没有,如果没有报可以把材料交给扶贫干部代办。家庭医生服务团队就是健康守门人,有时候会带着免费药品提供有针对性的服务,比如说给高血压患者测量血压,讲讲高血压健康管理和疾病预防等方面的知识,并看看家里面的其他病人。家庭医生带着药品去比较受老百姓欢迎和认可。"①

二、完善基层首诊与分级诊疗制度

家庭医生签约服务,是县域医联体的基层功能触手,整个医联体的基础。通过村医与乡镇卫生院共同组成的家庭医生团队对建档立卡贫困户和重点人群的健康管理,能够及时了解农户的健康、疾病状况,建立对贫困地区农户健康状况的长期跟踪监测机制。但是,家庭医生团队中既包括乡镇卫生院的全科医师、公卫科医师,甚至还包括各功能科室的医生,势必会影响医疗服务工作。为解决这一问题,湟中县一方面利用上级医院组团对口帮扶力量,下沉医疗资源与医务人员;另一方面根据各乡镇卫生院的实际情况开展"一院一品"创建工作。乡镇卫生院医务人员增加、医疗服务能力增强,能够增加基层首诊人数并为分级诊疗奠定基础。

(一)各级医院"组团式"对口帮扶,增强医疗服务能力

对口帮扶既是我国医疗体制改革的重要内容,又是平衡东西部、

---

① 访谈湟中县卫健局副局长Z,2019年9月3日。

城乡医疗卫生服务水平的重要举措。精准扶贫实施以来，青海省的对口帮扶工作呈现出"省外医院对口帮扶省内医院，上级医院对口帮扶下级医院"的格局，帮扶的重点是县级医院及各乡镇卫生院。湟中县第一、第二人民医院和中医院又是县域医联体的核心医院，各级医院的"组团式"对口帮扶，有效增强了县级医院和乡镇卫生院的医疗服务能力，对于顺利完成健康扶贫"三个一批"具有重要作用。

脱贫攻坚以来，青海省启动新一轮三级医院对口帮扶县级医院工作。2016年，《青海省三级医院对口帮扶县级医院工作实施方案（2016—2020年）》出台，方案要求支援医院从医疗质量管理、建章立制、人才培养、技术指导、业务带教、专科建设等方面进行重点支援。2017—2018年，辽宁省人民医院、沈阳市中西医结合医院、沈阳军区201医院、省红十字医院先后委派41名专家到湟中四所公立医院开展医疗对口帮扶。沈阳市中西医结合医院指导县中医院开展刺络疗法治疗咳嗽、离子导入治疗眩晕（获得青海省2017年度新技术）、火针治疗白癜风及痤疮技术（中医皮肤科）等40余项中医新技术、新方法、新业务。湟中县第一人民医院介绍了对口帮扶对脱贫攻坚的作用："我们医院和辽宁省人民医院、青海红十字医院和南京栖霞区人民医院建立了对口帮扶长效机制，从2016年先后共31名内妇外儿放射功能的专家来我们医院帮扶指导工作。截至目前下派人员465人次，教学查房415人次，疑难病例讨论80余次，救治了65例建档立卡贫困户。此外，我们承担的重大疾病是肺结核和肾透析，已经开展了24个月的肾透析，真正实现了本区域终末期肾病透析。"[1]

湟中县还不断加强与南京市栖霞区协作交流，先后累计选派23名县乡医疗单位负责人和专业技术人员到栖霞区进行挂职交流、进修培训、跟班学习。南京栖霞区先后累计选派26名专家赴湟中开展1—12个月不等的驻点帮扶。同时南京栖霞区援助开通了栖霞—湟中远程医

---

[1] 访谈湟中县第一人民医院副院长Z，2019年9月3日。

疗会诊系统，并投资280万元援建了19个贫困村卫生室。通过与南京栖霞区相互交流学习，县一医院开设了康复科、疼痛科，县二医院开设婴儿沐浴中心和康复理疗科，推动了薄弱学科的进一步发展。

除了利用外部资源对口帮扶各县级医院，湟中县还落实青海省内部各级医院对口帮扶乡镇卫生院，着力提高乡镇卫生院基本医疗和公共卫生服务能力。2016年，《青海省2016—2020年度对口支援乡镇卫生院实施方案》出台；2018年，《青海省组团式对口帮扶深度贫困县乡医疗卫生机构2018年行动方案》出台，提出了对口帮扶"三转变三结合"的新要求，即对口帮扶形式向精准帮扶转变，范围向深度贫困县乡转变，方式向组团式帮扶转变，将对口帮扶与健康扶贫"三个一批"相结合，与公立医院综合改革相结合，与医联体建设相结合。2016—2018年，省市县级医院向15所乡镇卫生院派驻帮扶专家441人次，累计工作日1538天，教学查房3635人次，指导乡镇卫生院开展超声诊断乳腺癌、宫颈癌筛查等74项新业务，提升了基层医疗机构整体服务能力和水平。湟中县每家乡镇卫生院都有对口帮扶医院，这些省市、县级医院要派出由3人以上专业技术人员组成的帮扶团队，到受帮扶乡镇卫生院开展帮扶工作；同时，帮扶医院要接受乡镇卫生院进修一定数量的卫计人员。如拦隆口镇中心卫生院，就得到青海仁济医院、青海省交通医院和青海省心脑血管病专科医院三家医院的对口帮扶（见表15）。

表15 拦隆口镇中心卫生院对口帮扶情况统计表[①]

支援医疗机构	帮扶协议起止时间	主要项目内容
青海仁济医院（二级甲等）	2017.1.1—2017.12.31	组成3人以上支援团队，对卫生院进行以下支援：护理、院感指导；内科常见病症诊断治疗授课；骨折及常见骨科病症诊断、治疗授课。

① 表中数据根据拦隆口镇中心卫生院提供的对口帮扶协议整理而成。

续表

支援医疗机构	帮扶协议起止时间	主要项目内容
青海省交通医院（三级乙等）	2019.4.1—2020.3.31	组成5人以上支援团队，对卫生院进行以下支援：巡回义诊、进修、查房、讲课；接受乡镇卫生院3名卫计人员进修。
青海省心脑血管病专科医院（三级甲等）	2018.6—2020.6	高血压病防治指南培训，让全科医生熟练掌握常规用药，高血压科主任W负责；慢阻肺防治指南培训，让全科医生熟练掌握诊疗常规，呼吸科主任G负责；放射、超声与心电诊断，经过带教与专项培训，培养专职人员，能够独立开展工作。放射科主任G、超声科主任Z、心电科主任M负责；接受乡镇卫生院卫计人员进修，不限名额。

这些省级综合医院和专科医院的对口帮扶，极大提升了乡镇卫生院全科医生、医技人员的医疗诊疗活动及辅助检查能力，能更加顺利地开展日常的诊疗活动及老年人体检，也为签约家庭医生奠定了基础。2018年，分级诊疗制度有效巩固。纵深推进医联体建设，持续开展"双下沉、双提升"工程，全县3个医联体累计下派医务人员921人次，基层医疗机构门急诊人次同比增长17.0%，住院人次同比下降13.0%，全县急门诊量288032人次，同比增长12.0%，县域就诊率达90%。

（二）乡镇卫生院开展"一院一品"创建，优化医疗资源配置

湟中县各级医院的"组团式"对口帮扶，与医联体内部长期对口帮扶一起，增强了乡镇卫生院的医疗卫生服务能力。再加上湟中县对医疗卫生人才的招聘与培养工作的重视，各乡镇卫生院（特别是中心卫生院）的人员数量、业务收入都获得了显著增长。湟中县卫健局科长Z介绍了最近几年全县医疗服务人才的招聘情况："我们在

脱贫攻坚这几年公开招聘了 200 多名医疗人员，医务人员的工资全部纳入财政预算。算个经济账，一个医务人员的工资 10 多万，200 多个人就是几千万。再加上到岗的免费医学定向生，1000 多人的编制可能差四五十就满编了。另外我们县级医院和乡镇卫生院都有临聘的一部分人，临聘人员跟在岗人员的比例大概 1∶1。近几年健康扶贫在人才这一块确实是下了大力气，成效也比较好。健康服务业要人来做嘛，如果人员的素质提高不了，怎么做这些后续的持续性的部分？乡镇卫生院将这些新招聘和原有人员送去各对口帮扶单位培训、学习、进修，进一步提升了乡镇卫生院的业务能力。"[1] 田家寨中心卫生院被评为整个青海省第一家"群众最满意的乡镇卫生院"，就印证了这一点："2017 年我们招了 5 个，去年招了 7 个，今年招了 5 个，招聘力度大得很，而且这 17 个都是带编的，人员相对稳定。现在我们有 39 个编制，减掉借调的有 33 个；临聘 29 个，人员相对够用。我们招了人之后，自己定了一套制度，人才培养的长期规划。每年我们都选派 5 个人出去学习、进修，有的去仁济医院、红十字医院等帮扶医院，有的去医联体医院免费培训。我们的服务能力提高以后，病人的满意度也就提高了。"[2]

乡镇卫生院在业务能力增强之后，营收状况也有明显改善，在门诊人次、住院病人等多项指标上，均有显著提升（见表 16）。

表 16　2012—2019 年湟中县共和乡中心卫生院收入[3]统计表

年份	门诊人次	住院人次	门诊药品收入	住院药品收入	门诊诊疗收入	住院诊疗收入
2012	2789	554	39655.7	219102.2	33659.8	160102.1
2013	4651	816	87762.4	333765.7	61339.7	276529.5

---

[1] 访谈湟中县卫健局科长 Z，2019 年 9 月 3 日。
[2] 访谈田家寨镇卫生院院长 Z，2019 年 9 月 10 日。
[3] 表中数据统计区间为当年 11.1 至次年 10.31，其中 2019 年度统计区间为 2018.11.1—2019.9.10。

续表

年份	门诊人次	住院人次	门诊药品收入	住院药品收入	门诊诊疗收入	住院诊疗收入
2014	6927	1113	287456.9	478582.5	90434.0	406592.0
2015	5557	636	160088.8	345068.7	91289.7	253030.1
2016	7675	847	294336.2	452120.6	95210.6	330323.6
2017	6700	821	185833.3	458603.6	114205.0	477290.7
2018	7058	729	181324.8	415440.4	179576.8	486332.1
2019	7207	774	319739.6	350370.5	126213.7	551981.5

但是，乡镇卫生院毕竟难以像县级及以上医院一样具有设置完整科室的能力，因此各乡镇卫生院开展了"一院一品"创建，探索乡镇卫生院业务收入的增长点。如拦隆口镇中心卫生院，就针对域内农户患有风湿性关节炎较多的实际，确立了"中医为本"建院方针，建设中医馆。卫生院招聘了2名中医相关专业毕业生，并返聘具有中级职称的老中医1名，开展普通针刺、艾灸、蜡疗等多种中医治疗，受到百姓欢迎。截至2019年8月，全院业务收入中35%来自中医药收入；中医诊疗人次占总诊疗人次的53.4%。

三、建设"互联网+"医疗卫生服务网络

虽然湟中县建立起各级医院对县级医院和乡镇卫生院的"组团式"对口帮扶机制，但是仅靠这种短期帮扶仍难以建立各级医院之间的紧密联系，难以建立紧密型医联体。湟中县从2016年开始加快推进紧密型医联体建设，县委、县政府调整成立了县长任组长的医改工作领导小组，出台《湟中县组建紧密型一体化医疗联合体实施方案》。按照方案，湟中县医联体将实行财务管理、人事管理、绩效考核办法等配套文件，实行理事会管理下的核心院长负责制和县、乡、村三级医疗机构的"五统一"管理。医联体成立了财务管理中心，

实行一支笔审批制度；成立了医疗质量控制管理、基本公共卫生管理等6个专业委员会，实行医疗质量同质化管理和医学检验、影像检查结果互认制；开展了以医联体为主体了常用低价药、急救、妇儿专科和藏成药目录遴选、网上议价和集中采购，药品耗材实行统一网上采购和零差率销售，药品价格进一步降低，减轻了群众负担；开展了县到乡、乡到村的技术带教、业务指导、多点执业和村到乡、乡到县的跟班培训。到2018年，医联体建设与分级诊疗制度有效巩固。县3个医联体累计下派医务人员921人次，基层医疗机构门急诊人次同比增长17.0%，住院人次同比下降13.0%，全县急门诊量288032人次，同比增长12.0%，县域就诊率达90%。

在此基础上，湟中县开始整合全县的医疗卫生服务资源，依托"互联网+"技术支撑，尝试建立整合型医疗卫生服务网络。2018年，湟中县建成全省首家县域全覆盖心电网络中心；2019年，《青海省深化县域综合医改暨紧密型医疗服务共同体建设实施方案》出台，将发展"互联网+医疗健康"作为提升医共体综合服务能力的重要内容。"互联网+"技术的有效运用，有效解决了贫困地区医疗服务能力不足的问题，是继对口帮扶之后的又一有益尝试。

（一）建立网络监测与影像诊断中心，共享县乡两级医疗资源

对于包括贫困人口在内的所有农户而言，尽量选择低级别、离家近的医院治疗疾病，既能提高医保报销比例，又能降低因为外出、食宿、照料造成的间接费用，是阻断"疾病—贫困"恶性循环的重要路径。湟中县在脱贫攻坚期间建立了青海省首家覆盖县域范围的网络心电监测中心，实现了县乡两级技术与信息资源共享，减少了农户的心脏病检查治疗费用。同时，建成县域远程影像诊断中心，实现影像基层检查、上级诊断。

2018年，湟中县以第二人民医院为中心，投资300多万元，建

成辐射全县 2 家县级医院和 15 个乡镇卫生院的心电图网络信息系统，并与北京大学附属医院、阜外医院、301 医院三家医院组成的中国心电医联体联盟分析中心网络实现了信息对接，进一步提升了基层医疗机构能力和水平。2019 年，湟中县以一医院为中心，与二医院、中医院和四家乡镇卫生院实现信息互联互通，建成县域远程影像诊断中心，通过互联网传输医疗机构影像图片到远程影像诊断中心，实现了影像基层检查、上级诊断。卫健局 L 副局长介绍了网络心电监测中心和远程影像诊断中心的作用："我们的老百姓，尤其是贫困人口，老弱病残的情况比较多，他们到乡镇卫生院住院以后，基层卫生院只负责检查，检查以后数据实时上传到我们县级医院，由县级医院专家诊断后把结果反馈到下面去。这样，他们就不必为了拍个 CT 或者 X 光片而跑到县级医院，既节省了时间，又降低了医疗成本。"[①]

（二）建立远程会诊与网络门诊系统，整合区域内外医疗资源

网络心电监测中心和远程影像诊断中心，能够使县乡两级医疗卫生机构共享检查结果与治疗方案，其最终指向是建立远程会诊系统。2018 年，湟中县积极与南京栖霞区对接，建成栖霞—湟中远程会诊系统，形成纵向、横向信息互联互通的医疗会诊系统。2019 年，湟中县公立医院全部建立远程会诊信息系统，远程医疗服务覆盖率达 75%，城乡医疗机构卫生信息分级诊疗管理系统上线使用率 100%。

远程会诊系统，通过远程心电、远程问诊、远程会诊、远程手术指导、病例讨论等实时远程医疗服务，可以打破时间、空间的限制，为患者节约看病时间和往返费用，赢得宝贵的就诊时间，对降低贫困农户就医费用具有重要意义。对于湟中县级医联体而言，远程会诊系

---

① 访谈湟中县卫健局副局长 Z，2019 年 9 月 3 日。

统不仅能整合县级医院的医疗资源，指导各乡镇卫生院进行诊断和治疗；而且可以链接省市甚至外部医院的专家资源，有效解决本级医院医务人员技术水平的限制，甚至可以使用机器人等部分替代医务人员。虽然湟中县远程会诊系统仍处于初建期，尚未形成制度化的远程会诊流程与服务规范等制度性文件，但是系统的使用，已经给乡镇卫生院带来切实的收益："上半年我们卫生院已经有十几个病人使用远程会诊系统进行会诊了，基本上都是内科。县级专家给我们诊断，病人也比较放心，对我们医院也比较满意。现在有了远程会诊系统之后，我们有一部分就不用转院治疗了。"[1]

■ 本章小结

在古典经济学的视野中，完全和完善的市场将通过价格机制自动达致帕累托最优。但是医疗市场与完全竞争的市场相去甚远：医疗服务市场供求双方信息严重不对称，病人及家属很难完全掌握专业的医疗知识；医疗服务市场供给方难以自由地进出市场，无论是公立还是私立医院，进入和退出医疗服务市场成本都非常高；医疗服务市场供给有限，供给方主导需求方，需求方（病人及家属）难以形成合力来主导供给方（医院）；医疗服务作为一种公共服务，存在显著的外部性，如健康、经济发展的外部性。[2] 医疗服务对传染病和地方病的有效控制，会有效降低传染给其他人的概率；同时，健康对经济发展具有重要的影响作用，如经济学诺贝尔奖得主福格尔教授1997年曾测算1780—1979年英国人均收入的增长，发现超过30%的增长部分

---

[1] 访谈共和镇卫生院院长G，2019年9月6日。
[2] 唐芸霞：《我国医疗服务市场失灵分析与对策思考》，《重庆社会科学》2007年第6期，第19页。

是由健康和营养条件的提高带来的。①

　　脱贫攻坚期间，以贫困村标准化村卫生室建设为基础的"填平补齐"政策，使贫困农户在家门口就能享受到基础医疗与公共卫生服务，有效应对了健康脆弱性。对于因病致贫农户的医疗保障体系，减少了贫困农户的就医费用和患病风险，在一定程度上阻断了贫困的恶性循环。而以县域医疗服务联合体建设为核心的医疗改革，不但能够减少患病贫困农户的医疗费用，而且有力促进了城乡医疗卫生资源的均等化配置，能让所有农户尽可能在离家近的地方享受医疗服务，减少贫困农户陷入"疾病—贫困"的恶性循环。湟中县的医联体建设，在脱贫攻坚的推动下深入推进。湟中县的健康扶贫工作，与医疗改革同步实施，政府对医疗市场的强力干预，避免"市场失灵"带来的医疗问题。与其他地区一样，湟中县的健康扶贫工作，成立了由副县长为组长的"医疗保障和救助扶贫开发领导小组"，负责协调卫健、人社、民政等行政部门，形成健康扶贫的合力。同时，对贫困户的"一免十减"、免住院押金等违反市场经济的行为，也只有在公立医院才可能推行。全县的医疗服务联合体和健康服务共同体的建设，均是在医改领导小组的领导下进行的，各职能部门完成自己的职责分工。如果没有党政体制为基础的政治制度，很难动员收益有限的县乡两级医疗卫生机构落实对建档立卡贫困户的各项优惠政策，也难以动员本地及外省市医疗资源对口帮扶。可以说，湟中县的医疗卫生体制改革受到健康扶贫的有力推动，反过来又成为降低贫困户健康脆弱性，有效应对因病致贫返贫的长效制度设计。

---

① 转引自李玲:《健康强国》，北京大学出版社，2010年，第12页。

第七章

民族文化资源与脱贫攻坚

湟中县历史悠久，各民族很早进入这一地带，并创造了多元融合的河湟文化。湟中县各民族在长期互动交往中，形成了"多元一体"的文化共同体。湟中县以汉族为主体，藏族、回族、土族、蒙古族等长期杂居，互相交流融合，既有藏化的汉族、向藏文化涵化的蒙古族、土族，也有藏族向汉文化、回族文化的涵化，如卓仓藏族与汉、回、土、蒙四个民族杂居，学习汉语，吸纳汉族的风俗习惯，以及"家西番"（塔尔寺周边地区，汉文化深度涵化的藏族，意谓非藏非汉、在家的藏族等）；藏回则是一个着藏服说藏话，到清真寺做礼拜的群体。

　　各美其美、美美与共、多元共存的中华民族，民族身份本质上是文化差异，而文化是族群身份认同与发展认同的重要基石，也是区域发展重要的资源依凭。文化建设是脱贫攻坚战中的灵魂。文化不仅是继承人类文明的载体，也是各项经济社会建设的有效保障。党的十九届四中全会指出：发展社会主义先进文化、广泛凝聚人民精神力量，是国家治理体系和治理能力现代化的深厚支撑。属于河湟流域的湟中县，具有丰富多样的文化资源，然而"富饶"的资源并不等于经济的发达。湟中县脱贫攻坚战是一个系统工程，如何将中央的政策有效落地，需要根据湟中县的"现实"，并利用文化资源的"富饶"这一优势，跨越发展，完成脱贫攻坚任务。同时，在少数民族文化传统比较厚重的地区，如何促使其文化接纳现代性，走出"发展型贫困"，是民族地区脱贫与发展的关键，也是研究民族地区脱贫攻坚的重要视角。文化产业脱贫是湟中县的脱贫攻坚的一个重要内容，整体上推进了对文化资源的利用和尊重。

第一节 多元共生共融的民族文化

青海具有独特的地理人文特色。青海位于青藏高原与黄土高原的接合部，北与西域、北方草原接壤，处于中原、西藏、西域、北方草原民族四大文化圈的交融地带，历史上来自中原的汉文化、中亚的伊斯兰文化、蒙古高原的游牧文化与青藏高原的藏文化，在这里长期碰撞、交融，文化类型多种多样，且互相浸润、涵化，形成了"你离不开我，我离不开你；你中有我，我中有你，甚至我就是你，你就是我"的异彩纷呈的民族文化亲缘关系，生动体现了多民族文化"多元他者""因缘和合""和而不同"的相处原则。这里多种文化同住共存，互相采借，求同存异，生动体现了多民族文化"和而不同"的相处原则。"和而不同"中的"不同"，指各民族对于自己族属及其重要文化特征稳定的认同以及这种认同受到充分的尊重；"和"体现的则是文化宽容与文化共享的情怀，它包括不同的信仰体系和文化传统在同一社会空间和平共处，各族人民具有多重的认同，有理性解决矛盾的机制等。[①]

一、县域民族历史与分布

湟中历史悠久，李家山卡约村古文化遗存表明青铜器时期即有人类先民在此生息。卡约文化是青海境内本土青铜文化。"卡约"为藏

[①] 班班多杰：《和而不同：青海多民族文化和睦相处经验考察》，《中国社会科学》2007年第6期。

语，意为山口前的平地。它东起甘青交界处的黄河、湟水两岸，西至海南州兴海、同德县，北达海北州大通河流域，南至黄南州泽库、河南县，尤以河湟谷地和青海湖周边分布最为密集。卡约文化是青海古文化遗存中发现数量最多、分布范围最广、延续时间最长的一支古文化。在卡约文化发展过程中，与周边同时代的其他文化有着广泛交流和联系，影响并吸收了其他青铜文化因素，形成了独具地方特色的陶器特点。卡约文化陶器风格主要承袭甘青地区新石器文化的陶器风格，延续了新石器时代以来中原地区形成的以盛食器为主的礼制系统。由于卡约文化地处北方草原文化圈、中原文化圈及西南文化圈的交汇区，所以卡约文化在当时的文化交流中起着十分重要的作用。①

先秦时期，湟中属"羌戎之地"。汉武帝时期，河湟一带羌人围攻霍去病占据的枹罕（今临夏）和令居（永登北）等城，汉武帝调集大军，发动了对河湟羌人的战争。将军李息、徐自为率军解枹罕、令居围后，乘胜深入青海。从此，湟水流域，包括湟中县地在内，正式纳入汉帝国的版图。《后汉书》卷87《西羌传》记载："所居无常，依随水草。地少五谷，以产牧为业。"神爵年间，赵充国在湟水流域兴修水利，开筑道路，进行军屯。汉族大规模进入河湟一带在明洪武时期，改西宁州为西宁卫，从南京凤阳府征调军户屯田。② 如湟中县西堡钟氏，其乾隆时期墓碑记载："予始祖千户职，明洪武十八年由扬州江都迁居湟中，迄今三百五十年矣。"据大源、大才、共和、维新、西堡、鲁沙尔17户姓氏家谱资料：其中11户是明洪武年间从南京迁来，内有军户、罪犯和被株连的百姓，均为举族迁移。其余6户，则来自全国不同的省份。

---

① 乔虹：《浅析卡约文化陶器与周边地区的文化交流》，《四川文物》2013年第3期。
② 湟中汉族家谱多记载洪武时期作为军户迁居湟中的过程。如鲁沙尔镇赵家庄《张氏家谱》记载："张氏本是南京凤阳府凤阳县人，明洪武初有一祖从军征剿西番有功，补升百户，后奉朝旨与十八家千户共防边地，拨发古湟中新设西宁卫之地，每户分田二十余石，出兵两名，以备国用。"

汉在今湟源县设立临羌县，归金城郡辖，湟中属临羌县。东汉末年，在青海省东北部设立西平郡，改西平亭为西都县以为郡治，今湟中大部分归属西都县辖。在魏晋时期，临羌县迁至今湟中县多巴镇，此后很长时期湟中地区为西都、临羌两县辖地。东晋和南北朝时期，湟中和青海东北部地区一样，先后在前凉、后凉、南凉、西秦和北凉等地方割据政权的统治下。隋时，湟中属今海东市乐都区的湟水县辖。唐代在今西宁设置鄯城县，湟中归鄯城县辖。唐朝末年，湟水流域被吐蕃占领。宋初，湟中流域属吐蕃角厮罗政权管辖，后湟中为宋西宁州地，在今鲁沙尔镇徐家寨村一带设置倚郭县。不久，西宁州先后被金、夏占领，湟中地区归金和西夏西宁州辖。南宋末西宁州归元，湟中地属元朝。明时湟中地属西宁卫，清时地属西宁县。明以后，汉族、回族大量移居境内，逐步形成了以汉族为主，回、藏等多民族共居的地区。

青海藏族由源于青藏高原新石器时代马家窑、齐家、卡约、卡若、曲贡等文化的吐蕃"原始四氏族"（或"原始六氏族"）后裔，与古代青海"诸羌"、月氏、鲜卑、回鹘、蒙古及汉等民族经过长期融合而成，其融合的历史复杂而曲折。7世纪吐蕃兴起，灭吐谷浑，统治河湟诸羌。8世纪中叶，吐蕃占领河西、陇右，当地大量汉人、鲜卑人融入藏族之中。

青海蒙古族进入青海在13世纪。元代蒙古进入前夕，青海为三大力量交汇点：西夏占有西宁、柴达木盆地，金国控制黄河以南的循化、同仁、贵德一带，藏族各部落则生活于广大牧区。蒙古族进入青海，主要在成吉思汗征讨西夏、金时期。湟中县蒙古族主要来自海西，信仰藏传佛教。民国时期，大量蒙古族迁居湟中，在鲁沙尔镇设盐局，海西蒙古人运盐来鲁沙尔镇交易者较多，有的定居下来，与汉族、藏族长期杂居。

青海回族很早就定居在西宁一带，宋元时期就有阿拉伯人进入西宁。回族进入湟中主要在明代，很多家族均有回民洪武时期迁居湟中的传说。清代咸同战乱是回族进入湟中最重要时期。光绪时期,清政府将回族分散安置,如西宁回族迁居湟中县西纳川,贵德回族迁居西宁和湟中。青海土族大部分从民和县迁居,多数土族一般因打长工或入塔尔寺探亲拜佛而定居。

二、民族交往与文化融合

湟中县处于农耕区向青藏高原牧区的过渡地带,历史上为中西交通枢纽。唐蕃古道主干线贯穿湟中,汉文化、藏文化、蒙古文化、回族文化等均在此交汇。湟中经多巴,向北行越娘娘山可进入青海湖湖北,西北则进入青海湖东南,也可往南走进入黄河流域。

民族之间交往融合。《后汉书》卷46《邓训传》记载:东汉时期邓训担任护羌校尉时期,在黄河两岸"分以屯田,为贫人耕种",且友好对待河湟一带少数民族,接纳月氏胡妻子儿女,医治生病者,月氏胡人"大小莫不感阅"。汉族信仰宗教较为多样,有的也兼信藏传佛教。如民国二十三年(1934),信奉佛教"天台宗"的心道法师(李姓,湖北松滋人),来塔尔寺学习"密宗",以创立"法幢宗"为宗旨,组织佛教社团(居士林)。民国二十四年(1935)九世班禅在塔尔寺举行大灌顶仪式时,心道执弟子礼。在心道的积极活动下,鲁沙尔、汉东、大源、大才、西堡、坡家、多巴等地区的部分村庄,设立了佛教"居士林"。汉族受多种宗教影响,部分人也供奉菩萨、天尊、城隍、财神、文武圣人等。[①]

茶马贸易是青海地区最主要的一种传统民族贸易形式。世居西北的游牧民族需消费产于内地的茶叶,茶叶有助于解油腻,成为牧区藏民的生活必需品。同时,青海牧区盛产战马,而中国古代内地缺乏马匹。茶马贸易成为西北边境最为重要的大宗贸易品。明代中央政府专

---

① 湟中县地方志编纂委员会编:《湟中县志》,青海人民出版社,1990年,第360—361页。

门在河州等地设置茶马司，负责用西宁卫之马交换汉中、四川一带的茶叶；清代西北主要消费湖南茶，现在青海藏族牧区仍习惯喝湖南益阳黑茶。

湟中县多巴一带，历史上曾是中亚贸易的中心。汉代时在那里设置临羌县（西汉时设在镇海堡）和新临羌（东汉时迁至今多巴），到了宋代改称为临蕃城。清康熙以前，西宁卫的贸易集散点在白塔儿（今大通县）。而之后，多巴则替代了白塔儿，成为重要的贸易市口，有"陆地小码头"的美誉。《秦边纪略》卷一载："多巴，或作多坝，今之夷厂也。在河湟之西，地名不著于昔，盖新创也。居然大市土屋毗连，其廛居逐末，则黑番也；出而贸易，则西宁习番语之人也；驮载往来，则极西之回与夷也；居货为贾，则大通河、西海之部落也；司市持平，则宰僧也。"这则史料表明，当时各民族，如藏族、蒙古族、回族等少数民族均参与商品交易，人与物的流动较为频繁。

湟中县有很多各民族杂居形成的村落，这主要是因为历史上各民族在迁徙、劳动过程中形成了一个个互助的共同社区。湟中县共和镇苏尔吉村，有一处藏传佛教宗喀巴大师母亲（香萨阿切）故居及大师佛堂。据说在明代之前，宗喀巴母亲族里人就在苏尔吉一带游牧、定居，现苏尔吉村藏族大部分是宗喀巴姐姐后裔。苏氏族人把这里看作风水宝地，来之不易，村里人文物保护意识较强，有苏尔吉村文化馆和专门的村史文物展览。后有汉族刘姓人来此开垦，流传有"苏家占根，刘家开垦"的说法。藏族为苏尔吉早期居民，主要从事牧业；随着湟中一带的开发，一批汉人进入该区域，开荒拓土，由此汉民与藏民形成了一个村庄共同体。现在苏尔吉村苏生成推广蔬菜，带头致富，将苏尔吉村建成有名的蔬菜村。苏生成作为村支书，还个人修建了养老院。每天上午，一般有几十名老人从村子赶到养老院，在这里吃一顿免费午餐。苏尔吉村"幸福食堂"远近闻名。苏尔吉村"幸福食堂"是苏生成个人打造的，同时也是整个村庄，即藏族和汉族共同拥有。湟中县多民族杂居形成的村庄共同体较普遍，如卡阳村，藏族和汉族长期生活在一起，互相通婚，不分彼此。

三、丰富的文化资源与文化遗产

湟中县位于拉脊山加里东褶皱带西段，中祁连山隆起带及祁连山中新生代西宁盆地的西部，属青海省东部农业区湟水流域中上游。地势南、西、北三面高而东部低，最低海拔在东部田家寨，海拔2225米，最高海拔在南部群加乡，海拔4488.7米。境内沟谷纵横、山川相间，地形地貌比较复杂，湟水由西向东横贯县境中部，大南川、西纳川、云谷川等14条河流呈扇形从南、西、北三面同区汇集湟水。正是以湟水为纽带，各民族互通有无，相互交往，积淀出了丰富的文化资源与遗产。

在地理位置上，东、北两面与西宁相连而成为重要交通孔道，古代有名的"丝绸辅道""唐蕃古道"均通过其境。县内西川通道，由西宁到多巴，经"海藏咽喉"（西石峡）达湟源县；大南川通道，一由西宁经总寨到鲁沙尔镇，一由西宁经总寨、上新庄，穿越马鸡沟峡，翻越拉脊山到贵德县；西纳川通道，一由多巴经拦隆口、上五庄，穿过水峡到海晏县，一由多巴经拦隆口、上五庄过娘娘山麓到大通县，小南川通道由小峡经田家寨、土门关到总寨；大康缠川通道由多巴经汉东、甘河滩到鲁沙尔镇。这些通道均为历代兵家屯兵驻守之地，也是湟中县经济、文化开发较早，村庄相对密集的地区。

湟中县各族人民在迁徙、劳动、交往过程中，创造和传承了丰富多彩的文化，藏传佛教文化是其中最为丰富的内容。目前，湟中县已获批市级以上非遗项目34项，其中，塔尔寺酥油花、塔尔寺花架音乐、湟中加牙藏族织毯技艺、湟中堆绣、湟中千户营高台、湟中银铜器制作与鎏金技艺6项已列入国家非物质文化遗产名录；陈家滩传统木雕、河湟皮影制作技艺、湟中壁画、湟中民间彩绘泥塑、湟中县农民画、加牙四月八庙会、南佛山花儿会、青海大有山民间传统武术、却西德哇村古老游戏、鲁沙尔高跷、西纳川铸钟技艺、慕家酩馏酒酿造技艺等16项被列为省级非物质文化遗产名录；塔尔寺藏传佛教舞蹈、湟中古建彩绘、塔尔寺藏传佛教壁画及堆绣、田家寨下洛麻出阁王、徐家寨会龙山雷祖庙会、上五庄钉马掌技艺、塔尔寺四大法会、塔尔寺传说与故事等12项列为市级非物质文化遗产名录。

如南佛山"花儿"会已有了100多年的历史渊源。南佛山"花儿"会流传于青海湟中县，按照地理位置和语言差异为特征，南佛山"花儿"会可分为南北两个区域。南部区域分布为总寨镇、土门关乡、田家寨镇等；北部区域分布为多巴镇、李家山镇、拦隆口镇和西川西堡镇、汉东乡、共和镇等。南佛山"花儿"会有以下几个特征：1. 在南佛山风景区开展演唱活动；2. 依托宗教和民俗活动开展演唱活动；3. 多在气候适宜、农闲时期开展演唱活动；4. "花儿"会的演唱形式多样；5. 演唱内容多以情歌为主；6. 由自发演唱形式变成民歌大赛，由群众自发的文化活动变成由政府组织的群众性文化活动。南佛山"花儿"会是河湟地区民间文艺的重要组成部分，有着悠久的历史，它采用幽默诙谐的河湟方言，或讽刺劝喻，或抒情，或叙述，或夹叙夹议，妙语连珠，妙趣横生，通过一代代的传承，它有独特的演艺，有明显的演唱风格。

酥油花：用酥油制作的一种特殊形式的雕塑艺术。受"热贡"雕塑艺术影响而出现的酥油花是塔尔寺世代相传的绝技，完成一幅酥油花作品需六道工序：扎骨架、制胎、敷塑、描金塑形、上盘、开光等。捏塑僧人精心构思，以精巧的手艺捏塑出苍郁葱翠的山水，金碧辉煌的楼台殿阁，惟妙惟肖的人物形象，鲜艳夺目的花鸟草木和千姿百态的珍禽奇兽，题材主要是藏传佛教和民俗，如藏戏、传说人物等。塔尔寺酥油花《文成公主进藏》为民族团结题材，包括"三难婚使""许婚赠礼""逻些完婚""敬献佛像"等故事情节的宏大场景。

却西德哇：青藏高原古老体育游戏，包括：冈朵；井井康；丢嘎儿；冈里（俗称打毛蛋）；热则（俗称打羊窝）；朵决；藏式拔河——朗秀（俗称拉巴牛）；藏族传统棋类游戏——九；江塔（高杆秋千游戏）；乌多（抛尔石）；阿米惹阿（撕羊羔）；淳斗（斗羊）；老马抢四角；驮驮子；下羊窝儿棋；走四门棋；骑马；藏午；斗公羊；踢毽子；蹲沟蹲；拔桩；蹬棍儿等数十种。

河湟皮影制作技艺：皮影戏又称灯影戏，是流行于民间的一种曲艺表演形式。河湟皮影艺术历史悠久，具有代表性的就数土门关红岭村皮影。皮影戏班由艺人（影子匠）、影幕（亮子）、皮影件（皮娃娃）、剧本（本子）和乐器（家什）组成。由于皮影制作简便，原料就地可取，材料低廉，演出不受舞台、灯光、场地的限制，大至广场、小至农家庄园，一盏灯、一片布（早期用清油灯当光源，白纸当屏幕），一个演员可扮生、旦、净、丑等不同角色，一个戏班少则三四人，多则六七人就可表演，一头毛驴可驮走全部道具，所以皮影戏在农村山区广为流传。农闲时走乡串镇，行走轻便，适合山区巡回演出。

湟中县文化遗产丰富多样，且各民族文化互相融合。课题组在调研过程中，发现民族文化遗产的传承人其民族身份也具有多民族性。塔尔寺附近文化产业园区，有很多本地汉族人从事唐卡技艺的制作和传承。经营藏族服饰、手工艺、音乐文化产品的个体商人既有藏族，也有回族、汉族等。也就是说，在湟中县文化遗产传承和文化产业经营中，并没有严格区分民族身份。汉族文化遗产，藏族的民众也在分享和传承，藏族文化遗产，汉族也在分享和传承。

第二节　发掘文化资源促进旅游脱贫

有了丰富的文化资源积累，要将其转化为促进地方经济成长和脱贫发展的动力，文化资源资本化和产业化是必经之路。为此，湟中县研究出台了《湟中县加快推进文化产业发展实施意见》《湟中县文化产业奖励扶持办法》等,将文化旅游、民间工艺、演艺娱乐作为产业培育核心和主攻方向,逐步形成政府规划引导、社会各界参与、资源优化配置的产业发展格局,着力打造以农民画、壁画、堆绣、泥塑、雕刻、藏毯、镶丝、铜银器等非物质文化遗产为内涵的"八瓣莲花"文化产业品牌,成功注册"八瓣莲花"商标,核准在地毯、堆绣、唐卡、银铜器等14类商品中使用,"八瓣莲花"商标被认定为中国驰名商标,成为全省第一个文化产业中国驰名商标。到2018年,全县实现文化产业产值11.55亿元,文化产业带动就业达2.3万人,其中,贫困户4000余户、8100余人。

一、依托知名文化景观发展旅游脱贫

湟中县文化旅游的核心资源是以塔尔寺为标志的藏文化。一直以来,湟中县文化旅游主要都是围绕塔尔寺做文章。

塔尔寺又名塔儿寺,创建于明洪武十二年(1379)。得名于大金瓦寺内为纪念黄教创始人宗喀巴而建的大银塔,藏语称为"衮本贤巴林",意思是"十万狮子吼佛像的弥勒寺",位于湟中县城鲁沙尔镇,是国家5A级旅游景区,也是青海省首屈一指的名胜古迹和全国重点文物保护单位。

塔尔寺是中国藏传佛教格鲁派(黄教)六大寺院之一,是中国西北地区藏传佛教的活动中心,在中国及东南亚享有盛名,历代中央政府都十分推崇塔尔寺的宗教地位。明朝对寺内上层宗教人物多次封授名号,清康熙帝赐有"净上津梁"匾额,乾隆帝赐"梵宗寺"称号,并为大金瓦寺赐有"梵教法幢"匾额。三世达赖、四世达赖、五世达赖、七世达赖、十三世达赖、十四世达赖及六世班禅、九世班禅和十世班禅,都曾在塔尔寺进行过宗教活动。酥油花、壁画和堆绣被誉为"塔尔寺艺术三绝",另外寺内还珍藏了许多佛教典籍和历史、文学、哲学、医药、立法等方面的学术专著。

由于塔尔寺的影响力,每年前来的游客和信众规模庞大,仅2018年的游客量就超过了300万,门票收入达到了1.23亿元。虽然塔尔寺的门票收入不由湟中县支配,但是湟中县充分利用地理之便,将塔尔寺的带动功能发挥到最大,持续放大产业集聚效应,依托鲁沙尔民族文化旅游产业园建设,按照"一园三区一轴"功能布局,集中建设陈家滩特色文化产业园,搭建产业发展平台;坚持项目支撑带动,累计投资4.76亿元建成河湟文化博物馆、佛光路商业步行街、香巴林卡演艺厅等一批重点文化产业项目,形成了以佛光路为轴线的10公里文化产业发展廊道。"湟中的文化产业去年达到了11个多亿,可以说90%都跟这个藏传佛教有关系。塔尔寺周边的饭馆、旅店、商业街、停车场等发展起来了,业态就非常丰富了。仅观光车,每天能养活一百多人就业。那边还有将近200家的铺面全部开张。塔尔寺观光这一系列延伸出一个产业链。"[1]

湟中县发展文化旅游的另一条路是,深入挖掘生态文化、青稞酒文化等特色资源,建成乡趣卡阳、慕家酩馏酒文化等乡村文化旅游景区,年吸引游客240余万人次,辐射带动5000余名群众通过销售土特产、经营农家乐等形式稳定增收。立足本县丰富的农业资源和鲜明产业优势特点,精准施策、定向发力,依托乡趣卡阳3A级景区、慕家酩馏影视文化村等旅游资源,连线打造"西纳川乡村旅游示范带",辐射带动3个乡镇12个村的贫困户发展;乡村旅游项目稳步推进,实现贫困户在家门口致富增收。

二、创新文化旅游产品实现增收

在文化产品上,湟中县立足以藏文化为核心的八大工艺,依托鲁沙尔民族文化旅游产业园建设,按照"一园三区一轴"的功能布局,

---

[1] 访谈湟中县文化旅游局李局长,2019年9月2日。

集中建设陈家滩特色文化产业园，先后引进培育佛光工艺、缘汇木雕、华坊工艺等8家文化产业龙头企业，辐射带动300余户个体加工户；延伸产业链条，投资4.76亿元建成河湟文化博物馆、宗喀驿步行街、香巴林卡演艺厅等项目，与陈家滩特色文化产业园串联形成10公里文化产业廊道，形成集研发、设计、加工、展示、销售等环节于一体的文化产业聚集区。通过产业园区带动，先后吸纳全县7个乡镇，55个贫困村3617余户贫困户产业资金入股，累计分红585.33万元。

湟中县的八大工艺为：

1. 银铜。湟中银铜器制作历史悠久，可分为银器和铜器两种加工工艺。湟中银铜器制作及鎏金技艺被列入国家级非物质文化遗产，制作工艺精细、图案丰富、造型逼真、表现手法独特。素以型薄、光亮、轻柔、质纯等特点而著称，以加工精美而见长。

2. 堆绣。堆绣是中国著名藏传佛教圣地塔尔寺"艺术三绝"之一，湟中堆绣将湟中汉、藏文化融合，发展历史源远流长，最早可追溯到唐代文成公主进藏将中原丝绸、刺绣品等物带至吐蕃流传于民间，成型于明朝，湟中堆绣2009年被列入国家级非物质文化遗产名录。

3. 藏毯。加牙藏族织毯技艺自明朝传承已有200多年的历史，据史料记载，加牙藏毯以织作毛席、褐衫、马褥毯为主，清乾隆年间塔尔寺扩建，开始织作大量卡垫，以满足寺院需要，为寺院制作经堂立柱大型龙纹包毯、卡垫，牧区用的马褥毯、大型炕毯等，加牙村杨氏祖上此技艺流传至杨永良已是第七代。

4. 农民画。湟中农民画发展历史较为悠久，早在明清时期就有众多民间艺人活跃于河湟谷地。经过漫长的探索和发展，成型于20世纪70年代，形成了以汉、藏文化为主而独具艺术风格的现代民间绘画——湟中农民画，成为青藏高原传统民族民间艺术宝库中一朵美丽的奇葩，于2006年被列为第一批省级非物质文化遗产项目名录。

5. 雕刻。湟中雕刻主要指湟中木刻、砖雕、皮雕三种民间工艺。湟中皮影历史悠久，皮影制作工艺也已有近200多年的历史。皮影雕刻制作包括原料加工、制作工艺和雕刻技艺等方面。砖雕以陈家滩砖雕为代表，已有200多年的历史。采用特制青砖为材料雕制而成，专门用在房屋码头、墙壁、屏障等以加强装饰、点缀，多数存在于古建筑和一些宗教寺庙的修缮及改建工程中。

6. 镶丝。湟中镶丝（又叫掐丝）工艺巧妙借鉴了景泰蓝的镶嵌工艺，将金银或其他金属细丝，按照墨样花纹的弯曲转折，掐成图案，粘焊在器物上，称为掐丝，是景泰蓝制作中最关键的装饰工序。但独创的是以金属丝和天然彩石为原料，经过一系列独特的工艺，精心细致地做出各种风格、图案、颜色、规格的装饰画。其风格为画面清晰、新颖，色泽丰富、艳丽，立体感强。

7. 壁画。湟中壁画历史悠久，因壁画与宗教有密不可分的联系，绘制在寺院、庙宇的殿堂、檐廊、回廊墙壁上。壁画题材广泛，内容丰富。从佛教陀菩萨、佛经仪规、佛经故事到民俗风情、民族历史，无所不有。

8. 泥塑。泥塑艺术是我国一种古老常见的民间艺术。泥塑作品湟中泥塑艺术与壁画艺术相伴而行，两者有着密不可分的联系。距今已有一百多年的历史，它以泥土为原料，以手工捏制成形。

这些文化产品的加工，一类是依靠企业，一类是依靠家庭作坊。

湟中县有8家规模较大的文化产品加工企业。其中佛光工艺雕塑公司一年可达到几千万的产值，缘汇木雕家具公司一年就四五千万的产值。佛光公司拥有铜铸、藏式家具、木雕、精雕、油漆绘画等七条生产线，已具备集铜铸、木雕、精雕、浮雕、石雕为一体的藏传文化系列产品研发、设计及综合加工能力，年可加工各类藏传文化工艺品10000件以上，成为西北最大的藏传文化工艺品研发及加工企业。由于这些产品极具民族文化特色，因此销路非常好，如佛光公司的订单排到了三年之后。

这些企业在发展的同时，积极投身扶贫事业。缘汇公司 2015 年扶持 4 个村，总扶持贫困户 455 户，总金额 266 万元，2016 年扶持 43 个村，扶贫总户数 1100 户，总金额 1200 万元，2017 年扶持 5 个村。总共带动贫困户 1863 户，年均增加贫困户收入每户 1755 元。

在家庭作坊加工方面，湟中县的银铜器加工规模最大。依托塔尔寺，从事银铜器手工业加工的人有将近 2 万。湟中县也积极引导，面向贫困劳动力开展加牙藏毯、银铜器制作等技能培训，培养技术人才 520 余人，实现了由"贫困户"向"非遗工艺技师"的华丽蜕变。依托文化产品加工，湟中县形成了一些有特色的产业村。如阳坡村，离县城约 5 公里，全村共 432 户，1820 人，贫困户有 33 户，99 人。阳坡村是有传统手艺金、银、铜器加工，传统古建木雕，传统古建砖雕，传统古建彩绘，家庭酿酒坊等多种手艺的特色文化村。该村银铜器制作已有 70 多年历史，铜银器加工传承大师金文，50 年代到鲁沙尔镇金塔路学习铜银器加工，学成后带领村民从事铜银器加工，带动村民致富。目前从事金、银、铜器加工的有 128 户，412 人，从事古建木雕加工的有 9 户 9 人，从事古建砖雕的有 12 户 12 人，从事古建彩绘的有 10 户 10 人，家庭酿酒坊有 2 户。在铜银器加工行业内流传着"青海铜银器看湟中，湟中铜银器看阳坡"的美誉。2016 年，为了实现脱贫，村两委决定将银铜器加工确定为村民增收致富的支柱产业。目前，金银铜器加工收入已成为阳坡村的主要经济收入，经营者中最高年收入可达 100 万元，一般加工者年收入 10 万元左右，一般匠人年收入 5 万到 6 万元，学徒年收入 2 万元左右。阳坡村利用铜银器加工产业优势，按照村庄特色性、文化性、高效性、生态性原则，通过对村庄手工艺的挖掘，将文化元素应用到村庄建设和产业发展当中，形成铜银器加工产业与乡村旅游业联动发展，以铜银器加工为支撑产业，以乡村旅游接待为重点产业，以休闲观光体验业为培育产业的一、二、三产多产融合的产业发展模式，带动贫困户实现了脱贫。

三、发展产业园推进藏医药种植

藏医是我国民族医药的代表之一，除了有专门的藏医院弘扬和发展藏医文化，湟中县还因地制宜，培育中藏药材"新产业"。湟中县发展藏药有着独特的优势。一是根植于藏文化的藏医藏药传统，二是优越的生态环境。

适宜的冷凉气候、较大的昼夜温差、脑山撂荒闲置土地、独特的高原自然条件是中藏药材种植的最佳之地。当归、黄芪、秦艽、羌活等中藏药材原产于高寒山区，生长需要低温、长日照，而青海独特的高原自然条件为这些中藏药材的生长发育提供了得天独厚的条件。而且，青海水土环境各项指标远远优于国家控制标准，独特无污染的自然条件使得湟中等地种植的当归、黄芪品质一流，主要成分是《中国药典》标准的3—5倍。

利用中藏药材种植优势，湟中县先后实施辽援中藏药材种植扶贫产业项目和辽援中藏药材扶贫产业园项目。在拦隆口镇泥麻隆、卡阳、麻子营和多巴镇加拉山及周边等村实施了辽援中藏药材种植扶贫产业项目。实现了大黄、柴胡、枸杞、板蓝根等20多种中藏药材的大面积、集中连片种植。湟中县扶贫开发办公室发起成立了湟中凯发中藏药材种植专业合作社联合社。为进一步发展我省中藏药材产业，提高农业经济效益，增加农民收入，带动更多贫困村、贫困户脱贫致富，按照省扶贫局"关于建设扶贫产业试验示范园"的要求，湟中县还实施了青海省辽援中藏药材扶贫产业示范园项目。多巴镇积极依托辽援中藏药材扶贫产业示范园带动作用，在全镇范围内建成多个中藏药材种植基地。黑嘴村建成全省首个集药材收购、加工、销售等为一体的扶贫产业示范园。拦隆口镇进行资源整合，在各专业合作社的基础上组建成立了中藏药材种植专业合作社联合社进行规模化种植中药材。

湟中县拦隆口镇泥麻隆村是半浅半脑地区，全村近一半人口常年外出打工谋生，依靠种植小麦、油菜、马铃薯等传统农作物，人均年收入仅5000余元。2013年，由全村26名党员带头种植药材，每亩纯收入达到3000多元，与种植传统粮食相比，收入翻了好几番。村民们看到了药材种植的巨大发展潜力，纷纷加入其中。泥麻隆村建立起"党支部+合作社+农户"的发展模式，由党支部及党员带头，合作社统一购买种苗等物资发展中药种植业。全村126户村民参与其中，2018年，全村人均年收入就达到了14436元。如今的泥麻隆村经济社会各项事业蓬勃发展，生产各类中藏药材58.5万公斤以上，稳定增加了贫困人口收入，基本实现了稳定脱贫，成为湟中县优质药材产业发展的基地和亮点。在药材种植规模扩大后，泥麻隆村积极推进中药材加工基地建设项目，开展中药药片的加工和包装，提升中药材的产品附加值。此外，该村还以药旅一体的思路，打造了占地13.3公顷的牡丹花海景区。从而实现了基于中藏药材种植为基础的一二三产业融合发展。

第三节　文化传承与脱贫攻坚融合推进

经济发展过程中，最为关键的是良好的制度建设。不同的国家在发展的路径上，均受传统文化的影响。产业政策与文化思维关系紧密，道宾根据1825年到1900年间美国、英国和法国铁路政策的演进图，探讨国家产业政策战略的根源。认为现代经济以及支持它们的政策是以不同的方式组织起来的，而且没有显示出明显的趋同迹象，但绝大多数的分析家恰恰没有注意到产生和维持这些差异的过程。国家传统影响政策制定是通过提供对社会秩序和工具理性的集体理解来实现的。在不同的国家里，历史造就了人们关于秩序和理性的不同观念，而各个国家的现代产业政策正是围绕着这些不同的观念建立起来的。①

湟中县脱贫攻坚一大经验与特色就是尊重各民族文化传统,"因文制宜",因地制宜,使精神文明发展推动经济发展。

一、共识机制解决人情礼金难题

脱贫攻坚战是一个系统工程,而边疆民族地区的贫困多呈现为连片或区域性贫困,区域经济发展不平衡、贫困群体、贫困社区脱贫除困行动能力弱,机会供给不足是此类贫困的重要成因。增加资源和机会供给,全面提升贫困群体、贫困社区解"困"脱贫的行动能力,是湟中民族村落脱贫攻坚的重要策略。

中国乡村社会是以村落为基本单位的社会,村落既是一个文化共同体,也是行动共同体。但在当下,这种共同体的消解正在加速进行。而对于多数乡村地区而言,还存在一些被认为是"传统"的风俗习惯,如大办酒席增加事主支出、广收彩礼增加亲朋负担,甚至出现"两年不办酒,穷得不如狗"的状况,每个人都成为办酒收礼的受害者,但又不得不办酒收回人情,最终形成人人不堪其害、但人人又不得不办酒的状态。由于传统治理资源逐渐消解,又缺乏新的共识机制解决这一问题,办酒陋习成为很多乡村致贫的重要原因。另外,彩礼昂贵,铺张浪费、各种攀比,也大大增加了乡村生活的人情压力,这种状态,在湟中县卡阳村也曾出现,如彩礼巨高,酒席铺张浪费,人情礼钱高等,同时,结婚过程中各种"压柜钱""垫桌钱""改口钱""开门钱""眼泪钱",也大大增加了青年男性家庭的支付压力。

针对这些问题,湟中县出台政策,推动全县所有社区开展移风易

---

① [美]弗兰克·道宾:《打造产业政策:铁路时代的美国、英国和法国》,张网成等译,上海人民出版社,2008年。

俗、建设社会主义精神文明，通过凝聚村民共识解决人情礼金难题。以葱湾村为例，在村委会齐主任的推动下，全村党员干部认识到此类传统陋习对于全村决胜脱贫的重大影响，对此现象深恶痛绝，主动团结村两委及村庄积极分子，共同制定了"提倡社会主义精神文明，移风易俗，喜事新办"的村规民约，废除各种类似"垫桌钱""改口钱""开门钱""眼泪钱"等不良习俗，推动结婚仪式从简，提出彩礼礼金上限、酒席成本上限和烟酒花销上限和礼金上限建议等移风易俗条款。此村规民约一出，迅速得到了全村群众的积极响应，少数不想遵从的人也因为多数人的赞同而放弃抵制，最终解决了这个陋习，全村人精神风貌大变，积极投入产业发展和脱贫行动当中，健康精神生活对全村的减贫起到了良好的支持作用。

二、传承传统文化激发内生动力

小农户是中国传统经济的象征。在现代经济思维冲击下，部分观点认为现代化发展一定要改造小农，甚至消除小农。其实，对于历史悠久的人口大国，中国乡村发展难以照搬美国大农场模式。一方面，中国人多地少；另一方面，乡村对于中国现代化的价值不同于美国这样的新大陆国家。以城市化、工业化模式推进中国乡村的小农经济改造难以适应中国具体的国情，中国乡村现代化和脱贫攻坚之路，势必要有别样的选择。小农户不仅是市场经济的生产者与消费者，也是传统文化的传承者与创新者。通过组织动员小农户，发掘与利用地方传统文化，是湟中县在脱贫攻坚中探索出的一条可行路径。

传统产业和文化发展脱贫。湟中县充分利用民族传统文化和地方性知识，推动地方的脱贫发展，取得了积极效果。一是汉水沟村回族村民利用传统食品加工，其馍馍产业发展兴旺，很多村民将馍馍铺开到了西宁、兰州、西安等周边大城市，有力带动了依托传统产业，推动创业就业，以实现脱贫发展目标；二是拉隆口镇依托卡阳、慕家酪馆景区开发机遇，充分挖掘地方特色文化旅游资源，大力发展民俗文化、特色产业文化和休闲文化，成功举办以"田园拦隆口"为主题的"泥麻隆第二届高原牡丹节""慕容古寨第六届文化旅游节"，让基于传统物质文化和非物质文化的乡村旅游成为富民增收的新引擎；三是土门关乡充分发挥传统藏医药种植产业优势，发展藏医药种植业带动脱贫致富，推动种植业结构调整，引进青海正德中藏药材种植有限公司，在充分尊重当地群众的意愿和文化主体性的前提下，通过政府引导，企业搭台，创新"公司+合作社+农户"的模式，建立中藏药材种植及加工基地，全力推进小南川片区健康产业示范带建设，将中藏药材种植、加工、销售作为全乡经济发展、群众稳定脱贫的工作思路。湟中县的藏医药种植效果良好，加汝尔、红岭、王沟尔、后沟等8个村种植党参、黄芪各种中药材1589亩，其中公司流转土地种植920亩，订单种植244亩，辐射带动专业合作社、农户自发种植425亩，建立5处百亩药材示范基地，引进青海祥泉农牧开发有限公司在上山庄村羊毛沟建设"花药谷"，种植大黄、黄芪、当归等中药材1200亩。

依托园区景区传承非遗、发展旅游脱贫。积极依托地方特有非物质文化遗产，以园区形式支持传统手工艺技艺传承的同时促进脱贫增收，也是湟中县文化扶贫的重要内容。鲁沙尔镇积极践行"发展特色文化经济，建设生态旅游强镇"的发展理念，以争创省级生态文明乡镇为契机，努力探索"旅游崛起"的发展道路。按照"青藏高原旅游名镇、全省旅游服务基地、全市民族民间工艺品展览中心、特色文化保护与研究基地"的职能定位，坚持大力开掘特色旅游资源，打造莲花湖休闲健身景区、"八瓣莲花"传承体验中心、大源万亩油菜花海旅游，最大限度发挥旅游资源丰富这一最大优势，走出了一条将旅游优势转化为经济优势的发展道路。挖掘阳坡村民间传统手工艺，引导加工农户走专业化规模化道路，有效促进产业健康发展；依托塔尔寺大景区建设，逐步完善徐家寨、黄茨湾、庄隆路农家餐饮经济服务质量和服务环境，吸引城市居民休闲旅游，进一步提高了旅游收入在农民收入中的占比。

三、民族和谐下的发展机会供给

湟中县在脱贫攻坚中，尊重民族文化传统，着力发挥各民族发展的"主体性"，强调政府的"服务"功能，增加了群众对国家和党的认同。湟中县作为多民族地区，脱贫攻坚的价值和意义不同于内地。在共同行动过程中，水乳交融，团结友爱，同步发展。脱贫攻坚促进了各民族之间互助交融，形成了互相离不开的"互嵌"格局。

"高原美丽乡村"建设中的新机制。湟中县实施"高原美丽乡村"建设，强调脱贫攻坚战是为农村服务，将乡村的发展作为一个整体来认识。大才回族乡在脱贫攻坚过程中强化了党建。结合"高原美丽乡村"建设和村级综合服务中心建设，维修村级党员活动室1个，实施活动阵地3个，落实村级服务专项资金80万元；各党支部组织广大党员认真学习理论，对标个人"两个绝对"具体化标准，及时建立"三张清单"，查找存在的问题和不足，设定整改时限，制定切实可行的整改措施，不断增强党员党性意识，激发广大党员积极投身新农村建设、打赢脱贫攻坚战等活动的积极性、主动性，带头践行"两个绝对"具体化标准，严格落实整改措施，热心为民服务，充分发挥先锋模范作用，确保"两个绝对"真正铸入日常、融于血脉、见诸行动；年内共培养入党积极分子48名，发展党员44名，如期转正党员17名，优化了党员队伍结构，注入了新鲜血液。上五庄镇在充分尊重民族传统的基础上推进脱贫和乡村治理，制定了全镇社会管理综合整治工作方案和分组工作计划，建立健全镇村干部联席会议制度，通过召开综合整治专题会议和回族群众"主麻日"聚礼活动，开展法制宣传教育和集中治理工作，进一步巩固干部、群众知法、懂法、守法的法制意识；在广泛听取信教群众意见的基础上，建立评议委员会，每年斋月期间组织开展对19个清真寺民管会工作的民主评议，对存在的苗头性、倾向性问题及时排查化解，确保了宗教活动场所社会化管理的整体凝聚力和战斗力；督促各清真寺认真落实宗教活动场所社会管理和民主管理长效机制，切实发挥寺院民管会作用，对基建项目、设备物资购置、资金使用等重大事项集体协商决定，并接受群众监督。制定了镇领导包片联寺工作制度及宗教人士谈话制度，坚持"勤跑、勤问、勤了解"，要求各领导定期到联点寺院开展宣传教育活动，随时了解掌握活动开展情况，及时解决民族宗教工作存在的困难和问题。

注重民族生态互益的减贫发展。群加藏族乡加大投入推动藏族区人与生态相和谐的乡村发展。历史上汉藏两族村民诚信为本，平等交易，彼此之间结下了深厚友谊。藏族各家都有自己的汉族朋友，藏语叫"家侠"，意谓汉族朋友。藏人将山货运到汉族聚居的社区后，即住在"家侠"家里，"家侠"来到藏族区域，就住在他的藏族朋友家。他们在做完一场物资交易后，就在各自的朋友家吃肉、喝酒、聊天，如同一个大家庭。① 群加实施了农户院墙改造、院门改造、安装太阳能路灯、新建文化广场、主干道整修、修建景观墙、绘制藏八宝等项目。投入资金60万元，完成唐阳村藏寨保护项目建设，在唐阳村建设藏式文化广场400平方米，修建凉亭1处，转经轮1座，并配备健身器材。投入资金31万元，实施来路村文化广场项目建设。完成了地坪硬化、文化舞台建设、活动器材安装等项目，满足了群众的文化娱乐需求。协助县水务局完成群加河河道治理工程。投资2260万元实施群加河河道防洪治理工程，共治理河长6661米，新建防洪堤长8078米。协助县林业局完成1308万元的群加国家级森林公园遗产保护项目。

---

① 班班多杰：《和而不同：青海多民族文化和睦相处经验考察》，《中国社会科学》2007年第6期。

发展的初期都是艰难的，就在第一书记和党支部一筹莫展，讨论如何将下圈村的绿水青山变成金山银山的时候，群加藏族乡党委决定组织旅游招标，经过多次讨论研究，最终引进青海翔鹏旅游发展公司对下圈村开发旅游，一座度假山庄正式坐落下圈村，为了推动村集体经济发展，村"两委"班子决定入股金露梅山庄。这一决定得到了村民们的充分肯定，他们确定"公司+村委会+农户"的经营模式，对12户贫困户按每户10万元配股，共计120万元，其余130万元折股量化给村委会，按每年10%的比例分红，量化分红期为三年，项目资金入股金露梅度假山庄，获得了可观的收益。不仅如此，下圈村采用由"县级统管、贫困村受益"的经营模式，将县扶贫办下拨发展壮大贫困村村集体经济资金50万元用于光伏电站项目，入股光伏电站项目取得分红收入，预计年度产生经济效益10%。为进一步开发当地旅游资源，下圈村第一书记和村"两委"经过多次研究，决定积极调整村级产业结构，通过培训参照外来优秀经验发展旅游民宿，打造具有民族区域特色的品牌，采用"村集体+一般农户+贫困户"的经营模式，由村集体带动一般农户和贫困户改建藏式住宅，形成藏式民宿吸引旅游客源，真正打造独具特色的"金露梅"旅游产业。截至2017年，收益共计25万，其中除12万按每户1万元下分给下圈村贫困户外，剩余13万元经村"两委"多次协商，决定继续投入发展村集体经济。目前，已有3户家庭在下圈村黑峡进行营业。

脱贫攻坚强化了民族团结进步示范村建设。湟中县土门关乡后沟村位于土门关乡，共有156户，总人口703人，全村党员30名，聚集汉、藏、土三个民族。耕地面积541.6亩，主要以劳务输出、养殖业和种植业收入为主，2015年人均纯收入达到8580元。后沟村先后被评为"湟中县民族团结先进示范区"、"西宁市基层党建工作优秀创新案例"、廉政文化示范村和湟中县最美乡村。3个少数民族村，其中回族村2个，藏族村1个，有下阿卡清真寺1个。土门关乡始终把民族团结作为推动旅游经济发展，维护社会稳定，改善人居环境，保证群众利益的一项重要工作。促进各民族共同团结奋斗、共同繁荣发展的良好局面，真正体现了休戚与共、风雨同舟的民族关系。

土门关乡创建民族团结进步先进区工作始终紧紧围绕"两年强基础、四年见成效、六年创先进"的工作目标，制定土门关乡创建民族团结进步示范村工作的实施方案，并设立建设目标。经过两年努力，土门关乡已有9个村创建示范村达标的基础，并于2014年实施完成土门关、加汝尔两个村的"高原美丽乡村"项目建设以及青峰、王沟、下山庄和后沟四个村的示范村创建工作，于2015年实施完成青峰、红岭、林马、后沟四个村的"高原美丽乡村"项目建设。逐步分批打造规划科学合理、基础设施完善、村容村貌整洁、群众安居乐业的示范村庄。同时，积极做好其他已达标村的巩固提高和未达标村的基础工作，不断深入推进民族团结进步先进区的创建工作：

一是强化宣传教育引导，筑牢创建工作的思想基础。充分发挥乡村两级干部以及广大党员的组织引领作用，组织群众深入农户广泛开展宣传民族团结进步政策知识、法律法规活动，着重加强民族团结、社会发展成就及党的惠民政策的宣传教育，凝心聚力，把广大群众的思想统一到美丽乡村和示范村建设上来。结合实际，在群众文化广场等人员集中的地方设置民族团结知识大型宣传牌，制作民族团结知识宣传墙，采用自编文艺节目等群众喜闻乐见的形式，大力营造创建示范村活动的浓厚氛围，使民族团结进步活动家喻户晓、人人皆知。

二是以村"两委"班子换届选举为契机，夯实创建工作的组织基础。村"两委"班子是农村民族团结进步先进区创建工作的重要组织保障，因此，借助2014年新一轮换届选举为契机，选强配齐村"两委"班子，整顿软弱涣散班子，充分发挥驻村干部的指导作用，使村级组织成为带领广大村民开展民族团结进步先进村创建工作的骨干力量和战斗堡垒。

三是紧紧围绕中心工作，认真落实各项创建工作决策部署。根据创建工作要求和阶段性目标，紧密结合乡党委、政府中心工作安排部署，进一步明确年度创建工作目标和创建工作措施，认真分析研究影响民族团结进步的薄弱环节，找准对策，突出特色，充分发挥村"两委"班子及每一名党员的作用，组织好各行政村的创建工作，形成了点上开花，面上结果的工作格局。

四是着力改善民生，扎实推进创建工作。村"两委"积极争取项目和资金，认真落实为民办实事项目，努力解决群众最关心最迫切的民生问题，着力改善交通、水利、通信、电力、医疗、文化、教育、环卫等基础设施条件。在高原美丽乡村建设、易地搬迁项目和创建示范村中把加强基础建设放在首位。在实施好危旧房改造、农村奖励性住房建设项目的同时，加大涉农项目整合力度，统筹推进农村人饮工程，垃圾处理，墙体改造，广场和道路硬化，村庄美化、亮化、绿化，活动室建设等基础设施建设，配好配足群众器材设施，进一步改善群众生产生活条件。加大农民实用技术及就业培训力度，发展"一村一品"特色产业，促进农民增产增收。

五是认真排查化解矛盾纠纷，努力营造各族群众和睦相处，宗教和顺的良好社会环境。充分发挥村委会、治保会、调委会等在矛盾纠纷排查化解中的积极作用，主动开展入户访问、访谈活动，妥善调处化解各类邻里纠纷和家庭内部矛盾，及时把矛盾化解在萌芽状态，及时消除影响民族团结的各种不稳定因素，维护和谐稳定的良好局面。

六是加强民管会班子和教职人员队伍建设，筑牢宗教活动场所的管理基础。坚持宗教教职人员思想教育经常化，把爱国爱教、守法持戒、维护民族团结和社会稳定的思想意识融入宗教活动场所和教职人员学经、生活的全过程，不断提高明辨是非、抵御渗透的能力。定期开展宗教场所综合评估工作，及时发现和解决宗教场所民管会班子存在的问题，严格教职人员聘任、资格认定、备案审批等程序，严把教职人员"入口关"。指导完善宗教活动场所各项管理制度，补充完善宗教教职人员动态信息管理台账，培养维护社会稳定、民族团结、宗教和顺的教职人员队伍。

全乡统一思想，提高认识。乡村两级干部深刻领会创建民族团结进步先进区工作的重大意义以及目标任务，进一步增强主动性和积极性，切实转变工作作风，努力提高党员干部服务基层服务群众的能力和水平，把全乡党员干部的思想认识统一到抓创建民族团结进步先进区工作的战略部署上来。加强领导，统筹安排。加强各村领导，精心组织，及时协调解决创建工作中存在的新情况和新问题，以党的群众路线教育实践活动为契机，统筹兼顾做到创建工作与各项中心工作"两不误、两促进"。注重实效，不搞形式。创建民族团结进步先进区活动是省委作出的重大战略部署，与党的十八大确定的2020年全面实现小康社会的目标是相辅相成的，任务繁重，意义深远，要求在具体工作中把目标任务落实到改善广大群众的生产生活水平上来，坚决反对形式主义，确保创建活动取得实效，有序推进。

四、少数民族地区文化的经济效益

从文化视角看湟中县的脱贫攻坚实践，在价值表现为以下几个方面：

第一，找准民族文化经济效益的方向。在以发展为导向的减贫活动中，民族文化与现代性对接，一个最重要的方面就是少数民族的文化事项进入市场流通环节，在市场交换中获得经济效益。这也是民族文化经济效益的基本内涵。湟中县在文化资源开发上的成功，原因在于精准地抓住了其所拥有的文化事项的精髓，凝练出以藏文化为核心、以塔尔寺为标识的八大文化产品。政府通过政策制定、资金扶持、品牌打造、招商引资、园区建设等一系列行动，成为民族文化资源开发的主推者，由于方向正确，它推动了民族文化资源开发的效益不断提升，奠定了湟中县在这些民族文化产品开发中的市场地位。而最重要的是，形成了以旅游观光、产品加工、商业服务等多种经营形式相结合的文化产业集群，从而延长了文化产品开发的价值链，使其经济效益可以辐射更多的人群。

第二，尊重乡村的文化价值。中华民族伟大复兴需要文化的复兴，而中国传统文化的根基在于"乡土"。乡村文化和社会规范植根于人们的心里，人的行为和社会秩序需要乡村文化，进而维持有序的生产与生活。经济政策与制度体系需要扎根乡土社会，否则必然产生不适。对于现代化中国来说，目前西部民族地区的农业，更是需要保护青山绿水，进行绿色发展。乡土社会具有应对各种风险的本土知识，而发展是建立在乡土社会基础上的发展。

湟中县的脱贫攻坚中，面对不同类型的乡村，不论是汉族还是少数民族，都充分尊重其文化价值，基于乡村文化来实现发展。湟中县处于河湟文化带，其乡村聚落体现了农牧交界地带多民族文化元素。湟中人根据居住资源，分为川区、浅山、脑山等三个不同区域，每一区域均有不同民族杂居。湟中县在脱贫攻坚中，得益于尊重贫困群体的"主体"选择，在产业和易地搬迁等方面，因地制宜，不仅传承了文化，守卫了乡村价值，而且获得了民众的支持。湟中县在脱贫攻坚中，组织专业队伍，记录了贫困群体脱贫后的喜悦，用不同的"笑脸"留下了这一伟大事业。湟中人的"笑脸"不是简单的脱贫记忆，而是对幸福的一种憧憬，对国家精准扶贫工作的肯定。

而对民族文化传统和其主体性的尊重，增加了少数民族群众对国家和党的认同，促进了各民族之间互助交融，实现了"不让一个民族掉队"的承诺。

第三，农村减贫实践中文化建设先行。乡村文化振兴是实施乡村振兴战略的题中之义。要传承和弘扬优秀传统文化，保护开发好河湟民居等历史风貌和民间非物质文化，使优秀传统文化活起来、传下去。要着力健全乡村公共文化服务体系，推动公共文化资源向农村倾斜，提供更多更好的农村公共文化产品和服务。

■ 本章小结

民族地区的脱贫攻坚和经济、社会、文化、生态文明的可持续发展本身就是高度有机的统一，在社区行动层面，传统非物质文化资源、村落建筑等物质文化资源、本地的生态环境资源、地方性特有种质资源、劳动力和土地资源等，在公共财政项目投入或在政府主导协调外部资本进入的过程中，将文化自省与文化反思作为推动策略，文化权力和权利转化为经济效益、将文化遗产转化为发展资产，并在不断发展的过程中提升文化自身成长能力，成为地方脱贫攻坚和社区发展可持续的基本支撑，是民族地区可持续发展的重要路径。

党政体制下中国民族地区发展和脱贫攻坚，是在党的坚强领导下，全体制动员、全社会参与、各民族同步支持经济成长、社会治理、民族团结共同发展、文化传承同步推进的过程；反过来讲，在不断强化贫困群体脱贫发展实现自我认同的同时，也是社区认同增加、族际关系融洽、国家认同提升的过程。湟中县的脱贫攻坚，在"文化—贫困—发展"三者的关系上进行了很有价值的探索。党和国家对中华民族平衡发展、充分发展的高度重视，对多民族和谐共处、民族文化传承的积极推动，全程贯穿于脱贫攻坚战行动当中，也是党的意志、国家意志、人民意志的高度统一。

湟中县的脱贫攻坚，是在县域层面对党和国家的民族政策、宗教政策、反贫困政策、传统文化传承与发展政策的统筹推进，是民族地区脱贫攻坚过程中落地各民族"一个都不能掉队"要求的总体落实。传承民族文化，依托民族文化资源、尊重民族习惯、建设精神文明、促进族际和谐，推动民族发展与进步，是湟中脱贫攻坚的文化之思、文化之用、文化之策、文化之事。唯有如此，经济社会发展的可持续与文化扬弃传承的可持续相结合，才能筑就湟中县脱贫攻坚道路的可持续。

第八章

东西部扶贫协作

改革开放以来,在我国的减贫发展历史进程中,东西部扶贫协作或对口帮扶,一直是其中的一项重要内容,其根本核心是发挥我国政治制度优势——集中力量办大事,做实发展路上"一个都不能少""携手奔小康"的历史承诺。虽然东西部扶贫协作在湟中县的扶贫历史中起步较晚,但一经启动,就显示出蓬勃发展的态势和重大成效。湟中县东西部扶贫协作实践,同样以阶段性推进为抓手,在历史连续性与跨区域整合发展的现实性嵌构中,凸显出减贫发展向度的独特性。湟中县东西部扶贫协作的机理和规律,同样潜藏着中国政治制度优势在全局性发展、可持续发展的制度创新以及贫困治理层面的深刻学理。

第一节　区域扶贫协作与湟中实践演进

一、东西部扶贫协作源起

东西部扶贫协作,可以追溯到20世纪90年代初。1990年11月中旬,中国扶贫基金会会长向南同志专程赴江苏,与江苏省前后两任省委书记沈达人、韩培信同志谈了在江苏和陕西两省之间通过交流干部来实现共同发展的想法,当即得到二位的响应。他们认为这样以扶贫开发为主要内容的干部交流,一不靠国家拿钱拿物,二不削弱沿海地区的活力，而是靠沿海与内地之间互惠互利开展全方位的协作和联合。这种协作方式，拓宽了扶贫的路子，在较发达地区与欠发达地区之间，架起了一座互惠互利、共同富裕的桥梁。他们议定了干部交流的八项措施，并先后得到中央组织部负责同志、陕西省委以及曾在陕西省工作和战斗过的老同志的赞成和支持。[1]

1990年12月召开中共十三届七中全会后，中组部出面邀请江苏、陕西两省省委组织部做部署，随后中国扶贫基金会参与落实，到1991年3月，江苏赴陕南第一批73名挂职干部到北京培训5天后就走马上任，一个月后，陕西派到江苏挂职的73名干部也经过培训后到苏南任职。从1991年初到1992年初，苏陕两省双方洽谈项目1200多个，协作项目2000多个，两地区间还开展了近1亿元的商品交流，从最初的县与县的协作发展到乡与乡、村与村、企业与企业间的协作。1992年5月，时任国务委员、国务院扶贫开发领导小组组长陈俊生同志在听取了中国扶贫基金会工作汇报后，倡议召开了由中组部、国务院扶贫开发领导小组、中国扶贫基金会联合举办的"经济发达地区与贫困地区干部交流座谈会"，推广苏陕干部交流的经验和做法。1993年10月，中国扶贫基金会向国务院扶贫办和中组部提交《关于以扶贫为主要内容的干部交流情况报告》，报告苏陕干部交流的成绩。报告认为，苏陕干部交流促进了干部转变观念、思想更新；贫困地区从经济较发达地区引进了技术、人才和资金，培训了人才，转移劳动力激活了一批乡镇企业，促进了工农业生产发展；开拓了市场，搞活了流通，促进了经济发展。到1993年12月，省际的干部交流已经发展到29个省（市、自治区），约有7080名干部参与了挂职交流。[2]

---

[1] 何道峰主编：《中国扶贫基金会经典案例》，社会科学文献出版社，2017年，第22—23页。

[2] 何道峰主编：《中国扶贫基金会经典案例》，社会科学文献出版社，2017年，第32—33页。

1990—1993 年，东西部扶贫协作从苏陕源起到覆盖 29 个省、区、市，我国扶贫制度创新载体呈现。改革开放后东西部出现贫富差距加大的情况下，如何直面困局，获得区域间减贫与发展相协调的成效？这一问题意识透示出中国共产党初心的时代回应，让从陕甘宁革命根据地中走出来的老同志们生发出回应问题的深层动力。而对此初心呼应的，是党的组织部门与政府专门机构调动中央与地方纵向一体化运作机制的能量，以区域间的协同互动响应机制的创新，指向目标达成的网络体落地平台的建设。正是特定历史条件下，在积极回应问题的过程中，创生出中国特色东西部扶贫协作的光芒。

1994 年 3 月，国务院颁布实施了《国家八七扶贫攻坚计划》，指出"为进一步解决农村贫困问题，缩小东西部地区差距，实现共同富裕目标"，要求"北京、天津、上海等大城市和广东、江苏、浙江、山东、辽宁、福建等沿海较发达的省，都要对口帮扶西部的一两个贫困省、区发展经济"。1995 年 9 月，中共中央十四届五中全会通过了《中共中央关于制定国民经济和社会发展"九五"规划和 2010 年远景目标的建议》，专门提出缩小东西部地区差距的措施，并规定了沿海发达地区对口帮扶中西部 10 个省区的内容。1996 年 5 月，国务院扶贫开发领导小组在北京召开了"全国扶贫协作工作会议"，并于 7 月转发了上文提到的《关于组织经济较发达地区与经济欠发达地区开展扶贫协作的报告》。同年 10 月，在《中共中央、国务院关于尽快解决农村贫困人口温饱问题的决定》中，除进一步部署 23 个省、区、市东西协作工作之外，同时要求对口帮扶的任务要落实到县，协作要落实到企业和项目。

相较于之前的苏陕扶贫协作探索，1993—1996 年的东西部扶贫协作，已经上升为国家主导的扶贫开发行动，全国一盘棋战略定位的国家意志。

二、湟中脱贫攻坚中的东西部协作

2016年7月18日至20日,习近平总书记来宁夏考察工作,在银川主持召开东西部扶贫协作座谈会并发表重要讲话,强调,"东西部扶贫协作和对口支援,是推动区域协调发展、协同发展、共同发展的大战略,是加强区域合作、优化产业布局、拓展对内对外开放新空间的大布局,是实现先富帮后富,最终实现共同富裕目标的大举措,必须长期坚持下去。"[①] 2016年12月7日,中办、国办下发了《关于进一步加强东西部扶贫协作工作的指导意见》,文件以习近平总书记7月讲话为纲领,对东西部扶贫协作新时期的目标、任务、意义、原则作出了规定。栖霞—湟中的扶贫协作实践,正是在这一大背景下,于2016年底正式启动。三年来,在实践中推进了以下主要工作:

第一,制度保障。为实现东西部扶贫协作保驾护航,纵向上江苏、青海两省的省、市、县(区)三级以不同层级在制度保障、资源供给上均提供了体系化通道,各层级、各领域都实现了主动、有序的统筹和衔接,为栖霞—湟中东西部扶贫协作提供了高标准组织制度的动力和保障。从组织机构保障上,江苏省成立了"江苏省对口帮扶支援合作工作领导协调小组办公室";南京市成立了"南京市对口支援工作领导小组办公室";栖霞区成立了"栖霞区对口帮扶工作组办公室",从省、市、区三级纵向上为东西部扶贫协作工作的保障提供东部地区保障。青海省成立了"青海省支援帮扶合作交流工作领导小组办公室";西宁市成立了"西宁市东西部扶贫协作办公室",同时由市发改委牵头成立"经济社会支援工作组",由西宁市委组织部、市人社局牵头成立"人才智力支援工作组"、市经济信息委员会

---

① 《习近平在东西部扶贫协作座谈会上讲话》,2016年7月21日,http://www.xinhuanet.com/politics/2016-07/21/c_1119259129.htm。

牵头成立"产业合作工作组"、市扶贫局牵头成立"东西部扶贫工作组";湟中县成立了"湟中县东西部扶贫协作办公室(办事处)",从省、市、县三级层面为东西部扶贫协作工作中的东部资源进入和对口支援工作提供协调保障。

两省先后从省级层面共出台12份文件,市级层面共出台11份文件,县级层面共出台6份文件,为栖霞—湟中两地东西部扶贫协作工作开展提供制度性保障。

第二,资金投入。通过制度保障推进,自2017年栖霞—湟中东西部扶贫协作工作开展以来,栖霞区对湟中县产业发展、教育助推、医疗保障等领域累计投入大量帮扶资金,其中2017年共投入2016万元、2018年共投入2620万元、2019年共投入4102万元。通过东西部协作招商引资,引进东部企业入驻湟中县,带动当地产业发展和农户务工,2017年度引资1.2亿元、2019年度引资达50亿元。

第三,项目落实。由于制度保障推进和东部多渠道资金支持,栖霞、湟中东西部扶贫协作项目利益联结机制保障性强,成效显著。2017年度共实施项目5个,东西部扶贫协作资金累计投入1500万元。通过实施项目,既带动农户增收,也实现多个村村集体经济破零。2018年共实施项目6个,东西部扶贫协作资金累计投入2200万元,项目在教育、医疗等方面的成效尤为显著。2019年度共实施项目3个,东西部扶贫协作资金累计投入3350万元,本年度项目则具有覆盖面广、普惠性强等特点。

在两省省、市、县三个层级制度保障下,栖霞、湟中东西部扶贫协作成效显著,圆满完成了各年度考核任务。通过栖霞—湟中双向推动,湟中县荣获"全国脱贫攻坚奖(组织创新奖)",青海省"脱贫攻坚先进集体";栖霞区荣获青海省"东西部扶贫协作先进单位";通过双向人才交流,栖霞派驻湟中的挂职干部、支医、支农、支教人员中的多人获得优秀荣誉称号。

第二节 "栖霞—湟中扶贫协作"的制度创新

有学者将2016年之前东西部扶贫协作中存在的突出问题归纳为：东西部扶贫协作这种行政命令下的无偿帮扶，是在国家宏观政策安排下促成的一对一扶贫帮困方式，容易出现"拉郎配"现象，导致扶贫协作工作的被动性、无制度性以及机构设置的非常设性。[①] 对东西部扶贫协作的考核评估后，一直以投入和活动指标为主，较少关注扶贫结果。而企业参与精准扶贫的方式和手段不足效果难达初衷。[②] 而栖霞—湟中扶贫协作实践，则通过多方面的制度创新，克服了这些问题。

一、顶层协作制度的一体化构建

与之前的对口帮扶不同，栖霞—湟中的扶贫协作从启动开始，就以制度框架创新的格局实施。栖霞—湟中扶贫协作的顶层制度，表征为"四位一体"的顶层构架+联席会议制度的全过程高层管控+"办事处"综合+专业的协调实施平台构建等维度。

（一）"四位一体"高位统筹的制度建设

中国的国家治理体系，每一个县级以上政府层级都体现为党的领导与人大、政府、政协"四位一体"制度安排。栖霞—湟中扶贫协作顶层制度安排的核心，首先围绕完成脱贫攻坚任务而创新出两省在

---

① 李勇：《中国东西扶贫协作的政策背景及效果分析》，《老区建设》2011年第14期。
② 吴国宝：《东西部扶贫协作困境及其破解》，《改革》2017年第8期。

省、市、县三个层级以脱贫攻坚引领的党委、人大、政府、政协"四位一体"的高位对应上的体制创新，即是将"加强领导"从制度安排上做实，将党委、人大、政府、政协全方位顶层有序介入的责任组合进行了有机耦合，使各自功能的发挥围绕总体目标进行整体性突进，又各自自主式展开。其具体的行动机制是：

"四位一体"的领导责任体系为根本。在东西部扶贫协作机制建立之初，便按中央要求，建立了由两省省委统领的"江苏省对口帮扶支援合作工作领导协调小组办公室"；省、市、县三级均建构党委、人大、政府、政协围绕栖霞—湟中两地扶贫协作工作，各自尽其职能，领导并统筹协同工作制度，成立"湟中县东西部扶贫协作办公室（办事处）"。

从 2017 年起，两地共开展了 24 次考察交流、工作对接、协议签约等活动，其中由党委牵头的共 8 次，由政府牵头的共 9 次，由人大牵头的共 5 次，由政协牵头的共 2 次；2017 年 6 次，2018 年和 2019 年都为 9 次；在栖霞区举行的有 10 次，在湟中县举行的有 14 次。[①]

这些活动表明，两地的扶贫协作过程中，横向上党委、人大、政府、政协相对在本地独立的运行机制，纵向上两省以省、市、区（县）三级以科层制承载的不同资源及资源配置的纵向独立通道，一旦进入东西部扶贫协作领域，各层级、各领域的顶层权力运行和独立运行逻辑，均已主动，同时又有序引领，实现有机衔接，从而以体制创新提供保障，为实现机制顺畅、全社会协同参与和资源整合，提供了政治和组织制度创新的内源性动力和制度前提。

其次，由"四位一体"中心下落地机制建构的体系化、科层制嵌构。栖霞—湟中扶贫协作体系以"四位一体"的顶层制度创新定位之后，其全方位、立体式落地机制的创生随之展开。东西部扶贫协

---

① 以上数据根据湟中县《2017 年党委、人大、政府、政协"四位一体"交流明细》、《栖霞区、湟中县 2018 年东西部扶贫协作工作纪实》、2019 年 12 月 20 日学习强国"青海学习平台"上发布的《湟中栖霞共谱东西扶贫协作新篇》等统计得来。

作要求的"主要任务",即"产业协作、组织劳务协作、加强人才支援、加大资金支持、动员社会参与",均需要在"四位一体"的顶层制度创新前提下逐一展开和落地。在《2017—2019的栖霞—湟中东西部扶贫协助纪实》中,清晰地记录到村、到户、到人项目的每一步、每一次,表明"四位一体"统筹布局在前,行业、机构、社会参与的协同行动紧贴其后。

(二)科学规划基础上的项目运行机制

建设具有稳定性、长期性的规划与实施无缝对接的运行机制,是回应过往对口扶贫一次性、碎片化问题的针对性制度安排。

首先是科学编制规划。以栖霞区为主责方,协同湟中县,通过对两地资源特征,扶贫目标任务,可持续要求,短期与中长期项目衔接等因素的深入研究,以项目制为抓手,制定年度扶贫协作项目规划。而一旦规划出台,则在尊重其法律地位稳定性的同时,对其中的细节问题,也会给出调适空间和机动资源支持,以形成硬与软相结合的"计划—实施"操作空间。

其次是"联席会议制度"。"四位一体"的责任结构形成之后,主要采取"双向对接交流"的运行机制,规定每年年初即召开双方共同出席的高层联席会议;年中因重大项目推进、重要环节考核要求,或其他新的战略项目立项,也可召开双方高层联席会议;年终时,为总结一年扶贫协作工作,预判第二年新的扶贫协作工作任务,也召开双方高层联席会议。高层联席会以年初、年中、年末的闭环设计和实施的制度安排,成为扶贫协作工作顶层决策及运行的科学性和落地实效性的制度保障,使中央关于脱贫攻坚的新要求、新任务能同时在两省之间,在省、市、区(县)三级纵向、横向嵌构式结合中得到统领,从而使规划与执行可以有足够的弹性以保障扶贫协作的有效性和灵活性。

最后是打通"四位一体"最后一公里的两项重要制度融通。"最后一公里"的通道建构,主要通过一硬一软的两个方面融合完成。其一,底层硬件平台,即乡镇(街道)对口互动的扶贫协作平台。这一平台以乡镇(街道)为主,延伸到村、企业、机构,采取"一对多"方式,推动湟中县7个乡镇、7个村分别与栖霞相关街道、社区建立结对关系。第二个维度是以"网"为纲的"软"关联。无论到乡,还是到村,项目选择均围绕实现"两不愁三保障"构建整体式的"网"。如村卫生室设施加强,医务人员能力的培训提升,村小、乡校的软硬件同步建设,贫困户家庭及人口的就业培训与就业渠道打通,贫困大学生资助项目的精准实施,向南京消费者推荐宣传乡、村特色农产品的平台搭建等。系统性"建网",多行业共举、连续不断发力、整体性贫困治理推进,高效活力的机制和积极的效果,解决了单一输血式项目难持续、难扩散的诸多瓶颈问题。

(三)"办事处"平台的制度和功能

栖霞—湟中东西部扶贫协作由"湟中县东西部扶贫协作办公室(办事处)"来承接运转。"办事处"直接接受江苏省对口帮扶青海省的省级扶贫工作队领导。

"办事处"由两人组成,主任刘海滨为栖霞挂职干部,现任湟中县委常委、副县长,成员也是栖霞挂职干部,在湟中县发改委兼任副主任。从具体工作程序上看,办事处及人员岗位的"跨界性"兼职,发挥了"中介""桥梁"积极作用。其工作清单如下:

第一,调查研究。尽快熟悉双方需求及资源的互补性,建立动态跟进制度。

第二,在国务院扶贫办框定的东西部扶贫协作工作内容与湟中情况相结合的可行性方案基础上,提供各年度《湟中县东西部扶贫协作工作计划》讨论初稿,使之成为编制《年度科学规划》的基础。通过广泛征求相关部门意见,收集信息供双方高层联席会议作决策依据,完成《工作计划》提升为《科学规划》的修改、完善及报批等工作。

第三,参与双方扶贫协作相关工作的全部活动,如联席会、互访、项目洽谈、合作协议签订与落实项目,并对项目全过程开展不定期督查,新增需求提供无缝对接的服务等。

第四,季度、年度工作总结及迎检考核。办事处能够开放运行、有序衔接、克服项目单项推进与科层制按部就班之间张力,缘于其工作中的"季部署、月安排、旬推进"的职责要求和相应的制度安排保障。这种在管理学上称为"全过程管理"的项目质量跟进机制,超越了科层制的结构性难题和项目实施过程中的僵化机制,最大限度体现了扶贫协作跟进机制的全局性和有效性。

"办事处"制度同时还兼顾了智库与行动研究的角色要求。东西部扶贫协作有效性的前提在于"科学编制规划","办事处"承担着智库角色。但是从栖霞—湟中扶贫协作"办事处"的运行实际中可以发现,行动研究既作为方法论,又作为工作策略,始终贯穿于其智库角色责任履行过程中,即以实践(行动)为载体,在过程中发现和廓清需求(或问题),并提供反馈调整建议,促成新的政策供给和项目实施建议,然后继续跟进,参与形成新的机制。智库因为行动研究获得在"现场"的鲜活性经验,能够灵活回应问题,激活制度潜能,实现制度创新。

二、监督考核体系及制度完善

栖霞—湟中扶贫协作监督考核机制,建立在"五级书记一起抓"的总体战役型贫困治理行动之上,按照"省里统筹、市负总责、县抓落实"的总体工作机制运行,并有效融入县域脱贫行动机制和监测机制。

(一)制度形成的"国家意志"及落地机制

2017年9月,江苏省对口支援工作领导协调小组印发了《江苏省东西部扶贫协作考核办法（试行）》，以考核制度配套扶贫协作实体工作推进制度。

《办法》指出，考核目标是"进一步调动我省有关结对设区县（市区）帮扶西部地区国家扶贫开发重点县（片区县）的积极性，理顺工作机制，分解工作任务，压实工作责任，提升工作实效，切实帮助受援地区打赢脱贫攻坚战，圆满完成中央交给江苏的帮扶任务"。此"目标"展现了两个关于制度创新的新维度：其一，调动自身帮扶西部地区国家扶贫开发重点县的积极性，是国家需求，用强化考核的方式来展现扶贫协作方的积极性，使约束机制从顶层制度设计上展现了较大的正向激励功能；其二，制度创新的重要维度是"理顺工作机制""分解工作任务""压实工作责任""提升工作实效"，整体上提出了朝向扶贫协作总体目标的机制建设要求。

关于"考核原则"，则明晰了几条落地机制。其一，"精准聚焦原则"：围绕脱贫攻坚任务，保障"对象精准、项目准确、措施精细、工作精致"。其二，"权责对应原则"：则体现为省内采取"省里统筹，市负总责，县抓落实"的工作机制，科学合理设置指标体系和权重，分别落实中央和国家有关部门下达的东西部扶贫协作考核指标和工作要求，细化县级考核任务，"体现职能与任务相匹配，责任与权利相对应，工作要求与考核指标相一致"。其三，"务实有效原则"：坚持客观公正，实事求是，突出考核工作的严肃性、落地性、科学性，要求考核数据可获得、可验证，考核内容重依据、讲实效，考核成效重数量、讲质量，考核结果重事实、讲导向。从考核的"实效"反向追求工作的实效，亦是促进扶贫协作工作提高效能的又一重保障。

（二）扶贫协作的考核、监督与评估体系

第一，与全国扶贫工作考核同步实施的专项考核。按《办法》规定，栖霞—湟中扶贫协作工作考核与国务院扶贫办安排的国家级考核同步进行。2017年至2020年，每年开展一次。其考核步骤是，每年11月30日前自查评估，会同受援地对照考核指标开展自查自评，形成自查评估报告，经结对双方确认后报送省对口支援办，省对口支援办依照回避原则，和省市相关单位按交叉评估方式组织评估组，视情况赴对口帮扶地区进行现场核查，再进行综合考评，得出考核报告。湟中县自2017年至2019年，每年考核均为优秀档次。

第二，与脱贫摘帽多种评估考核相同的考核评估。从2017年至2019年8月，湟中县接受相关脱贫攻坚各级各类督查、检查、考核、评估共计16次。东西部扶贫协作工作，也一并接受了相关考核和检查。

第三，对个人履职的年度考核和评估。自2017年两地开展东西部扶贫协作工作以来，从栖霞到湟中的所有干部，及从湟中到栖霞、南京挂职和培训的所有人员，都接受了考核并完成了总结，这也是扶贫协作项目设计中的有机组成部分。而作为派驻机构的办事处成员，对其进行年度常规考核也成为组织部的当然工作任务。

事实上，最常规的扶贫协作督查来自帮扶地，而且是成体系化的自我督查。在栖霞区，党委和政府自己的督查内容上，也把东西部扶贫协作工作作为开展督查的一项内容。

> 每两个月督查一次，出督查简报，简报送四大班子，专门由分管副书记，常务副区长督促解决问题。以很高的政治站位，要求栖霞区每个涉及对口帮扶的部门和街道每个月上报一次扶贫工作进展，遇到的困难和问题，取得的进展和成绩。对一些专题，也进行专门到现场的督查。①

（三）扶贫协作督查的效能展现

各种督查、考核、评估，从不同渠道围绕总扶贫协作的目标进

---

① 访谈湟中县副县长刘海滨，2019年9月3日。

行，既打通了东西部扶贫协作与各级区县减贫工作的运行界限；也打通了不同行业、专业部门考核、评估的壁垒，有效展现了其督促效能。

首先，实现了规划初衷与实操推进相对接的督查效能，从而从制度保障角度，全过程贯通扶贫协作工作的有效对接，并保障了项目从规划到实施、监测全过程的完整性。

其次，保障了作风建设支撑工作效能的"积极性"延续。由于考核内容源自脱贫目标分解出的体系性指标，而这些体系性指标又通过项目实操进行完善及修订，因此，对被考核者而言，扶贫协作过程中的务实努力和积极态度，成为考核过程中的重点评价内容，而懒、散、贪、不作为、乱作为、假作为等行迹，在这样的考核下则无处遁形，同时积极有为者因为考核能得到尊重，考核反过来不只是约束，还形成了激励能力。

最后，扶贫协作考核鼓励了创新担当。能不能担当，敢不敢担当往往出现在遭遇新的矛盾和困难时候，创新担当既是国务院扶贫办对东西部扶贫协作考核指标体系的内容，也能考验规划的科学性及项目实施过程中的务实性。这样的考核要求，体现了实事求是的方法论要求，也呈现了对"人民利益高于一切"的宗旨意识坚守，为全心竭力的扶贫协作参与者的创新和担当提供了制度加持，也为东西部扶贫协作参与构建国家治理体系与治理能力现代化提供了区域衔接支持。

三、党建引领两地协作落地机制

在栖霞—湟中扶贫协作体制机制构建与创新实践中，参与新平台建设和运行的干部，既努力在制度建设中开展实践行动，又在实践中获得了新的人生价值体现。充分体现了建基于中国政治优势的扶贫协作，党的建设同时整合实现干部成长和制度创新目标的多重效能，此为党建引领两地协作机制的关键。

（一）受"初心"滋养的干部责任担当和行动能力

东西部扶贫协作本质上是党的初心、宗旨和行动力地集中呈现。深谙党的初心，坚守党的使命，就成为制度创新的根源性力量。

协作办公室（办事处）负责人刘海滨在访谈中讲他一开始受派受教育的想法："2017年初，栖霞区党委副书记、组织部部长分别找我谈话前，我不知道湟中在哪，西宁有多远。但一听要派我这个有综合工作经验的老同志来，就证明了这件事栖霞党委政府是有担当的。"[①] 刘海滨历任江苏省连云港市灌云县团县委副书记，灌云县侍庄乡党委副书记、乡长、书记，栖霞区迈皋街道工委委员，办事处副主任，栖霞区委办公室主任，栖霞区马群街道工委书记等职，有丰富的基层经验。来到湟中头两个月，他经历了头昏、失眠、体力不支等高原反应，接受住院治疗期间，坚持病床上指挥工作，然后"逃出"医院走村串乡了解县情，一边治疗一边适应高原自然环境一边工作，走遍了全县16个乡镇、街道，最终拿出东西部协作扶贫项目科学规划的基线数据，并能用湟中"土语"在村工作。湟中历史和民族文化特质令刘海滨十分感动，在了解了600多年前朱元璋的部队从南京出发，在这"边关"一驻600年至今乡音未改的家国情怀，地方民族文化一体多元的历史型塑之后，再谈接受东西部扶贫协作任务，受江苏省、南京市、栖霞区党委委派，到湟中工作三年所承担的历史重任和担当，他说："能成为国家这一战略中的一分子，觉得十分光荣。"[②] 责任感、自豪感、紧迫感都成为只争朝夕努力工作的原动力。

战胜困难，担当使命，在组织框架中，以个人的努力与扶贫协作制度安排融为一体。既有动力源于国家和人民的事业定位，也有平台让个人才能发挥奉献于大战略的内需，个人成长与历史机遇的合流，

---

① 访谈湟中县副县长刘海滨，2019年9月3日。
② 访谈湟中县副县长刘海滨，2019年9月3日。

才能生发出强大效能。

(二)"桥梁"制度建设中人的责任定位

面对巨大的区域差异和巨深的机制阻隔,搭建沟通协作桥梁至关重要。制度平台是两地沟通协作和共同行动的重要基石,而派什么人,以什么形式推进则是关键中的关键。从刘海滨的工作思路中,我们可以捕捉到"制度与人"的细致构建到协作行动的实现路径。

第一,必须做两地扶贫协作互动机制建设的推动者。"栖霞区将我这个做政治工作十几年,做行政管理工作十几年,同时做综合工作的人派过来,而不是派一个年轻刚提拔的干部过来,对我就是一个重托。栖霞、湟中两边的领导对扶贫协作这件事的认识是一致的,但到底怎么做?做什么?要逐渐清晰思路,用好合力,建好工作体制和机制。这就要求有深入调查研究、统筹推动、协调工作的经验,才能形成明晰思路,强力推动高层联席会议和协调工作机制建设出来。"[1]

第二,做两地观念差距的填沟者。东西部发展环境、观念的差异是客观存在的,解决认识差异、机制差异,规则差异是两地扶贫协作的先行任务,需要操作者积极推动建立目标共识、行动共识和规则共识。"东部企业、机关、社会和人的市场观念、规则意识要强一些。我们的工作,就是摸清湟中所需,认识栖霞所能,当好沟通媒介。"[2]

第三,做企业、资本引进的引领者和全产业链的支持者。"产业是湟中消除贫困的长远大计,但通过产业扶贫,到东部去搞招商引资就是大难题。怎么办?通过调查和将新的可持续产业放到全国大视野中,我们发现引进东部民营企业到湟中投资的可能性较大,东部企业多愿投资于可持续性较强的绿色产业,本地政府也能针对加工产业给予基础设施建设等专项支持,并对产品销售予以扶持,对产业链进行

---

[1] 访谈湟中县副县长刘海滨,2019年9月3日。
[2] 访谈湟中县副县长刘海滨,2019年9月3日。

在地化培育和一体化建设,就能做到减贫与发展的双赢。发挥东部民营企业家以他们多年市场经营、企业管理、资本运作的经验的优势,发挥政府针对性提供水、电、路、地产标识、知识产权服务的能力,促进新的产业扶贫机制连接到贫困户和区域性贫困片区,强化贫困群体参与动力、完善参与机制、降低准入门槛,政府、企业、社区、贫困群体联动的一套机制就应运而生了。"①

第四,做全行业、全社会有序参与扶贫协作的织网者。"我觉得要调动各方面的资源来做这个事。栖霞区是一个'三区融合'的区,即国家级开发区的南京经济技术开发区、仙林大学城、行政区。在东西部扶贫协作中,我们可以把开发区的产业优势,大学城的人才资源优势,行政区的社会服务功能三种优势集中起来,为湟中县脱贫攻坚和可持续发展服务。"②

前述思考和定位,明确了帮扶行动中人的角色,并确定了帮扶行动的方向,以此为基础推动协作攻坚、协作行动的制度体系和工作机制构建,极大限度保障了两地扶贫协作工作的精准性、有效性。

(三)专业领域协作能力提升以"人"为撬动点

在国家顶层设计中,东西部扶贫协作的专业领域协作是需要重点突破的内容。任务目标的设置及考核评估全程要求的指标,包含"教育、医疗、就业、产业、人才、投入"六个专业性极强的领域、并要求整合立体推进。从体制、机制创新建构的要求看,提升专业领域的合作能力,支持受助地各专业领域的专业性提升,既是必要任务,也可以在新机制建设中发挥行业、部门间的"破壁"作用。一是纵向上促进层级等次通道的顺畅,二是横向上促进两地系统内各块的有机整合协同,以此解决扶贫协作的机制创新问题。

---

① 访谈湟中县副县长刘海滨,2019年9月3日。
② 访谈湟中县副县长刘海滨,2019年9月3日。

面对如此千头万绪的复杂局面,该从何处入手?怎样入手?如何解决重点问题?是扶贫协作中一开始就面临的重大挑战。"栖霞—湟中扶贫协作",紧紧围绕"人"的主体行动能力来撬动各种专业性协作通道建构。

以医疗卫生领域为例。2017年"协作办"以"湟中所需,栖霞所能"为调研出发点,确立了湟中县高原地方病医治能力建设的突破口。栖霞区卫健局与所辖医院商定以呼吸内科医生李强领队支持湟中的卫生健康领域的能力提升,作为医疗扶贫第一梯队的主要任务。李强到湟中后,以湟中医院检验科建设为立足点,在不到2年时间内,建立起以诊疗高原呼吸系统疾病为主的两地跨越乡、县(市)、省三级医院的联动医治系统和医务人员培训、实验、学习提升的医院网络,使预先检测、快速准确诊断、网络联通救治、乡级卫生院入村防治等整合性健康扶新机制得以建立。第一,建立了规范化诊疗新机制,以专业培训和信息能力建设,将两地相关医疗资源通过协作平台高效整合、标靶对应,支持湟中县在加强慢性阻塞性肺疾病、慢性肺源性心脏病、支气管哮喘、急慢性呼吸衰竭、肺病感染、弥漫性肺间质性疾病等方面建立了规范化诊疗机制。第二,确立了地方病防治作为健康扶贫和脱贫成果可持续保障的中心,加大这一领域的协作推进支持。第三,将新技术手段、新理念引入及本地健康扶贫机制化建设作为医疗扶贫协作的重要内容,积极推动湟中医疗卫生领域的医疗技术提升,很大程度上解决了"因病致残、因病致贫"的脆弱性。[①]

东西部扶贫协作,强化了人的能动性发挥与制度建构共嵌,从一开始就激发和依靠制度中人的使命担当、自觉情怀、责任共识和专业积淀支撑,从而支持推动了体制机制创新,构建有效协同行动平台,不断开拓出新的工作空间。

---

① 参见湟中县东西部扶贫协作办2019年12月27日提供资料:《2019李强青海湟中帮扶工作小结》,《[申请事迹]西宁市 先进个人 李强 湟中县》材料。

第三节 以"项目制"为载体的协作行动推进

项目制是我国长期以来扶贫开发的主要形式。但与以往多数为单项项目解决特定问题的项目制不同的是,实施精准扶贫以来,以对标"两不愁三保障"为基础的扶贫项目工作,逐渐强化了综合性回应贫困问题、全方位、多维度行动的策略和推进机制,"补短板、强基础"成为新的策略下扶贫项目规划实施所强调的基本原则。新的项目机制要求多领域齐头并进并互相关照支持,而非过去将主要关注点放在产业发展和基础设施建设;强调整体推进和各部分的内在关联,而非过往呈现碎片化形式的单一项目推进。"栖霞—湟中扶贫协作"同样以新的"项目制"工作推进机制为抓手,在区域协同大背景下,将东部发达地区项目规划、实施、管理的有效经验嫁接于适应西部地区脱贫需求的行动,步步为营,成为推动东西部扶贫协作的利器。

一、平等合作与多维协作的项目开发战略

3 年来,"栖霞—湟中扶贫协作"共落实项目 14 项,总投资 16845.8 万元,其中对口帮扶资金投入 7050 万元。帮扶资金的投向产业发展项目 3520 万元,包括枸杞芽茶种植、油用牡丹种植、中藏药材种植、民族工艺品产业扶持等地方特色产业的生产、加工、销售等;投入医疗扶贫领域 2280 万元,其中建设标准化乡村卫生室 19 个,门诊楼 1 栋;投入残疾人脱贫发展领域 700 万元,主要用于培训实训中心建设;投入促进基层治理和社区福利领域资金 350 万元,用于"励志爱心超市"建设;另外,还投入乡村旅游扶贫领域 200 万元。栖霞区与湟中县 3 年的东西部扶贫协作项目有以下几个特点:

一是从项目处理两地关系来看，坚持"湟中所需、栖霞所能"贯穿其中，对口帮扶资金"扶持"受援地项目仍以当地现实脱贫攻坚需求和长远发展的基础，而非出于"帮扶主导发展"考虑。栖霞区在东西部扶贫协作支持，无论是产业发展项目还是教育、医疗基础设施建设项目，都是地方性脱贫攻坚项目的配套实施。

二是从项目规划类型来看，坚持产业发展和民生需求并重。产业项目总体上体现出一二三产融合，发展现代农业的特点，如枸杞芽茶、油用牡丹种植基地建设，中、藏药材加工基地建设，农业大棚自动化管理改造项目，皆以外部市场为导向，延伸第一产业的产业链，提高附加值，坚持"输血"治标，"造血"治本；而民生项目则着眼于保障贫困人口医疗、教育、社会保障与社会福利、脱贫风险管控等攻坚后期仍需不断加强的社会保障方面，强化湟中县贫困人口脱贫成果可持续的底子筑建。

三是从项目推进策略来看，坚持"双向协作"和互补原则。如南京市栖霞区在2017年就启动特色产品展示销售中心建设项目，不仅能促进湟中县特色产品的销售，也把为南京市民获得健康安全的农产品作为重要考虑；湟中县农村旅游项目的规划与建设，也将南京市民夏季避暑休闲的需要考虑其中。这种充分考虑互补性、协作性的项目，使得栖霞区的资金、技术、经验及市场优势，与湟中县的生态、资源、文化优势有效结合，促进了党政体制推动自上而下的"帮扶"，向双方市场、社会有效"协作"的平等关系转变，建立了较好的可持续性基础。

二、着力补齐底线任务短板

围绕湟中县脱贫攻坚要完成的绝对性任务，即实现"两不愁、三保障"目标，积极而精准地"协作"到位，是栖霞—湟中东西部扶贫协作工作的底线目标。

（一）教育扶贫协作强基础

东西部教育扶贫协作关键是提高教育者的水平，改善学校教育的条件，精准降低贫困家庭教育负担压力，以克服"因学致贫"的脆弱性。"栖霞—湟中教育扶贫协作"，主要落实于以下几个方面。

一是构建两地学校间协作平台。从2017年到2019年，围绕培养师资队伍，提高学校管理水平，提升教学质量等中心工作，湟中县各中小学与栖霞区重点学校共结成15对帮扶对子，结对工作逐渐向贫困乡村学校延伸，实现了从幼儿园到职业教育各个学校的全面合作交流，为湟中县基层教育发展注入了新活力。

二是构建以"人"为抓手的协作桥梁。两地教育部门互派专家学者、优秀教师、教育管理骨干等开展交流学习，跟岗研修。栖霞区先后选派名师、名校长93人次在湟中县传经送宝，开展讲学、教学示范等，湟中县选派214人次教师赴栖霞区进行交流学习，跟岗研修，促进了两地教学方法、教学提升路径的交流互鉴，教师教学能力提升效果明显。

三是构建精准教育资助工作机制。教育扶贫协作，重视雪中送炭需求。如栖霞区妇联发动爱心企业捐助"春营班"资助学生40名，栖霞区团委三年持续每年资助2万元编印儿童自护读本；也建立了对贫困大学生持续资助的工作机制，对于贫困家庭难以负担教育支出的问题，坚持了"家庭不脱贫，资助不断链"的目标任务落实机制。

四是形成奖助推动教育脱贫模式。利用东西部扶贫协作专项资金，实行每学年贫困家庭优秀学生及一般优秀学生同等奖学金奖励制度，一年奖励300名学生。这一制度在湟中所有学校铺开，每学年在各年级选出30名优秀学生进行奖励，极大促进了湟中全域教育脱贫、学习脱贫和知识脱贫的积极性。

（二）医疗卫生扶贫协作提能力

"栖霞—湟中扶贫协作"中的医疗卫生脱贫，呈现出提升能力、专业支持、合作共建的特色。

一是通过培训交流提升医务人员能力。医疗扶贫协作项目把湟中医疗卫生专业人才能力提升作为重要内容，积极安排湟中医卫人员异地交流学习，以栖霞、湟中两地医院结对机制建立为平台，湟中县选派了5批次27名医生到栖霞区进行为期1个月的跟岗学习，通过医疗卫生领域技术、服务等学习互鉴，湟中县医卫人员的服务理念、专业能力、服务水平得到了明显转变和提升，极大助力医疗脱贫成果。

二是通过"请进来"支医回应服务能力不足问题。栖霞区选派了8名医疗专家，用1个月到1年时间驻扎湟中，累计完成诊疗病人1085余人次，开展专题讲座22次，手术带教11例，疑难病例讨论19次，深入贫困村开展义诊10余次。不仅支持医疗服务供给不足的问题，还带动了当地医卫人员的业务能力提升。

三是深化基层医疗扶贫协作合作层次。两地医疗卫生扶贫，通过合作机制深化，将提质服务下沉到了基层。如栖霞燕子矶街道卫生服务中心与湟中田家寨镇卫生院建立结对帮扶关系，已形成结对医院支持其医疗扶贫工作；如通过发挥远程诊疗系统作用，通过远程诊疗手段，为湟中直接提供诊疗支持和业务指导，在2019年开展疑难病人远程会诊69人次，开展远程培训3次，培训医务人员63人次，让湟中老百姓在家门口就享受到了栖霞区医疗专家的优质医疗服务。

四是聚焦地方病查诊体系建设。医疗扶贫协作工作在湟中启动了在学校展开地方性儿童先天性心脏病等的预查机制，从未病先防开始，构建精准稳固阻断因病返贫的独特机制。"由湟中协作办牵头，通过栖霞区派驻湟中医务专家的组织协同，牵手南京市与西宁市东西部合作医疗平台，委托青海专家到湟中学校地毯式筛查十几天，对湟中所有在校生进行地方性儿童先天性心脏病的筛查工作，对确诊儿童,又启动向爱心企业筹集专项基金,一人一例开展专治。此病一例得花五六万元,走医保只能报掉40%花费,剩下的60%费用一些贫困家庭承受不了,即使是一般农户,有一个孩子需要做这种手术也就返贫了。因此,有了这笔爱心企业救治基金,能够保证不用花钱,到南京最好的医院把手术做了。"①

(三)产业扶贫协作建策略

"栖霞—湟中产业扶贫协作",更加注重资源基础和传统产业优势,并从全产业链上给予推动湟中县产业转型发展,增强"造血"功能,巩固脱贫成果。

一是做大中藏药材产业。在湟中县浅山、脑山等低产出山坡地,发展黄芪、党参、当归等中藏药材种植,种植规模由原来的1万多亩扩大到现在的3万多亩,先后投入520万元协作资金实施泥麻隆中药材(加工)基地项目和正德中药材加工基地项目,项目建成后逐步形成了育苗、种植、加工、销售一条龙产业链条,有效提升了产出效益,促进贫困群众增收。

二是大力发展乡村旅游。充分挖掘湟中乡村旅游资源,发展特色旅游扶贫产业。投资200万元实施包勒乡村旅游项目,通过委托公司运营方式,预计实现年接待游客10万人次、村集体收入20万元,让贫困户在家门口致富增收成为现实。投入180万元实施卡阳生态扶贫项目,种植375亩高标准春季赏花、秋季摘果的景观山杏林,有效延长了卡阳乡村旅游周期,提升产业收益,2019年卡阳景区游客达30余万人次。

三是做足高原特色文章。产业扶贫协作项目投入350万元实施的千紫缘枸杞芽茶种植加工项目投产见效,400亩枸杞芽茶收获并加工,不仅有效带动272名贫困劳动力掌握一技之长,而且还研发形成

---

① 访谈湟中县副县长刘海滨,2019年9月2日。

了枸杞芽茶、香豆芽茶、火焰参等系列产品 10 余种，高原植物根、茎、叶被加工成具有独特功效的高原特色饮品销往全国各地。投入 220 万元协作帮扶资金实施窑洞油用牡丹项目，引进种植油用牡丹 300 亩、24 万株，有效带动全县发展油用牡丹近千亩。

（四）残障群体扶贫多渠道推进

扶贫协作按照"全面建成小康社会，残疾人一个也不能少"的工作目标，创造性地开展残疾人帮扶工作。

一是设立专项帮扶基金。在落实残疾人社会保障、生活救助等惠民政策的基础上，每年拿出光伏扶贫项目收益资金 56 万元作为残疾人帮扶基金，在 56 个贫困村各设立 1 个贫困残疾人公益岗位，用于残疾人公益岗位补助，增加劳务性收入。

二是重视帮助残疾人就业创业。结合实际和市场需求，在湟中职业教育中心开设民间传统工艺、计算机操作、家用电器维修、针灸、按摩等专业，依托湟中县职教中心现有设备资源，投入 700 万元协作资金实施残疾人培训实训中心项目。2019 年培训残疾人 800 余人次，其中 40 多人实现就业，200 余人实现增收。

三是推动助残的社会参与。依托东西部协作平台，积极引导社会力量参与残疾人帮扶工作，栖霞区妇联捐助资金 5 万元，帮助李家山镇"青绣"巾帼扶贫基地更新设备，有效带动周边贫困家庭及困难家庭妇女创业、就业，提供免费食宿，其中解决了 22 名残疾人的就业问题，为妇女创业就业、增收致富提供了良好就业平台。南京市慈善总会捐赠价值 193 万元的冬季衣物 1170 套，在充分考虑困难人员分布、特殊群体需求的基础上，对捐赠衣物进行了合理分配，为 250 名贫困残疾人送去了关心温暖。

（五）就业扶贫协作可持续

东西就业扶贫协作，是两地协作重点，充分体现了全国脱贫发展一盘棋和全领域合作特点。

一是立足服务新上产业项目精准，通过发展产业就业一批。江苏省统筹帮扶湟中县三年，7000多万元东西部协作资金中用于发展产业扶贫的项目调研、推进，力保项目成功吸纳就业；通过建立利益联结机制，建立东西部扶贫协作项目台账管理制度，实施事前、事中、事后全过程跟踪管理，为项目尽早发挥效益提供了坚实保障。出台《湟中县产业扶贫项目风险联动防控工作方案》，保障产业项目发展稳定，保障贫困户劳动和受益权益；通过坚持跟踪引进产业项目的年度和阶段推进，提供精准服务，即时帮助解决困难和问题，稳定了从一产到三产链条上劳动人口的就业收入。

二是引资招商协作成效显著，通过产业交流合作拓展就业渠道。围绕县域主导产业，主动对接东部有合作意向的企业。2018年引进总投资1.2亿元的浙江正德中草药有限公司新增投资522万元，通过药材种植加工带动农户300多户就业。江苏中复神鹰集团碳纤维项目落户湟中，总投资50亿元，2020年一期项目投产后将吸纳劳动力500余人。

三是建立跨越两地的务工就业全程性协作服务体系。栖霞区人社部门扎实推动东西部精准扶贫工作，致力开展与湟中县劳务协作扶贫对接，积极搭建两地劳务协作平台，依托栖霞区职教资源、产业园区用工需求等，两地共同举办东西部劳务协作专场招聘会2场，累计提供就业岗位1200个，成功组织引导53名贫困劳动力和贫困家庭学生赴南京务工；严格落实《贫困劳动力外出赴南京务工奖励办法》，对2018年在南京务工连续满三个月以上的32名贫困劳动力兑现了奖励补贴18.8万元，切实激发了贫困户自助脱贫的动力；开展"送岗位、送信息、送政策"宣讲活动和劳务扶贫协作职业技能、创业就业培训2期，培训农村劳动力400余名，其中贫困劳动力和贫困家庭学生22名；东西扶贫项目、扶贫车间实施单位等在建设、运营等过程中，优先招用贫困劳动力，带动402名贫困劳动力就近就地就业，组织175名贫困劳动力到其他地区就业。

三、立体推进城乡扶贫协作

栖霞—湟中东西部扶贫协作的机制的完善和创新，同样体现于重视点对点的协作推进和平台机制的整合功能建设。

（一）以"一"带"多"拓展横向空间

采取"一对多"方式，栖霞区4个街道与湟中县7个乡镇建立结对帮扶关系。根据年初签订的帮扶框架协议，马群街道与鲁沙尔镇、上新庄镇开展互访对接4次，充分发挥帮扶资金效益，2个乡镇各将50万元捐赠帮扶资金用于实施甘河沿村和青石坡村树莓种植项目、贫困村基础设施补短板等项目，目前各项目正在有序推进。尧化街道与李家山镇、海子沟乡开展互访对接6次，投入各50万元帮扶资金实施了产业发展中心、智能化猪舍建设等项目，李家山镇汉水沟村馍馍生产扶贫车间已建成投用，发展集培训、生产、销售、乡土饮食文化展示等为一体的村集体经济，目前已在西宁等周边地区开设汉水沟馍馍铺154家，预计实现户均增收0.5万—1万元，村集体经济年均增收2万—3万元，海子沟乡实施的智能化猪舍建设项目建成后预计年带动贫困户增收5万元。西岗街道与拦隆口镇、上五庄镇开展对接互访5次，投资299万元结对共建的"隆岗友谊桥"已建成通车，解决周边7个村3509名群众出行难问题，上五庄镇利用结对帮扶资金计划实施防洪渠改造项目，为群众消除雨季洪涝灾害隐患，营造安全舒适的生活环境。燕子矶街道与田家寨镇开展互访交流2次，利用结对帮扶资金15万元建成一座友谊桥，方便周边群众出行，还计划发展火焰参种植，带动贫困群众增收。

（二）以组织平台发挥整合功能

栖霞区工商联组织引导6家企业与湟中县2个贫困村建立结对关

系，共捐赠帮扶资金11万元；栖霞区慈善总会捐赠10万元，用于实施"农村老年之家"项目；栖霞区总工会捐赠帮扶资金5万元，用于增加"励志爱心超市"物资；栖霞团区委捐赠帮扶资金2万元，用于编印《青少年安全自护读本》800余册；栖霞区妇联捐赠资金5万元，帮建"青绣"巾帼扶贫基地；南京慈善总会捐赠价值193万元的冬季大衣1170套，惠及困难群众1000余人；南京团市委捐赠价值9.5万元的课桌椅190套，为2所学校学生提供了良好的学习环境。组织培训致富带头人115人，创业成功19人，带动贫困人口74人。

（三）整体上的创新效能激发

以"一"带"多"和以组织力立体整合社会力量，参与东西部扶贫协作的落地工作，其意义深远，内涵丰富。

一是将东部地区的城市与西部地区的贫困乡村进行具体且可行性极强的帮扶挂钩，对东部地区而言，其国家一体化的历史感和责任担当的使命感有落地做实的进路：以评估为手段，形成直接反馈的激励机制，可增强参与单位、企业、机构的社会责任感，树立良好社会风气；对受助地区乡村来说，也能直接感受到栖霞对自己的支持，这样的扶贫协作，整体上支持了中国"全局一体"和共同推进现代化的秩序建构。

二是以"一"带"多"的机制设计，主要基于客观政区条件约束下的无奈选择，栖霞区的街道办事处的行政区块，必然少于湟中人多地广的乡村设置，通过"一带多"的制度安排，能有效配置资源。将"一对一"互动提升为"一多互动"，包含了原则性与弹性的包容：原则是发达地区有能力帮扶，就可以帮扶；弹性是"一"的经验、能量可复制的机理背后，是一种新型网络结构的体制创新意境，也即是中国治理体系现代化的缩影。

三是呈现了整合性特征，使单一的方法、形式因整合而使效应得到加强，减少减贫行政成本。例如宣传动员机制，弃差异、求共性的理性向路，重不同、精准施策的求实思维，不但能成就减贫目标，也为贫困地区社会观念、生活、生产的现代化提供共同的实践基础和路径。

第四节 扶贫协作战略的溢出效应

湟中县作为西宁市脱贫攻坚主战场之一，"主角"是当地的政府和人民。东西部扶贫协作对于当地来看，无论是从责任还是行动覆盖，似乎都只能算是县域工作的"配角"。但是，这只是呈现在表面观察意义上的情况，从东西部扶贫协作映射的区域间互补结构建构视角看，这是一个战略上的"大布局"。如果再深入、细密地从发生学维度分析，表象的"主角"与"配角"，其实存在互为主体的辩证关系。认识到这一点，才能深刻理解习近平总书记关于东西部扶贫协作在脱贫攻坚中具有"大布局"功能的深刻内涵。

湟中县从2017年到2019年，3年来东西部扶贫协作走过的历程，以"现代化互联网+""文化产业的历史自然底蕴+""跨区域消费扶贫+""注重于社区治理和激发内生动力+"等领域的扶贫协作，与全县脱贫攻坚总体行动、展开着"配角"与"主角"的互动辩证历史型塑，呈现出党政体制下、超越东西部自然地理区隔和行政区域区隔的中国政治制度全国性嵌构一体的整体性价值。

一、"互联网+"协作激活发展新功能

借助东西部协作扶贫，湟中县引进栖霞区互联网创新经验，推动产业要素优化配置、优质教育医疗等资源共享。

在农业生产方面,通过智能温室大棚项目,帮助湟中实现温室联网远程管理,设立了扶贫农业技术实训基地,有序向周边1300余栋、全县2.6万余栋传统温室推广应用新技术,促进农业提质增效。

在销售方面,引进南京苏宁易购到湟中开设电商扶贫实训店,组织人员赴南京推介宣传电商产品,上线推广酩馏青稞酒、高寒燕麦片等县域特色产品,有效拓宽了湟中名优产品销路。

在医疗方面,依托栖霞区优势医疗资源,建成投用"栖霞—湟中"远程医疗会诊系统,目前已会诊病人20余人次,有效提升了湟中基层医疗服务水平。

在教育方面,投入50万元在湟中鲁沙尔二小建成互联互通录播教室,组织举办全县教育信息化工作现场会等技术应用实践,实现两地课程远程互联互通,使湟中广大师生能及时享受到栖霞区的优质教学资源。

有了互联网这一载体,引发一种新的跨区域技术、观念、行为创新的时代效应。其从速度、精准、无缝对接、拉平高差等发生学维度上,不但快速联结区域板块,而且形成一种从农产品生产营销及社会政策触底式提质保障的医疗、教育、先进技术手段高位对接,直探基层短板的机制和路径。整体上加速湟中迈向现代化社会的进程,同时又极为节简地引用了发达地区资源,是一种双赢式的手段。

二、文化亲缘支撑产业扶贫协作高起点

推进文化合作,助推产业扶贫,依托湟中丰富多样的特色民族民俗文化资源,借助栖霞区市场、人才等优势,以文化为突破口,推动东西部文化协作,是东西部扶贫协作的重要内容。

由于地理位置特殊性,早在西汉时期,已有关于湟中各类历史记载,"西汉元狩二年(公元前121年),为阻断匈奴与羌人的连续入侵,汉武帝就已派霍去病'破匈奴,取西河地,开湟中',开创了湟

中屯军历史。"① 在历史社会背景影响下，由于西宁地区"陇右屏障、海藏咽喉"特殊地理形势，西宁遂废州改卫，进一步开辟了湟中屯军历史，大批祖籍本在江淮一带的汉民族迁徙至湟中地区世代居住，各民族在长期交往中，形成了湟中"一体多元"文化共同体。根据实地调研了解到，湟中本土汉族人，约90%以上都为六百多年前从南京地区迁徙至当地，由于迁入地的特殊性，湟中与栖霞之间有了一种历史记忆、口头表述之间的共同体构建历史基础，也就进一步造就了湟中与栖霞与东西部扶贫协作过程中的亲密性，正如栖霞区派驻到湟中的刘海滨所述："他们当地有好多传说，好多都有家谱记载的，都说他们是南京朱子巷这条街迁来的。所以我们来了以后也觉得很亲切，特别是西宁简称'宁'，南京也简称'宁'，所以我们都称南京和西宁的东西部协作叫'双宁协作'。我们来了以后，他们也把我们当老家来的人，对我们很关心，也很尊重。我们只不过待三年，还要回去，人家在这儿是祖祖辈辈，多少辈就在这儿扎根，也是为了国家事业，原来我们对家国情怀，可能仅停留在字面上，但您切身到这来，才能体会什么叫家国情怀，这种体会是更深的。"②

在栖霞、湟中协作努力下，通过文化结对扶贫方式，在走访交流基础上，开展了多系列文化互动活动，如首届"青海大宋农业"湟中大源万亩油菜花海艺术节开幕式上，栖霞区文化馆演出富有江南特色的舞蹈《化蝶》、优秀相声节目《欢歌笑语》，杂技《快乐的炊事员》等文艺节目，节目让湟中民众感受到地道的"江苏味"，通过文化交流，也让栖霞文化工作者领略西北文化氛围与风土人情。两地协作推进文化走亲，邀请江苏省6批次50余名摄影家深入湟中开展采风活动，精选100幅优质摄影作品在江苏省10余座城市，4所高校举办"行走湟中"摄影展巡展，吸引100余万群众参观；两地进行

---

① 尚青：《青海湟水流域历史文化追忆之二　湟中篇》，《群文天地》2011年第3期。
② 访谈湟中县副县长刘海滨，2019年9月3日。

文艺节目交流演出，引发文化共鸣。拓宽文化市场，2018年，在南京市博物馆启幕为期2个月的"幸福西宁·艺韵湟中"非遗手工艺品展，66件极具湟中特色的非遗手工艺作品远赴南京展览，吸引了近43万游客参观，湟中"八瓣莲花"文化品牌在东部市场迅速走红，文化产品销量显著提升。推进文化旅游融合，沟通打造"东游栖霞市·西游塔尔寺"旅游品牌，充分利用两地微信公众号、门户网站等宣传平台，策划"我在湟中等你来"等主题宣传营销，筹资拍摄"印象湟中"宣传片，2018年赴湟中游客中，江苏游客实现倍增，探索形成了宝贵的产业协作经验。

三、深化协同机制增强内生动力

贫困治理的要义是多主体参与协同，以公平、正义原则为牵引、以机制建设为主要任务的减贫行动。参与方式、参与路径的全现性、有效性、合理性，既决定减贫效能的成色，也决定减贫成果的品质，而"好成色""好品质"的源头，决定于贫困群体的主体性成长，即其减贫发展内生动力的成长和积蓄，和参与保障的完善与有效。从这个意义上来说，贫困治理意义上的扶贫协作，对于激发贫困群体内生动力，建立完善不同主体参与机制，将脱贫经济目标与发展社会目标的有机结合，既是从制度空间层面探索具有中国特色的减贫发展与社会治理联动推进有效方式，也是中国国家治理体系与治理能力现代化的重要内容。

变"输血"为"造血"，围绕贫困群体"脱困"而实现"脱贫"，以奖代补激发活力，多领域同步推进扶贫治理，建立完善各种参与机制，是"栖霞—湟中扶贫协作"的一个重要亮点。

一是树选典型，让脱贫"有目标"深入人心。利用东西部扶贫协作帮扶资金，设立专项基金，每年评选奖励10名扶贫创业明星，10名脱贫致富明星，每人奖励1万元，并拍摄专题片在县电视台专题报道，营造脱贫致富光荣的社会氛围。

二是丰富载体，让脱贫"有动力"内生于民。2018年利用栖霞区民政局、区慈善协会、团区委捐助的40万元资金，在11个贫困村建立"励志爱心超市"，2019年投入350万元计划建成59个"励志爱心超市"，引贫困群众积极参与村级公益劳动，遵守社会公德、家庭美德，通过自我发展赢取积分兑换生活用品，有效增强贫困户脱贫主动性。

三是助学帮扶，让脱贫"有后劲"拓展进校。以阻断代际贫困传递为目标。在教育扶贫的基础上，栖霞区每年投入26万元设立"栖霞励志奖学金"，共奖励品学兼优的贫困家庭学生615名，通过奖补，进一步激发了贫困学生学习的积极性。

四、新协作机制支持消费扶贫

东西部扶贫协作"大布局"的创新点，还在于以扶贫协作全体系能力调动、整合性机制建设来进行制度创新，创造了相似又超越于波兰尼所说"政府创造市场"的中国式"消费扶贫"新模式。

（一）建立立体性绿色农产品生产体系战略

东西部扶贫协作是推动区域协调发展、协同发展、共同发展的大战略。栖霞—湟中东西部扶贫协作工作的开展，栖霞区政府积极组织和引导区内力量助力湟中脱贫攻坚工作开展，基于湟中境内地理空间差异，脑山、浅山和穿水地区生态环境、生计策略差异现实情况，栖霞区广泛开展多层次、多形式、多渠道农业产业对口帮扶，不断丰富工作内涵，持续拓展合作领域，扎实推动脱贫攻坚、对口帮扶工作，两区县同步将扶贫协作升级为"一把手"工程，坚持"走出去""请进来"相结合原则，栖霞、湟中东西部扶贫协作成效显著。在东西部扶贫协作过程中，在脑山、浅山和穿水地区，因地制宜地进行了特色农产品生产和系统加工布局。

脑山地区如多巴镇玉拉村，受当地自然环境限制，故而在当地成立多巴镇玉拉村菜篮子公司，主要以打造设施农业为主，进而突破当地自然环境限制；玉拉村实施农业基地内建高标准智能自动化控制温室30栋，采用双加气块墙体+土芯+镀锌钢架结构，配套先进成熟的物联网技术及其附属设施，通过计算机和网络技术的糅合运用，实现温室管理自动化、智能化。浅山地区如田家寨镇窑洞村，以"合作社+农户+基地"的经营运行机制在露地实施油用牡丹种植项目，通过土地流转、带动种植、吸纳务工、利益分红等方式为农户创收。穿水地区如土门关乡秋子沟村，在充分利用当地水土资源基础上，进行特色农产品种植和销售平台搭建，为农户提供油茶种子和化肥，通过与农户签订购销合同，将农户生产的菜籽油销往南京市场。

（二）全域动员下的体系性消费扶贫行动

栖霞区通过"福利式"消费扶贫，鼓励企业、事业单位在符合有关政策规定的前提下，将赴贫困地区疗养作为干部职工福利的一种形式给予体现。利用"单位福利""东部企业扶贫社会责任"等文化生态，以及健康、绿色食品的跨区域布局理念及共织中，先找寻突破口，再构建长期、稳定购销渠道，同时，以单纯订购绿色生态产品到旅游文化为载体的实物消费链条建设。例如，先找到有集团购买和消费力的南京铁路局、栖霞区供电局等国企，以消费扶贫的名义作为突破口，引导菜籽油等消费，再延伸为休假旅游的立体消费形态。

通过"导入式"消费扶贫，如开通航班、航线，运用新媒体平台，分时分类免费向社会推荐贫困地区精品景点线路，引导省内市民和广大群众到扶贫协作地区旅游。"据省旅游局统计，随着当前江苏到青海航线的开通，像青海湖、茶卡盐湖、塔尔寺这些景点，江苏人可能占了1/3，从2019年4月开始，江苏到青海旅游旺季时，航班增加到每天单向6个航班次。"①

(三) 产业联结将长期支持两地稳定互动

东西部协作基础上的消费扶贫,与完全靠市场竞争、淘汰机制作用来发展产业,增加收入的路径不同,解决了跨区域、差异化市场大格局前提下互补型的产销互动的根本性问题,即贫困地区农民能力欠缺、产业脆弱、服务体系支撑不足的问题,从而在市场化过程中,增强市场能力,同时与20世纪80年代之前与市场相背离的农产品集体生产的流通体制也有根本不同。它不是从目标到过程的全域式包办,来代替缺乏主体性参与发展活力的"计划"生产与经营,而是一种通过引导、扶持赋能、全方位互动,使之最终融入充满活力与竞争力的市场。

从专家队伍提供智力、技术支持体系,到对绿色农业、健康农产品产业发展战略的共同推进,联结两地"供、需"的企业引入,继之到消费扶贫的终端客户的组织和动员,再到两地基于文化和旅游产业的群众互动,以互助和协同行动,最终支持并形成了两地间紧密的产品和服务互动、市场互动、技术互动、文化互动,使得东西部扶贫协作早已超越一般帮扶的政治性、给予性、阶段性征,建立了长期稳定协作的经济、社会基础,是中国追求平衡发展和充分发展的有力表征。

■ 本章小结

在一个国家或地区之内,具有差异性的区域间如何得到整体性发展,是发展经济学理论关注的主要问题。20世纪60—70年代,在工业生产生命循环阶段发展基础上,区域经济学家克鲁默、海特等人创

---

① 访谈湟中县副县长刘海滨,2019年9月3日。

立了区域发展梯度理论。20世纪80年代初,中国改革开放使区域发展不平衡开始显现,如何进行理论解释?梯度理论破门而入,转换成中国话语:"生产力的空间推移,要从梯度的实际情况出发,首先让有条件的高梯度地区,引进并掌握先进技术,然后逐步依次向处于二级梯度、三级梯度的地区推移。随着经济的发展、推移的速度加快,可以逐步缩小地区间的差距,实现经济分布的相对平衡。"[1]

1986年,对于农村改革开放后,已初露端倪的东、中、西部地区发展的内部差异的战略反思,进入全国整体发展战略及改革思考的视野。东、中、西部发展的梯度理论刚一冒头,反梯度理论就接踵而至。1986年郭凡生等人提出的反梯度理论实际上表达出西部地区对全国发展不平衡的一种焦虑,也是西部地区渴求发展而最早表达出来的理论呼吁。同时,它将泛地域意义的"落后地区"转化为指向明确的地缘性话语,一同构成了渴望西部开发的内在冲动。[2]

梯度理论以对工业化时代的经济发展观察为基础,在以经济建设为中心的中国改革开放前期及中期,对于中国的发展不平衡确实有一定的解释力。但对中国特色社会主义建设已达到一定水平,同时在一个坚守人民性和初心的执政党领导下的当下中国,对于全体制动员、全社会参与、举国行动下的决胜脱贫攻坚行动,特别是各地以脱贫攻坚统领经济社会发展的行动成果,是较难有解释力的;反梯度理论同样缺乏对党政体制下中国解决发展不平衡、不充分问题的行动的解释力,因为执政党的使命和担当难以作为反梯度理论的考察变量。

在坚强的执政党领导下,中国一个发达地区的党委政府积极行动,与一个欠发达区域的党委政府达成协作共识。而发达区域整合资源,组建团队,开放市场,从社会治理、脱贫攻坚、社会服务、文化交流、产品销售、旅游推介、人才培养等各领域协同欠发达地区展开

---

[1] 李国平、赵永超:《梯度理论综述》,《人文地理》2008年第1期。
[2] 孙兆霞等:《屯堡乡民社会》,社会科学文献出版社,2005年,第8—9页。

行动，并把对方的决胜目标作为己方的奋斗任务，这是中国制度下发生的特有的跨越式发展模式。东西部协作脱贫攻坚，超越了梯度理论与反梯度理论的发展判断，同时也形成了超越城乡的发展推进模式，在全球反贫困行动和区域发展领域贡献了独特的经验。

具体而言，"栖霞—湟中扶贫协作"为代表的东西部扶贫协作，发展并不断完善各项工作机制，形成了非常重要的经验价值。一是从资金、智力、市场等方面全面开展帮扶行动，对贫困地区打赢脱贫攻坚战提供了全方位支持；二是带来发达地区社会治理、公共品供给、社会服务体系建设的先进理念和系统性经验，有效支持了欠发达地区贫困治理与社会治理同步推进的发展战略；三是通过交流挂职学习，给贫困地区干部提供了重要的学习成长机会，真正意义上为贫困地区经济、社会、文化发展建设了一支具有先进经验的、不走的干部队伍，东部发达地区的干部队伍也在这一过程中得到锻炼和成长；四是通过文化交流、旅游推广、特色农民品销售等系列互动，促进了东西部区域人民的交流，有效支持了贫困地区的经济发展，并为未来打下了可持续性基础。

"栖霞—湟中扶贫协作"为代表的东西部扶贫协作机制，是党政体制下中国特色反贫困行动的重要组成部分，更是中国政治制度优势的集中表现。一是集中体现了以习近平同志为核心的党中央对人民性和初心的坚守，和对人民福祉追求的能力，展示了党和政府的行动力和组织力；二是彰显了中国共产党的执政能力和执政根基，展示了党有效推进全体制行动和全社会参与、全国一盘棋解决贫困问题的领导力和行动力；三是突出展示了党领导人民打赢脱贫攻坚战的坚强决心和重大承诺，展现了中国万众一心共同行动决胜脱贫攻坚的团结力和意志力；四是展示了中国共产党在面对贫困作斗争时的机制创新力和战斗力及言出必行、行必有果的使命践行能力。

第九章

制度优势转化为贫困治理效能

扶贫工作概念从一般意义上的"扶贫",到"精准扶贫""精准脱贫""脱贫攻坚"逐步演进,扶贫也从过去的科层制支持下的部门为主的行动,彻底转化为战役型贫困治理与科层制贫困治理相嵌合的、党政体制下举国行动的重要工程,昭示了我国的反贫困政策,从过往单纯由政府提供的社会政策支持,逐步演进到党的意志和国家意志、人民意志完全重合下新的反贫困行动模式转变,形成并完善了党领导下政府、市场、社会全局行动的贫困治理格局。习近平总书记关于扶贫工作重要论述从"五个一批、六个精准"战略提出,到"两不愁、三保障"具体行动目标的细化,再到"扶志、扶智"的策略推进,既体现了中国反贫困方法论和行动力的不断提升,也体现了党政体制下贫困治理推进的创新力和可实现性。中国的脱贫攻坚行动,成为党政体制下构建国家和地方治理体系和治理能力的重大工程。

党的十九届四中全会提出"党委领导、政府负责、民主协商、社会协同、公众参与、法制保障、科技支撑"为基本方针构建国家治理体系和治理能力现代化,正是中国贫困治理所遵循的原则,也是党政体制下中国从贫困治理、社会治理到构建国家治理体系和治理能力现代化行动的重要经验。党政体制下的贫困治理,脱贫攻坚的过程,就是以中国共产党的初心和使命为出发点,以人民福祉为旨归,不断强化党的政治领导、思想领导、组织领导,不断优化行动策略、行动路径、行动模式,从而不断强化党全面领导政府和社会协同行动能力全面构建和深化的过程。贫困治理的过程,也成为乡村社会治理和构建地方和国家治理现代化的过程。①

第一节　决胜脱贫攻坚的湟中经验

一、机制发力是前提

与众多脱贫摘帽县的经验一样,湟中县成功脱贫的前提,是充分发挥"党政体制"的政治制度优势,建强脱贫攻坚的指挥体系,建立完善监督保障体系,持续改善社区工作机制,创新规划各种项目落地机制等的整体性推进。

为凝聚各职能部门形成脱贫攻坚合力,湟中县成立了脱贫攻坚指挥部,由9个部室组成:指挥部办公室、宣教部、产业发展部、建设项目管理部、金融服务部、社会保障部、纪律作风监察部、资金监管部和扶贫协作部。每个部门都将类似职能整合到一起,避免了政府部门条线管理、职能分割的弊端。由县级干部担任各部室指挥长,统一事权,减少环节,实现扁平化管理。指挥部办公室主任由县委副书记、主管县长与扶贫局局长三人担任,充分发挥了政治制度优势,提高扶贫局统筹协调能力。此外,湟中县先后为扶贫局调整配备科级领导干部4名,充实熟悉基层工作、扶贫工作的干部职工20余名,保证了扶贫局的协调能力。

二、"第一书记"是关键

第一书记工作机制,是解决"最后一公里"的现实困境、重建

---

① 孙兆霞等:《政治制度优势与贫困治理》,湖南人民出版社,2018年。

村庄共同体的组织、思想、政治基础,也是强化党在农村执政地位的重要战略举措。湟中县表征的中国贫困治理的政治制度优势行动机制的第一书记及驻村工作队制度,成为县域决胜脱贫的关键性因素。

一是承载和支持了制度优势的效能转化。湟中县的第一书记来自中央单位、省市县等各级部门,以县为主。湟中县于2015年制定《湟中县第一书记和扶贫(驻村)工作队干部管理办法》等相关文件,根据"切实履行第一书记及驻村工作队工作职责,严肃扶贫干部工作纪律,始终紧盯脱贫攻坚目标任务不放松,全面掌握村情民意,坚持因村因户施策,精准到户到人,按照时间节点,稳步推进脱贫攻坚各项工作任务"的原则,从党政部门、事业单位、驻县国有企业(林场等)抽调干部履职。选派干部强调党的初心和使命,提升干部的光荣感和责任感。广大干部特别是当地从农村走出来的干部,助力贫困家庭脱贫,报效农村发展的情怀被深度激发。通过精准选派第一书记和驻村工作队伍,强化了"制度中人"的责任感和使命感。

二是强化脱贫攻坚能力建设。湟中县对选派的第一书记和扶贫工作队员,提供了岗前、岗中能力培训支持,培训内容既包括初心教育和政策教育,也包括方法和技术的支持,整体上提升了第一书记和扶贫工作队员的政治站位、思想提纯、组织建设、实务操作等方面的水平,为第一书记们提供了有效支持,切实加强了他们脱贫攻坚的工作能力。

三是提升制度优势效能转化。第一书记们来源广泛,都在驻村帮扶过程中推动脱贫攻坚"最后一公里"的渠道与行动整合。第一书记进村,重新承担了村庄发展与治理主心骨的政治功能,通过政治引领,并成为基层党建的着力点;在具体行动中,则引领了社区减贫发展规划的形成和项目落地的进程。

2019年,湟中县脱贫摘帽后,不但没有撤销多年来实施的往159个贫困村派驻第一书记的做法,反而根据脱贫攻坚期间因"第一书记"制度运行带来的即时成果及可持续减贫发展的制度内蕴,增加了往200多个非贫困村和社区派驻工作队的做法,这充分说明了第一书记推进减贫与发展的制度动力。

三、东西部协作大助力

东西部扶贫协作,是全国扶贫工作一盘棋、呈现制度优势的"大战略""大部局""大举措",在湟中脱贫攻坚进程中,起到了积极助力的大作用。"栖霞—湟中"扶贫协作,一开始就着力完成了"四位一体"的顶层构架、联席会议制度的全过程高层管控,加上"办事处"综合专业推进的制度及落地机制框架建设。

一是做好"栖霞—湟中"扶贫协作顶层制度安排。"栖霞—湟中"扶贫协作,首先基于江苏、青海两省,南京、西宁两市,栖霞、湟中两区县三个层级上建立的党委、人大、政府、政协"四位一体"的高位对接机制,做实"加强领导"的制度基础,强化建设"四位一体"的领导责任;通过成立"湟中县东西部扶贫协作办公室(办事处)",协调支持乡镇(街道)对口互动的扶贫协作平台,协作平台延伸到村、企业、机构,采取"一对多"方式,推动湟中县7个乡镇、7个村分别与栖霞相关街道、社区建立结对关系,最终形成对口帮扶的落地机制。

二是建设具有稳定性、长期性的规划与实施无缝对接的运行机制,以"湟中所需、栖霞所能"为出发点,通过调查研究形成年度工作计划,进而形成年度科学规划,以联席会议方式跟进协作内容,形成"季部署、月安排、旬推进"的职责要求和相应的制度安排保障。此方式有效回应了过往对口扶贫一次性、碎片化问题的针对性制度安排。

三是系统化推进协同攻坚。"栖霞—湟中"扶贫协作,协作领域涉及文化、产业、社会保障、教育、医疗卫生等各领域,协作项目方面重视补齐短板、治理推动和模式创新,重点放在激发贫困群体内生动力和村庄发展共同体构建及脱贫攻坚的可持续考量上。

"栖霞—湟中"扶贫协作最为可贵的是,通过干部交流、培训,为湟中县干部提供了整体上的能力建设支持;通过参与具体项目设计、提供资金支持、协同参与实施,把东部发达地区社会建设、社区治理的经验通过项目载体直接带入湟中;把解决脱贫户脆弱性、激励引领社区整体性成长和产业、就业支持的可持续这些难点问题,作为协作工作的重要内容,整体上从财力、物力、人力、智力各方面支持了湟中的决胜成效。

四、脱贫攻坚与社会建设嵌构

湟中县决胜脱贫经验的一大亮点是通过脱贫攻坚推进了社会建设,反过来又通过社会建设打牢了决胜脱贫攻坚的社会基础,实现了脱贫攻坚与社会建设嵌构推进的重要经验,而村庄共同体建设则是湟中县社会建设最为落地生根的策略与手段。通过系统性、整合性、全面性、连续性推进村庄共同体建设,湟中县最终形成了"在党的领导下,政府主动支持村庄共同体建设,激发社区主体性、最终形成政府和社会良性互动的贫困治理有效机制"。

一是强化基础建设。具体做法包括把强化"基层组织、基础工作、基本能力"的"三基"建设,作为提升党在农村执政能力及支持脱贫攻坚制度发力的基础;通过选好、支持好第一书记和驻村工作队,在强化村级党组织建设的基础上推进村庄共同体建设;通过全面改造和提升服务阵地,改善基层干部待遇,解决社区发展和社区服务的基本前提问题。

二是强化经济建设。通过全面实施集体经济"破零"工程,为每个村安排集体经济发展基金,因地制宜发展集体经济,确保每个村的村集体都有收入,切实解决农村社区服务、社区福利供给的财政基础；在集体经济项目的发展和收益使用和监督方面，建立健全社区广泛参与机制，做实村级福利供给基础上的共同体建设。通过"互助基金"运行模式的改造和运行机制创新，支持农村社区金融合作基础上的产业合作；通过贫困户产业脱贫资金项目的推动，支持贫困户为主体的产业发展选择的同时强化社区监督机制，实现了脱贫产业成长和发展共同体建设的双推进。

三是强化公共性建设。湟中县大面积极推进"励志爱心超市建设"，把社区秩序重建、文化重建、价值重建与社区公益发展同步推进，大大支持了村庄的公共氛围，全面推动了村庄共同体建设的正向激励机制，探索积极有效的民族地区农村现代化建设的可行道路。

四是强化示范和参与机制建设。通过大范围实施奖励"脱贫光荣户"计划，发挥榜样的示范和正向激励作用，激发贫困群体内生动力并强化了行动预期，通过"乡贤参事会"和"幸福乡村党建基金"的同步推动，建立了村庄认同为核心的精英反哺机制，既为脱贫攻坚和乡村振兴集聚了人才和资源，又强化了引领带动作用。

五、增收、保障与教育脱贫协调推进

产业发展和就业促进是增加收入实现脱贫的两个维度。湟中县产业脱贫工作最有价值的经验在于，一是重视文化资源、种质资源和产业传统的本地依托，二是产业扶贫与村庄治理同步推进，三是规划引领与村民自主充分结合，四是园区建设实现集群发展，五是基础建设与市场出口综合考虑，六是重视解决扶贫产业的风险机制。在就业促进方面，湟中县一是重视通过发展园区实现就业，二是通过东西部协作促进就业，三是把就业推动与文化可持续传承相结合，四是本地就业避免人口结构失衡社会问题。总体上看，湟中的增收性脱贫工作，最大限度地体现了可持续性、在地性和贫困群体主体性特征。

湟中县的保障性脱贫，主要体现在社会保障、医疗保障与住房保障上。以提高靶向精准度提升低保的精准性，在农村低保推动上，通过精准识别充分推动多主体协同、保障和完善贫困群体参与及社区参与，实现了低保与扶贫工作的双促进，同时推动了社会治理能力和治理水平的提升。健康扶贫方面，湟中县通过补齐基层医疗与公共卫生服务短板，解决贫困人口获得卫生服务的可及性问题，减少其健康致贫的脆弱环节；通过大病集中救治与重病兜底保障，应对贫困人口因病致贫的脆弱性；通过社保制度有效衔接与医疗改革，积极解决贫困人口的社会脆弱性。住房保障上，农村危旧房改造与扶贫搬迁充分结合，保障县域全域的住房安全；充分尊重贫困群体的主体性，尊重民族地区生活习惯，建立因地、因人制宜、自主安置和集中安置相结合的脱贫搬迁政策。特别是自主安置，既充分尊重了人民群体的自主选择，又大大节约了资金支出，使得扶贫资金的使用更有效率。通过机制创新，形成了易地搬迁统筹自建与属地管理创新机制。

教育扶贫是发展性扶贫的重要举措。扶贫必扶智，让贫困地区的孩子们接受良好教育，是扶贫与发展的重要任务，也是阻断贫困代际传递的重要途径。湟中县的教育脱贫工作，一是通过坚持差异化办学、保障幼儿教育和教学点存活和发展，积极推进城乡之间教育的均衡发展，坚持为特殊群体、特定区域教育提供特惠政策，把控辍保学工作作为教育扶贫的重中之重等措施，作为推动教育扶贫的公平性与可极性保障；二是通过大力投资职业教育，创办特色专业，开展农民培训，把"雨露"计划的实施作为提升劳动力素质，促进就业和持续脱贫的重要手段；三是建立针对贫困大学生的学费资助、生活费资助和助学贷款资助等全面资助计划，资助贫困大学生完成学业；针对残疾学生综合开展教育培训服务，包括对残疾学生提供教育经费资助，还对部分因为身体原因不能到校接受教育的残疾儿童，采取"送教上门"的扶助措施，避免因为未能到校而导致特殊群体辍学在家不以接受必要教育的情况的发生。

第二节　县域贫困治理的理论价值

湟中县决胜脱贫攻坚，是中国举国体制下反贫困行动的重要案例，是中国道路、中国制度、中国模式的反贫困实践重要展现，是中国共产党领导下典型的全体制行动、全社会动员为基础的贫困治理的样板。从具体行动经验中探究湟中决胜脱贫攻坚的理论价值，形成能够与国际扶贫理论深入对话的理论体系，从而为全球减贫事业提供经验支持，具有重要意义。

一、决胜脱贫攻坚的体制特征

第一，战役型和科层制相结合的贫困治理。脱贫攻坚的主要行动推进单位是县，"攻坚"的语义表述本质上是战役形式的行动过程，所以，脱贫攻坚具有典型战役型行动的特征：一是脱贫攻坚行动是整个中华民族实现伟大复兴进程中一个标志性、关键性的一役；二是脱贫攻坚行动是在以习近平同志为核心的党中央统一领导、领一部署、进行全面政治动员和社会动员的举国行动；三是各领域、各部门、各群体在各级党委领导下，科层制充分发挥作用与社会各界参与、贫困群体主动行动相结合，分层级的严密指挥体系和纪律机制保障行动方向和行动力度；四是脱贫攻坚行动有具体脱贫目标、行动策略、组织保障机制、监督检讨机制，符合战役推进的相关特征；五是脱贫攻坚既有全面推进的任务要求，也重视局部区域、个别领域胜利基础上的整体战果要求。战役型贫困治理，需要强化集中统一领导，需要有效的政治动员、资源动员和社会动员，需要齐心协力的全局推动，需要令行禁止的纪律监察，需要各行动单位的创新力与责任力。只有发挥中国政治制度优势、发挥中国党政体制优势才能做到。县域贫困治理，也是理解中国脱贫攻坚行动的重要场域。

第二，党委统一领导下的政治责任担当。"五级书记一起抓"是脱贫攻坚的最根本保障，也是做实党政体制下的战役型贫困治理的基本前提。"五级书记一起抓"的核心是强化各级党委在治贫过程中的领导，落实各级党委在治贫行动中的责任；精准派驻第一书记，强化扶贫工作队责任，在扶贫过程中抓党建，"给个好支部"，以抓党建促脱贫，都是强化党的领导、强调党的责任的重要体现，体现了党政体制下贫困治理的本质特征。县委是"五级书记"中承上启下的一级，是落实党中央精神、领导制定具体策略、组织开展具体攻坚行动最重要的指挥者和行动者。包括湟中县在内的所有贫困县脱贫，都是在县委的统一领导部署、调动科层制力量、指挥各级党员干部，充分动员社会参与的过程中完成的。

第三，全域资源整合和社会动员。党领导一切是党政体制的核心。通过强化县级党委的政治领导、思想领导和组织领导，强化推进县级党委的政治建设、思想建设和组织建设，在各级党组织层面，能形成强大的行动力，建立超越条块、超越科层制的行动机制；县级党委机构完整，各机构职责明确，能有效担负起各项领导责任，通过强化制度建设纪律建设，能建立起强大的激励力和约束力；县委领导下的县级人民政府，具有财权和事权的完全统一，部门齐全、科层完备，并负有区域发展和公共服务供给的主要责任；脱贫攻坚战略目标的人民性特征和党对社会的领导力和动员力，是县级党委能全面整合社会资源开展脱贫攻坚行动的重要基础。

第四，领导公共政策的制定。县级党委落实上级党委、党中央的方针政策和组织要求，要通过对县级权力机关、行政机关的全面领导，排除不同利益群体对脱贫攻坚政策的影响，使之转化为县级法律法规、县级公共政策，县级党政全员行动机制，从而保障脱贫攻坚行动从上到下一以贯之贯彻落实。作为战役推进的脱贫攻坚的组织保障、制度保障、资源保障、行动保障，都能且只能在县委的领导下得到实现。

二、县域贫困治理模式探索

一是县委领导下的全体制动员机制。成立县级脱贫攻坚指挥部或领导小组，书记任指挥长或领导小组组长，党委各常委、政府领导、人大、政协领导任副指挥长或副组长，党委各部门副职、政府各部门负责人任成员；党委各部门负责组织保障、宣传支持、纪律监督、社会动员，政府各部门各司其职、协同行动。指挥部及领导小组行使战略规划权力、行动指挥权力、资源整合权力。

二是在党委领导下政府、市场、社会、贫困群体协同行动机制。党委通过宣传、激励、行动机制创新等方式，全面进行社会动员；通过强化党建，不断通过基层党组织的行动力带动市场组织、社会组织、社区的行动力，形成贫困治理过程的全社会参与，鼓励通过社会创新解决贫困问题，在强化党的领导同时，实现政府与社会的良性互动机制。

三是党的认同、国家认同、自我认同相结合的认同体系构建。通过公共财政资源投入、扶贫工作队和驻村第一书记带动基层党组织实现行动引领、党员先锋模范带头作用发挥，基层服务型党组织的建设、在实现经济脱贫目标的同时，实现党的认同、国家认同和自我认同同步增强的政治和社会效果。

三、贫困治理效果保障

一是确保贫困群体参与。多元主体是治理的基本前提，也是治理的重要实现形式，还是善治的基本特征。从扶贫到脱贫、再到攻坚的贫困治理模式转变，贫困群体越来越需要从帮助对象转化成为贫困治理的直接行动主体，并在整个攻坚过程中实现实质参与和有效参与。中国共产党的初心、党的人民性基础和一直以来在中国革命和社会主义建设过程中的领导作用，事实上形成了中国共产党既领导政府也领导人民，既是执政党也是领导党的客观实际，在脱贫攻坚过程中，这将大大有利于党领导政府和人民，在追求"脱贫实现全面小康"这一人民共同利益目标过程中，形成良性互动机制，从而保障脱贫攻坚全过程中贫困群体的主体性地位和有效参与。

二是确保脱贫攻坚过程中的公平性。党和人民群众关系是血肉关系，亦是鱼水关系，构建公平、正义的社会环境和政策环境，是获得人民群众支持，实现党长期执政、稳定执政的必要前提，追求公平、正义也必然是党执政为民的重要特征。党政体制下的县域贫困治理，既要回应整体上脱贫任务实现的目标要求，党的工作方针要求又使其必须回应每个贫困群众个体的发展要求，并需要在行动过程中建立程序公正、机会公平、结果正义的协同行动机制，保障效果目标和过程目标的高度统一，从而从根本上打赢脱贫攻坚战。

三是超越科层制的创新动力。一般科层制治理机制往往只强调照章办事、强调受规则约束的行动，容易忽视人的主动性，缺乏灵活性、应变性，其基本逻辑是程序合规，不犯错是其运作要求。脱贫攻坚行动是目标导向为主、过程导向同样重视的战役性贫困治理行动，需要充分整合资源、开展社会动员、动用各种方法与手段，才有可能赢得战役的胜利，达至行动目标，这就势必要求在符合党的方针、政策和国家法律、法规的前提下，超越科层制行动的局限，充分运用方法创新、路径创新、策略创新、行动创新，最大限度追求脱贫目标的实现。党政体制下的治理模式，是改革开放40多年来，中国开展制度创新、取得重大发展成果的重要前提，也是脱贫实现全面小康这一战略目标实现所依托的制度基础。

第三节 溢出效应、对挑战的回应及建议

一、脱贫攻坚行动的溢出效应

中国脱贫攻坚行动,从一开始就把解决绝对贫困问题作为主要行动目标。"两不愁、三保障"脱贫目标,也主要是建基于贫困群体的家庭收入、财富拥有和服务享有量来衡量的。但毫无疑问,脱贫攻坚一开始,其溢出效应就在党中央关于脱贫攻坚政策和习近平总书记关于精准扶贫重要论述中得到重视并有所呈现,主要体现于以下几个方面:"以脱贫攻坚引领经济社会发展"明确了脱贫攻坚行动本身,除经济发展外,社会发展也是重要内容;"给钱给物不如给个好支部",把党的基层组织建设和党在农村的执政能力建设放在决胜脱贫攻坚的重要位置;"绿色青山也是金山银山","守住发展和生态两条底线",把生态文明建设作为精准扶贫、脱贫攻坚的重要关注点;推动第一书记和驻村工作队模式,强调因村派人精准,把精准脱贫与基层干部队伍建设结合起来考虑;积极推动教育扶贫、医疗卫生扶贫、社会保障兜底扶贫、金融扶贫、文化扶贫等工作,脱贫攻坚自然要求相关领域的政策机制创新和完善;扶志与扶智相结合激发贫困群体内生动力和发展能力,又把脱贫攻坚与整体上提升农村劳动力素质结合起来;等等。既是决胜脱贫攻坚推进的策略和手段,也奠定了脱贫攻坚的外部性基础。

从湟中决胜脱贫攻坚的经验来看,以解决贫困地区产业发展、贫困群体收入提升、贫困地区社会政策体系完善和主要目标的脱贫行动,整体上大大促进了体制活力的释放,锤炼了干部队伍,激发了县域体制机制创新,强化了党在农村的执政基础建设和基层党组织的能

力建设，推进了基层治理和乡村社会建设，非物质文化遗产得到保护和传承，生态环境的保护得到促进，贫困群体的发展意愿与发展能力得到了强化，还极大程度促进了东西部协作交流。作为多民族共居的县域，脱贫攻坚促进了各民族的自我认同、社区认同、文化认同和国家认同，也促进了民族族际关系的融洽。

湟中县为代表的脱贫攻坚，还集中呈现了从贫困治理到乡村治理、再到构建国家治理体系与治理能力现代化这一进路特征。决胜脱贫攻坚所形成的党建成果、制度成果、方法成果、干部培养成果，对于乡村振兴、国家治理体系与治理能力现代化建设、重大危机应对，都有重大的转化借用空间；其经验体系，可以对中国进一步加大改革开放力度，全面建设以人民为中心、以人民福祉目标为任务的发展模式，贡献出重要价值。

二、对其他区域脱贫攻坚问题的回应

党政体制下的战役式贫困治理，出发点是初心，价值观是人民性，行动模式是全体制动员与全社会参与，但核心是干部，是人。脱贫攻坚成效的取得，是在"五级书记一起抓"的党委领导、政府主责的政治动员基础上，依靠"制度中人"的初心坚守、责任承担及行动引领来实现的，是典型的任务导向、目标导向的举国行动。在具体行动模式上，层层压力传导、层层检查监督，能最大限度发挥制度优势和党员干部的行动力和自我约束力，以保障脱贫攻坚成效。

但是，正是由于脱贫攻坚主要依靠干部队伍作为，加上脱贫任务艰巨和脱贫时间要求及层层向下的压力传导机制，在某些地方会表现出制度过于刚性，行动模式上过于主导的问题，加之一些党员干部的专业性不足，在面对重大压力情况下，将完成目标作为唯一任务，有可能将压力传导给社区和贫困群体，如为追求经济发展指标，规划大型产业项目而忽略农民群体的经济自主性，或在进度要求压力下，在没有解决贫困群体技术能力、信息能力和市场能力的情况下，急于推进各种产业扶贫项目，也有一些地方存在较强势推动搬迁的问题存在。也正是在任务和时间压力下，不能短期内解决贫困群体收入增长问题，即通过各种给收益、给钱、给物等方式对标"两不愁、三保障"补短，没有解决持续性问题，反而助长了"等、靠、要"思想，甚至还出现贫困户自身不行动，扶贫干部为其打扫卫生、下地干活等方面的情况。

此类情况，在湟中是极为少见的，究其原因，一是真正意义上从治理角度推进脱贫攻坚，为贫困群体、贫困社区提供了便捷的参与渠道和足够的参与空间；二是主动培育社区主体性，系统化推动村庄共同体建设，很大程度上通过提升村庄的合作能力与团结能力而支持了村庄的行动能力，从而更加明晰了贫困群体的行动预期；三是通过东西部扶贫协作，较好地引进、吸收了发达地区治理和经济发展方面的经验，通过创新项目的实践推进，最终转化成本土制度成果。湟中县决胜脱贫攻坚，具有与其他所有脱贫摘帽县共同的党建经验和制度保障经验，但特别呈现了通过社会建设，尊重和激发贫困群体发展意愿，培育发展能力，从而避免了制度刚性的问题的成果。

三、与乡村振兴衔接工作建议

湟中县决胜脱贫攻坚，取得的成果是有目共睹的。在接下来的乡村振兴工作阶段，需要进一步巩固拓展好脱贫成果，进一步提升脱贫群体的能力。

一是要进一步转化和巩固社会保障扶贫、教育扶贫、医疗卫生扶贫、林业扶贫等领域的制度成果，通过财政保障机制建设、县级立法探索等巩固脱贫成果。

二是继续深化第一书记和驻村工作队工作机制，持续保证农村社区工作力度，更加重视脱贫社区、脱贫群体的能力提升和社区层面的制度建设跟进，确保脱贫攻坚以来形成的基层党建成果、基层治理成果、贫困群体内生动力激发成果、产业发展成果得以巩固；同时，注重脱贫攻坚社区行动的经验转化，以支持乡村振兴的衔接和机制创新。

三是继续坚持农村社会建设，特别是村庄共同体建设以及村庄公共性建设，通过推动村庄共同体建设，在农民团结和合作的基础上，以村庄参与为基础，再造基于社区产业发展、社区福利供给、社区生活价值提升需求的新的村庄组织化形式，以持续推进社区的集体行动能力，夯实和巩固脱贫攻坚成果的社区行动基础。

附 录

村庄资源及脱贫攻坚示意图与村庄概述

附录一：群加藏族乡上圈村村庄资源及脱贫攻坚示意图与村庄概述

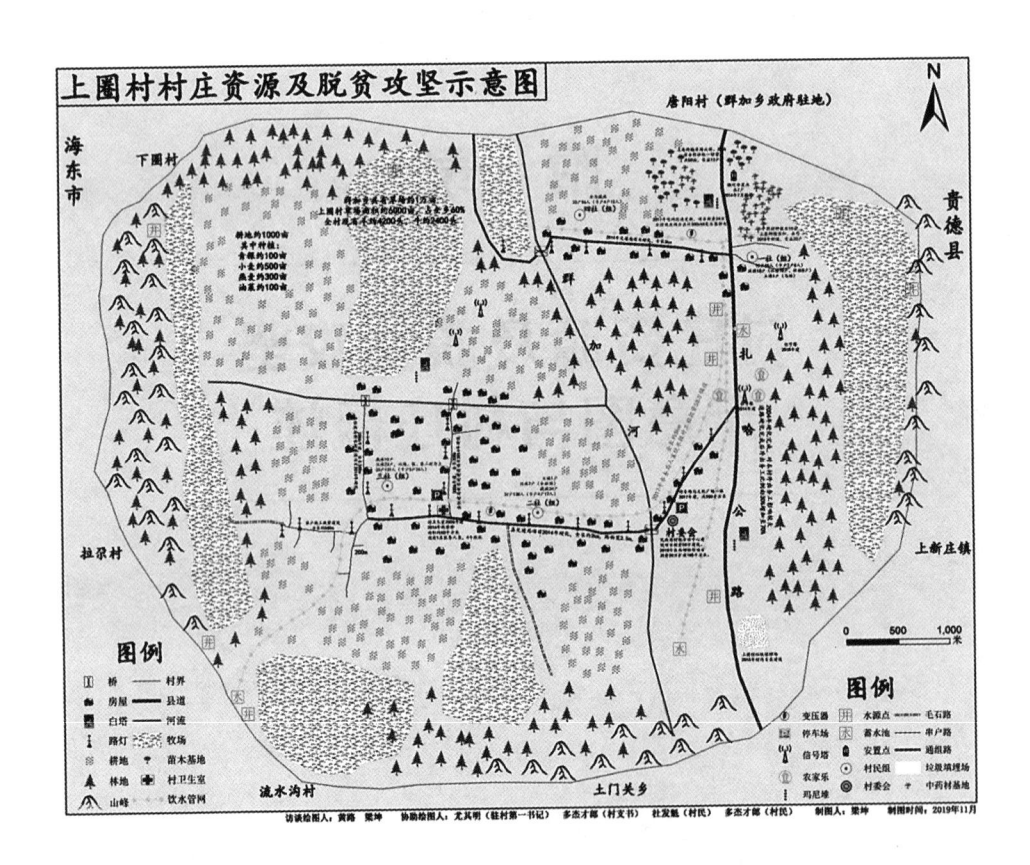

上圈村（101°39′41.96″E，36°18′10.10″N）隶属于青海省湟中县群加藏族乡，属于脑山地区，位于湟中县东南部，地处青海省群加国家森林公园内，平均海拔约2950米。全村共4个生产合作社（村民组）121户466人（卡户16户62人），民族构成主要有汉、藏、土3个民族，其中汉族34户113人，占比24.2%；藏族85户343人，占比73.6%，土族2户10人，占比2.2%。全村现有1个党支部32名党员。

全村四个村民组中，一社（组）共19户45人（卡户2户8人），其中汉族18户、土族1户；二社（组）共37户138人（卡户4户12人），其中藏族34户、汉族2户、土族1户；三社（组）共33户131人（卡户5户24人），其中汉族23户、藏族10户；四社（组）23户96人（卡户4户12人），全为藏族。全村居民居住点空间集聚性显著，居住点高差分异不明显，各村民组、不同民族所占据的生产、生活、生存空间相对较均衡。

上圈村村民经济收入主要以养殖、劳务输出两大板块为主，在养殖业发展上，村内有较好草场优势，群加乡共有草场约1万亩，上圈村草场面积有约6000亩，占全乡草场面积60%。2016年之前，全村共有羊约800头，牛约300头，2016年之后随着扶贫产业资金注入和帮扶力度加大，全村现已发展到羊约4200头，牛约2400头，现在上圈村牛羊养殖输出已占据群加乡牛羊输出市场的70%；通过养殖业年户均增收7—10万元不等，全村农户中全家人在家里发展养殖业的占比约40%。针对劳务输出，村内主要是以家庭内老人身体较好，可在家发展养殖，年轻人外出务工为主，此类农户在全村占比约30%。村内还有一部分农户主要是以养殖加工业岗位、挖虫草等为主，此类农户占比约20%。同时村内现在仍有部分农户因个人身体原因（主要是老人户、残疾人户），无法外出务工和进行大规模养殖业的发展，主要靠政策支持为主，此类农户占比约10%。村内在产业发展上，2018年开始种植中草药15亩，由农户自主经营，受益20户；苗木种植50亩，由合作社统一经营，受益12户。

在道路基础设施建设方面，上圈村紧邻扎哈公路（S307），自2004年扎哈公路硬化完成以来，对全村外出务工影响较大，外出务工人员比例呈上升趋势；同时，上圈村沿扎哈公路往北到湟中县城约1小时车程，往西南方向到贵德县约1小时车程，往东南方向到海东市约 1.5 小时车程，便利的交通对上圈村养殖业的发展产生较大促进作用。村内通组路已全部硬化完成，总长约 10 千米，其中 2014 年之前完成约 2 千米，2014—2016 年完成 8 千米。针对饮水保障工程，全村有水源点 8 个（其中保障性水源点 2 个），2017 年由县水务局投资 58 万元进行人畜饮水提升工程建设，建有大方量蓄水池 3 个，铺设管道共约 5 千米，建集水廊道 1 座，各类闸阀井 3 座，已通过水样检测验收，全村已实现安全饮水保障。村内 2017 年进行电网改造更新，共投资 24 万元建设 2 台共计 300 千伏安变压器供电，户均电容量达到 2.3 千伏/户，供电能力充裕、满足用户需求。2018 年新建信号基站 3 座，村内现通信信号畅通。

自脱贫攻坚工作开展以来，全村在住房、教育、医疗等方面取得明显改善，全村已全部进行危旧房改造，实现户均砖木结构房屋不低于 90 平方米，已实现安全稳固住房 100% 全覆盖。村内共有义务教育阶段学生 69 名，无辍学儿童；全村共有大学生 14 人，其中 2019 年考取 7 人。村内建有卫生室一所，2016 年投资 1 万元对原有卫生室进行维修，占地面积约 60 平方米，有医务人员 2 名，其中 1 人临床医学专业乡村医生证书，有床位 4 个；全村建档立卡户已实现签约医生全覆盖，建档立卡户农村合作医疗缴纳由政府全额补贴，村民基本医疗有保障。

村内 2017 年由民政局投资 50 万元新建村级活动服务中心一个，建设面积 200 平方米，2018 年由东西部协作资金投入 20 万元，扩建面积 100 平方米。通过村级活动服务中心的修建，首先是保障了基层党组织阵地建设，起到了战斗堡垒作用；其次是保障基层公共服务质量提升，为村内集体事务的处理提供便利。村内 2018 年获得 50 万元村集体经济发展资金，已统一实施光伏项目，实现年收益 3 万元，实现村集体经济"破零"。村内有移民搬迁安置点 1 个，2014 年 7 月建成，共搬迁 7 户。

附录二：拦隆口镇卡阳村村庄资源及脱贫攻坚示意图与村庄概述

卡阳村（101°25′16.85″E，36°47′01.65″N），隶属于青海省湟中县拦隆口镇，属于脑山地区，位于湟中县北部，平均海拔约2600米。全村共5个生产合作社（村民组）270户944人（卡户44户130人），为汉藏混居的民族村落。卡阳，藏语意为干净、神圣的地方。卡阳村三面环山，植被茂密，是距离西宁市区最近的原始林区和高山牧场，享有"长寿村"及"天然氧吧"美誉。

全村五个村民组中，一社（组）共52户170人（卡户7户），其中汉族45户、藏族7户；二社（组）共58户211人（卡户9户），以汉族为主；三社（组）共44户153人（卡户9户），其中汉族33户、藏族11户；四社（组）87户305人（卡户15户），其中汉族67户，藏族20户；五社（组）共29户105人（卡户5户），以汉族为主。全村居民居住点空间集聚性显著，主要集中于公路沿线，居住点高差分异较小，各村民组、不同民族所占据的生产、生活、生存空间分布相对较均衡。

2017年1月，为实现卡阳村临近地区连点成片，以"卡阳扶贫模式"辐射带动周边各村群众脱贫致富，由卡阳村联合周边7个村党支部组成"卡阳乡村旅游中心党委"；2017年6月，通过对原卡阳村小学旧址进行翻新维修，卡阳村正式成立青海省第一家乡村党校"卡阳乡村党校"。

卡阳村村民经济收入主要以种植养殖、劳务输出和经商等为主。2015年之前，卡阳村针对产业发展主要面临"农牧业规模化、专业化、组织化程度低，新兴经营主体严重匮乏；基础设施薄弱，人居环境有待加强；村民自身素质普遍偏低、人才匮乏"等问题，为省重点贫困村。2015年，卡阳村以民营企业家担任驻村第一书记和西宁市委组织部扶贫工作队驻村帮扶为契机，成功引进"西宁乡趣农业科技有限公司"对卡阳村进行整体开发和建设，全力打造"乡趣卡阳户外旅游度假景区"，通过景区开发建设，以乡村旅游产业助推卡阳村脱贫攻坚工作，2018年乡趣卡阳景区被评定为国家4A级旅游景区，年接待游客30余万人次。通过乡村旅游为契机，卡阳村村民多以就近务工和经营农家乐、小商铺等为主，全村村民经济收入增收明显。全村有耕地1943.2亩（浅山地1454亩，山旱耕地489.2亩），现已流转约500亩种植经果林。针对种植业，主要以种植小麦、油菜、土豆等为主；针对养殖业，村内进行规模化养殖的养殖场有约6家，其余以农户零散养殖为主，针对种养殖业，当前主要为满足农户自给和加工销售给游客为主。

针对道路基础设施建设，卡阳村通村路为2016年省交通厅投资

1300万建成的青海省首条乡村旅游公路。村内入户路和田间产业路已进行统一规划，已全部完成硬化，总里程约20千米，全为2014—2016年硬化；村内现已建成停车场3个，容量约400辆车，在建1个，容量约500辆车。针对饮水保障工程，全村有保障性水源点2个，水池3个，2014年之前建2个，2014—2016年建1个。2012年县水务局投资60万元进行人畜饮水提升工程建设，新铺设管道约共约8千米，全村已实现安全饮水保障。卡阳村2018—2019年共实施扶贫项目8项，主要包括经济林种植、村容村貌提升、基层组织建设、购置景区大巴车等，供给投入资金1613万元；其中景区大巴车主要为村内在村的34名党员集资购买，村民称其为"卡阳先锋号"，景区大巴车所得收入除用于支付人工工资、车辆基本检修资金外，将会用于卡阳村村民缴纳水电、养老、医疗等，从而不断壮大村集体经济，实现卡阳村集体经济"破零"。

自脱贫攻坚工作开展以来，全村在住房、教育、医疗等方面取得明显改善，全村已全部进行危旧房改造，已实现安全稳固住房100%全覆盖。村内现有学龄前上幼儿园的孩子11个，义务教育阶段学生约45个，适龄儿童入学主要以到拦隆口镇中心学校入学为主，无辍学儿童。村内2019年乡村振兴资金投资10万元新建村卫生室一所，占地面积约60平方米，全村建档立卡户农村合作医疗缴纳已全部缴纳，村民到乡镇或县医院就医可报销70%—80%，异地转院就医可报销约65%，村民基本医疗有保障。

卡阳村已制定《拦隆口镇卡阳村乡村振兴发展规划（2018—2022年）》，将进一步巩固脱贫攻坚成效，促进脱贫攻坚与乡村振兴的有效衔接。卡阳村将进一步以乡村旅游发展为主线，全面推进产业融合发展、综合环境再造、乡风文明培育、基层治理提质、农村人才集聚、促进农民增收。到2022年，实现乡村产业更兴旺、乡村环境更美丽、乡风文明更淳朴、乡村治理更有序、农民生活更美好，群众获得感、幸福感和满意度显著增强，将卡阳村打造成为全省乡村振兴战略示范样板村。

附录三：土门关乡上山庄村村庄资源及脱贫攻坚示意图与村庄概述

上山庄村（101°40′35.53″E，36°26′25.48″N）隶属于青海省湟中县土门关乡，位于玉龙县东南部，平均海拔约2780米，属于脑山地区。全村共5个社（村民组），共152户592人（卡户26户85人），民族构成主要以汉族为主。全村有1个党支部25名党员，村内积极发挥党员带头作用，全村25名党员与26户贫困户结对帮扶，积极完善以发展集体经济为夯实基层党组织服务能力的重要抓手，进而逐步增强集体经济实力，促进村内教育、医疗、基础设施建设持续稳步推进。

5个村民组中，一社（组）共35户123人（卡户8户18人），全为汉族；二社（组）共39户146人（卡户3户15人）；三社（组）共39户18人（卡户11户40人）；四社（组）共19户66人（卡户1户4人）；五社（组）共19户67人（卡户3户8人）。全村居民居住点空间集聚显著，高差分异不明显，各村民组所占据生产、生活、生存空间分布相对较均衡。同时，贫困户的分布主要与村民组人口基数比重相关，居住区域空间地理环境影响差异较小。

上山庄村村民经济收入主要依靠传统种植养殖、劳务输出和经商等为主，传统种植业方面，全村共有耕地1418.2亩，已流转约90%，剩余耕地主要以种植油菜、小麦、土豆、蔬菜、藜麦等为主，多为满足农户家庭生活需求，对外销售较少。村内2017年引进企业进行乡村旅游开发，主要以打造花海和种植中药材为主，全村的耕地现已有约90%的耕地流转到旅游公司进行统一经营。当地村民部分以到花

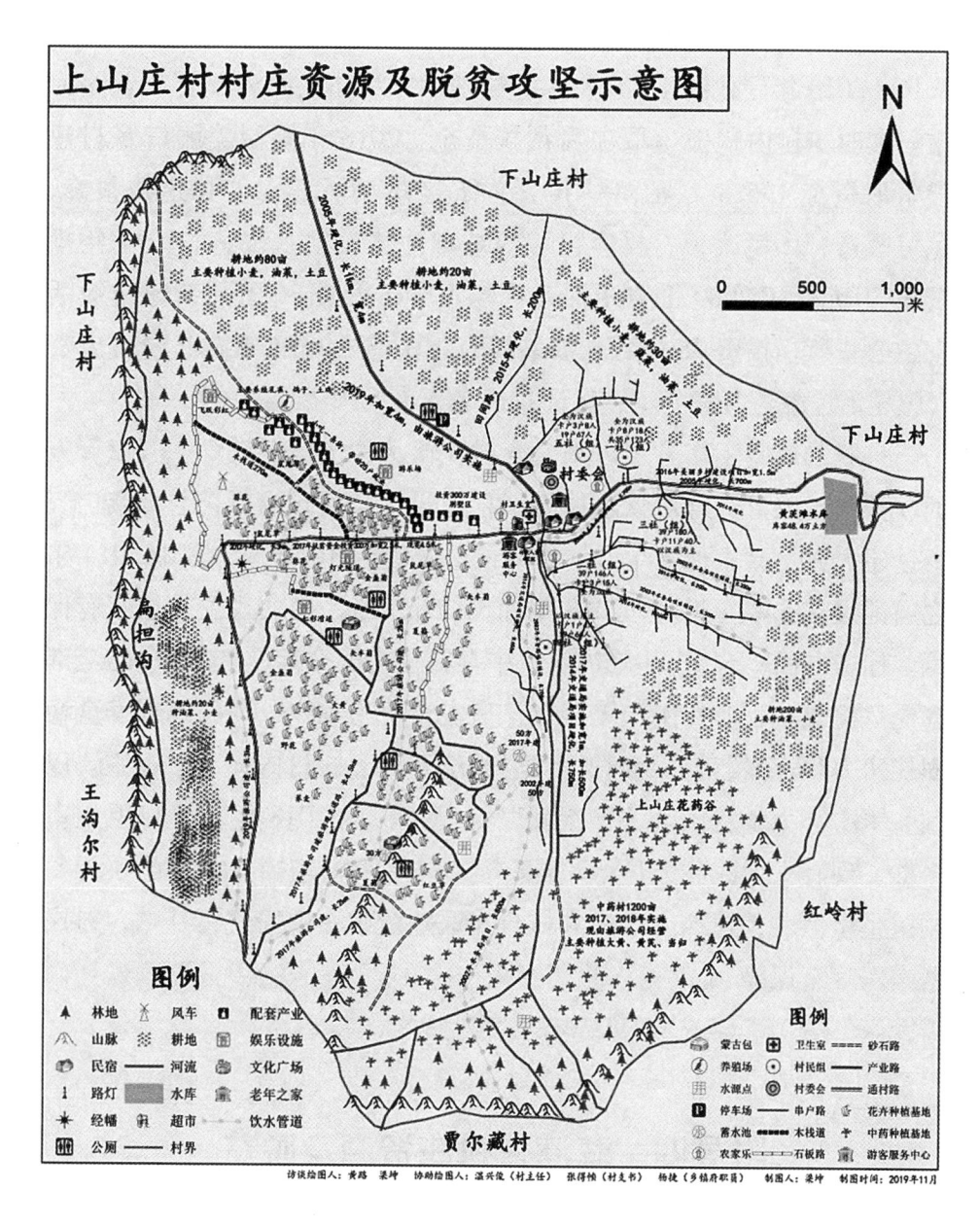

附 录 | 村庄资源及脱贫攻坚示意图与村庄概述

海务工为主，月收入3000—4000元；花海内配套有小吃街等设施，当地农户有约30户在花海内经商，年收入7万—10万元不等；依托花海旅游项目，村内部分村民以经营餐馆、小商品等为主。

在道路基础设施建设推进方面，截至当前，全村通组路、入户路已全部硬化完成，道路硬化总里程约20千米，其中2014年之前硬化

· 317 ·

约5千米，主要以村内主干道为主；2014—2016年硬化约5千米；2016—2018年硬化约10千米，主要以串户路和花海内配套产业路为主。同时，村内积极争取项目帮扶资金，2016年高原美丽口乡村建设争取资金136.8万元，一事一议资金78万元，对全村道路整修、危房改造、环境改善、村容村貌等基础性建设项目改造。2017年投资34万元修建2000平方米活动广场一个，投资36万元新建村级活动中心一所，投资48.4万元安装路灯121盏。2017年湖北商会出资150万元修建老人院一座，保证村内老人老有所养。

自脱贫攻坚工作开展以来，全村在饮水、住房、教育、医疗等方面取得明显改善，针对饮水保障工程建设，全村现有保障性水源点2个，建大方量蓄水池5个，铺设管网总长度约10千米，其中2014年之前铺设4千米，2016—2018年铺设约6千米，已实现安全饮水有保障。住房方面，全村26户贫困户中存在住房安全问题的10户已全部享受危房改造，非贫困户无存在住房安全隐患农户，现已实现安全稳固住房100%全覆盖。全村共有适龄儿童42名，村内无小学，主要以到乡镇中心小学就读为主，无辍学儿童。村内2018年新建村卫生室一栋，现有1名医务人员，2张床位，村内所有建档立卡户已实现签约医生全覆盖，建档立卡户农村合作医疗缴纳由政府进行补贴，村民基本医疗有保障。

附录四：葱湾村村庄资源及脱贫攻坚示意图与村庄概述

葱湾村（101°23′10.02″E，36°35′50.64″N）隶属于青海省湟中县共和镇，属浅脑山地区，位于湟中县西北部，平均海拔约2780米。全村共4个村民组，299户1095人（卡户28户79人），民族构成主

附录 | 村庄资源及脱贫攻坚示意图与村庄概述

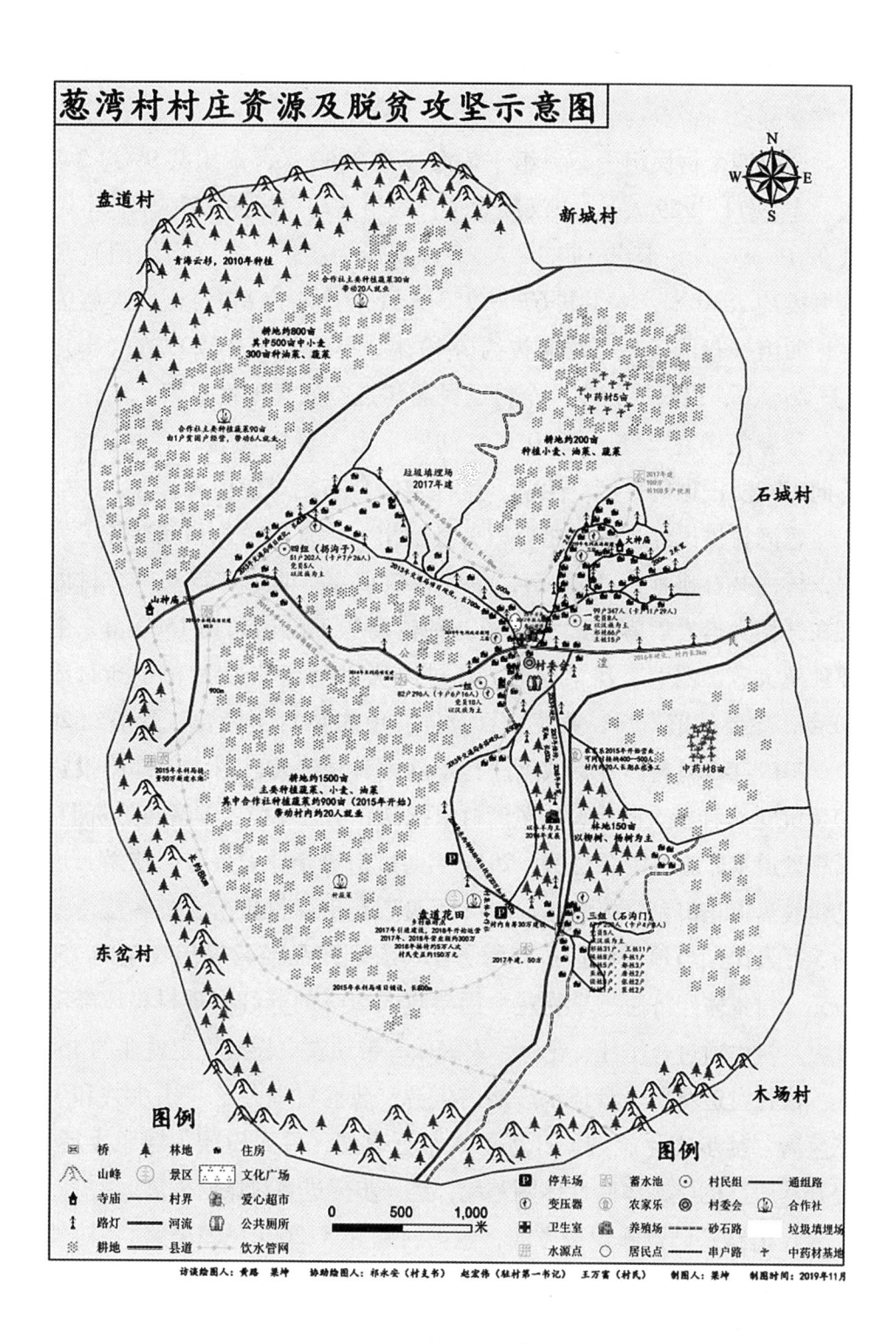

要以汉族为主，其中有藏族62人、回族1人、土族1人。全村现有1个党支部28名党员。

全村四个村民组中，一组平均海拔约2780米，本组共99户347人（卡户11户29人），以汉族为主；二组平均海拔约2770米，本组共92户396人（卡户6户16人），以汉族为主；三组（石沟门）平均海拔约2810米，本组共67户250人（卡户4户8人），以汉族为主；四组（拐沟子）平均海拔约2840米，本组共51户202人（卡户7户26人），以汉族为主。全村居民居住点空间集聚性显著，居住点高差分异集中在2700—2850米之间，垂直差异不明显，各村民组、不同民族所占据的生产、生活、生存空间分布相对较均衡。

葱湾村村民经济收入主要以劳务输出、传统种植业和就近务工为主，村内共有耕地约3000亩，主要种植小麦、油菜和蔬菜等，村内现在开始大量发展露地蔬菜种植，种植面积现已达到约1500亩，主要种植大葱、白菜、花菜等为主。村内从2016年开始种植中药材约30亩，主要种植当归、黄芪、百合等，由农户自主经营，受益约20户。2019年5月村内开始试点进行羊肚菌种植，现已由农业部门投资50万元进行种植大棚建设。葱湾村依托良好生态环境、丰富自然资源、紧靠盘道水库旅游资源优势，2017年通过引进企业发展乡村旅游，现已建成盘道花田乡村旅游点。2018年盘道花田乡村旅游点游客接待量约5万人次，当地村民通过花海务工、农副产品经营等年收益约150万元，村集体经济通过享受花海门票收入20%的分红实现村集体经济壮大。村内通过合作社、花海、农家乐等带动农户长期稳定就业约150人。依托盘道花田、盘道水库旅游资源，葱湾村举办了"山水共和生态葱湾"徒步文化旅游，打造了"亲近自然、融入田园、健康生活、提升素质"的生态体验性休闲基地，进一步促进乡村旅游发展。

在道路基础设施建设方面，葱湾村紧邻X126（民湟公路），对外交通便利，村内长约3千米。村内通组路与入户路已全部硬化完成，通组路总长约2千米，其中2014年之前硬化约900米，2018年通过东西部扶贫协作项目资金投入 20 万元对道路进行硬化和加宽，长约 1.1 千米。全村入户路为 2013 年交通局实施项目硬化完成，总长约 5 千米。2017 年通过实施高原美丽乡村项目，村内基础设施建设、村容村貌和乡风文明大幅提升。针对饮水保障工程，全村有水源点 2 个（其中保障性水源点 1 个），2014 年由县水务局项目投资进行人畜饮水提升工程建设，铺设主管网约 10 千米，修建水池 2 个；2017 年水务局投资新铺管道约 3 千米，修建大方量蓄水池 2 个，已通过水样检测验收，全村已实现安全饮水保障。村内 2019 年进行电网改造更新，共新增变压器（三箱）四个，供电能力充裕、满足用户需求。

自脱贫攻坚工作开展以来，全村在住房、教育、医疗等方面取得明显改善，全村已全部进行危旧房改造，已实现安全稳固住房 100% 全覆盖。因葱湾村紧邻共和镇，村内无小学，适龄儿童入学主要是到共和镇中小学校就读，有校车接送，无辍学儿童。村内建有卫生室一所，有医务人员 2 名，床位 3 个；全村建档立卡户已实现签约医生全覆盖，建档立卡户农村合作医疗缴纳由政府全额补贴，村民基本医疗有保障。

葱湾村 2017 年建成投入使用"励志爱心超市"一处，属于湟中县最开始实行"励志爱心超市"试点运行的 15 个试点之一，村内通过"励志爱心超市"为切入点，通过有效统筹，整合社会扶贫资源，与扶贫攻坚工作结合，与移风易俗工作结合，进一步创新了乡村治理模式。

附录五：汉水沟村村庄资源及脱贫攻坚示意图与村庄概述

汉水沟村（101°32′39.80″E，36°44′58.70″N），隶属于青海省湟中县李家山镇，属于浅山地区，位于湟中县北部，属省级重点贫困村，平均海拔约 2600 米。全村共 3 个村民组 381 户 1806 人（卡户 36

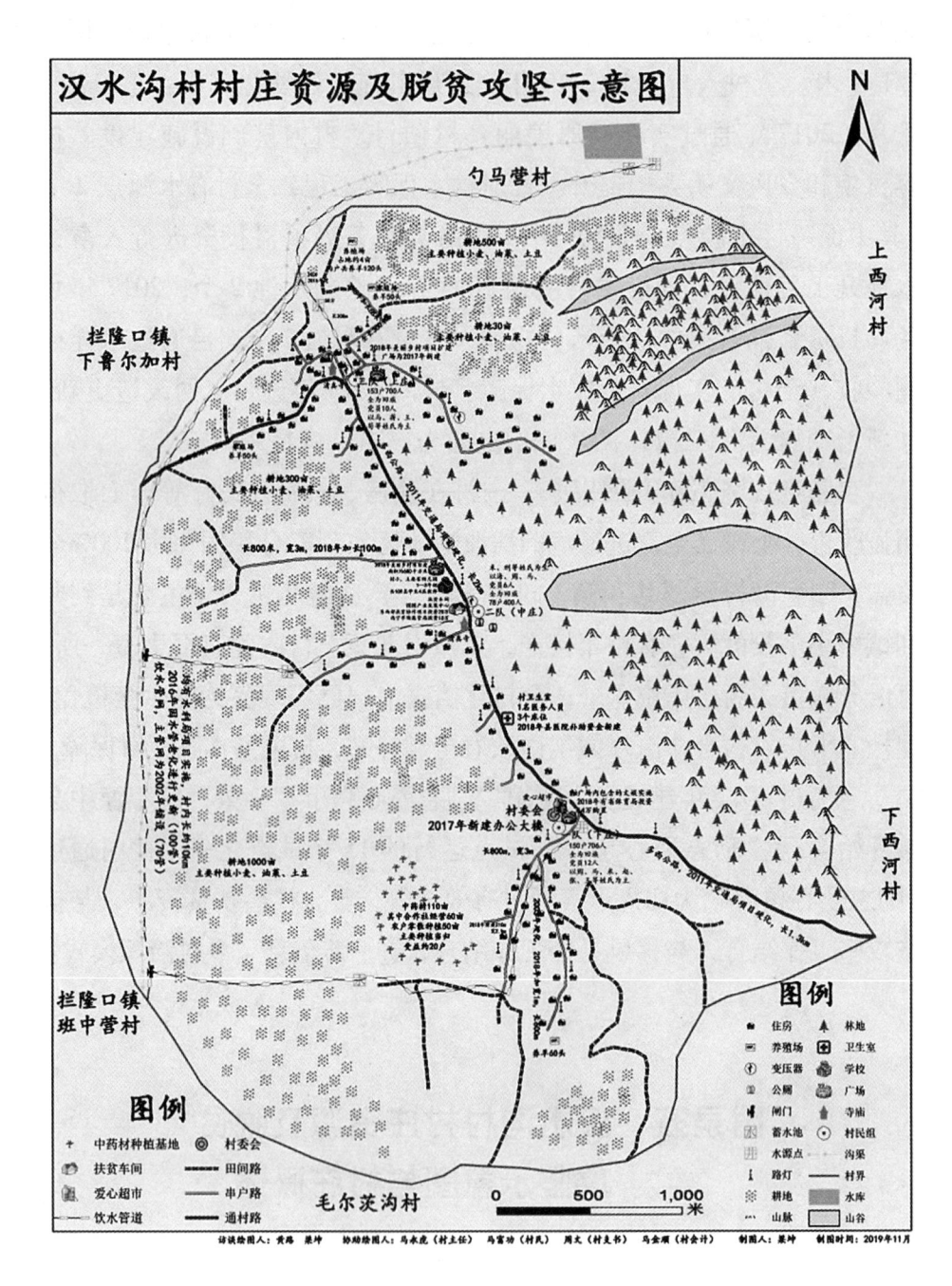

户163人），为纯回族村寨。全村现有1个党支部28名党员。

三个村民组中，上庄（三队）共153户700人（卡户），有党员10人，以马、蒋、王、苟等姓氏为主；中庄（二队）共78户400人

（卡户），有党员6人，以马、周、海、米、刑等姓氏为主；下庄（一队）共150户706人（卡户），有党员12人，以马、周、米、赵、张、王等姓氏为主。全村居民居住点空间集聚性显著，主要集中于公路沿线，居住点高差分异较小，各村民组所占据的生产、生活、生存空间分布相对较均衡。村民致贫原因主要表现在：1. 耕地少；2. 群众思想观念陈旧，缺乏劳动技能；3. 因残、因病、因灾、因学等原因致贫；在精准扶贫工作开展前还具有贫困人口多、矛盾是非多，留守妇女儿童老人多、残疾人多、老旧房屋多、人居环境差、致富带头人少、耕地少、自身发展不足、致富技能不足等特点。

汉水沟村村民经济收入主要以传统种植养殖、劳务输出和经商等为主。全村有耕地约2000亩，主要以种植小麦、油菜、土豆为主（其中小麦800亩，洋芋320亩，油菜360亩）；村内种植有中药材110亩，其中合作社集中种植60亩，农户零散种植50亩，主要以种植当归为主，受益约20户。养殖业上村内现有养殖场3个，集中养殖牛羊共约300头。汉水沟村传统馍馍加工工艺较具特色，村内在外经营馍馍铺的家庭较多，现在外经营馍馍铺的青海省内共有103家，省外共有42家，全村在外经营馍馍铺的农户占全村户数约40%，农户在外依靠经营馍馍铺可到达约10万元/年纯收益，在外经营馍馍铺或在馍馍铺务工人数已占全村外出务工人员约70%。为进一步促进汉水沟村馍馍产业的发展，2018年村内已向国家商标局申请注册"汉水沟馍馍"商标，使汉水沟村产业品牌建设实现"破零"。同时，村内依靠对口帮扶单位西宁市场监督管理局投资10万元、东西部扶贫协作项目资金20万元，已建成并投入使用"汉水沟村馍馍产业发展中心"，促进积极培育汉水沟村"夏都馍馍第一村"品牌。

针对道路基础设施建设，汉水沟村通村公路（多西公路）于2011年由县交通局实施项目硬化完成，村内长约5千米。通组路与串户路已全部硬化完成，总里程约6千米，2014年之前硬化约2千米，2014—2016年硬化2千米，2014—2018年硬化约2千米；村内田间产业路基本上未硬化，总长约5千米。2017年高原美丽乡村建设投资57万元新建村级办公服务中心一所303平方米，新修广场3400平方米；安装节能路灯161盏；进行村内电力设施改造，达到生产生活用电标准；通过电信网络改造提升，网络覆盖全村，速率达到12Mbps以上。针对饮水保障工程，村内人畜饮水主要通过管网从临近村引入，管道为2012年铺设70管，2016年进行管网更新铺设100管，管道总长约10千米，村内建有蓄水池5个，全村已实现安全饮水保障。

自脱贫攻坚工作开展以来，全村在住房、教育、医疗等方面取得明显改善，2014—2017年共78户村民享受危旧房改造，补助资金234.5万元，其中贫困户25户补助资金102.5万元；2018共30户村民享受危旧房改造，补助资金达112.5万元，其中贫困户19户补助资金达87万元，全村常住户全部有安全住房，所有贫困户住房达到安全住房标准，已实现安全稳固住房100%全覆盖。全村共有义务教育阶段学生348名，幼儿58人，高中生19人，大学生24人，研究生2人，义务教育阶段贫困家庭就读学生44名，高中生2名，贫困户"两后生"4名，贫困学生按照规定全部享受各项补贴和补助；村内有小学一所，为幼儿园和1—3年级，现有4名教师109名学生，3年级以上孩子入学主要到乡镇中心学校就学，村内无辍学儿童。村内2018年有县医院补助资金新建村卫生室一所，有合格村级卫生室4间85平方米，现有1名医务人员3个床位；同时，全村新农合参保人数1708人，参保率为98.2%，贫困户163人参保率100%；2018年贫困救助户43人次，总费用390994元，报销365951元，报销比例达93.5%。为36户贫困户全部购买了健康保险，所有慢性病患者与村卫生室签订了服务协议，村民基本医疗有保障。

后　　记

脱贫攻坚是实现我们党第一个百年奋斗目标的标志性指标，是全面建成小康社会必须完成的硬任务。党的十八大以来，以习近平同志为核心的党中央把脱贫攻坚纳入"五位一体"总体布局和"四个全面"战略布局，摆到治国理政的突出位置，采取一系列具有原创性、独特性的重大举措，组织实施了人类历史上规模空前、力度最大、惠及人口最多的脱贫攻坚战。经过8年持续奋斗，现行标准下9899万农村贫困人口全部脱贫，832个贫困县全部摘帽，12.8万个贫困村全部出列，区域性整体贫困得到解决，完成了消除绝对贫困的艰巨任务，脱贫攻坚目标任务如期完成，困扰中华民族几千年的绝对贫困问题得到历史性解决，取得了令全世界刮目相看的重大胜利。

根据国务院扶贫办的安排，全国扶贫宣传教育中心从中西部22个省（区、市）和新疆生产建设兵团中选择河北省魏县、山西省岢岚县、内蒙古自治区科尔沁左翼后旗、吉林省镇赉县、黑龙江省望奎县、安徽省泗县、江西省石城县、河南省光山县、湖北省丹江口市、湖南省宜章县、广西壮族自治区百色市田阳区、海南省保亭县、重庆市石柱县、四川省仪陇县、四川省丹巴县、贵州省赤水市、贵州省黔西县、云南省西盟佤族自治县、云南省双江拉祜族佤族布朗族傣族自治县、西藏自治区朗县、陕西省镇安县、甘肃省成县、甘肃省平凉市崆峒区、青海省西宁市湟中区、青海省互助土族自治县、宁夏回族自治区隆德县、新疆维吾尔自治区尼勒克县、新疆维吾尔自治区泽普县、新疆生产建设兵团图木舒克市等29个县（市、区、旗），组织中国农业大学、华中科技大学、华中师范大学等高校开展贫困县脱贫摘帽研究，旨在深入总结习近平总书记关于扶贫工作的重要论述在贫困县的实践创新，全面评估脱贫攻坚对县域发展与县域治理产生的综合效应，为巩固拓展脱贫攻坚成果同乡村振兴有效衔接提供决策参考，具有重大的理论和实践意义。

脱贫摘帽不是终点，而是新生活、新奋斗的起点。脱贫攻坚目标任务完成后，"三农"工作重心实现向全面推进乡村振兴的历史性转移。我们要高举习近平新时代中国特色社会主义思想伟大旗帜，紧密团结在以习近平同志为核心的党中央周围，开拓创新，奋发进取，真抓实干，巩固拓展脱贫攻坚成果，全面推进乡村振兴，以优异成绩迎接党的二十大胜利召开。

由于时间仓促，加之编写水平有限，本书难免有不少疏漏之处，敬请广大读者批评指正！

本书编写组

责任编辑：刘　畅
封面设计：姚　菲
版式设计：王欢欢
责任校对：张杰利

图书在版编目（CIP）数据

湟中：全要素治理脱贫/全国扶贫宣传教育中心 组织编写. —北京：人民出版社，2022.10
（新时代中国县域脱贫攻坚案例研究丛书）
ISBN 978-7-01-025200-1

Ⅰ.①湟… Ⅱ.①全… Ⅲ.①扶贫-工作经验-湟中区 Ⅳ.①F127.444

中国版本图书馆CIP数据核字（2022）第196217号

湟中：全要素治理脱贫
HUANGZHONG QUAN YAOSU ZHILI TUOPIN

全国扶贫宣传教育中心　组织编写

人民出版社 出版发行
（100706　北京市东城区隆福寺街99号）

北京盛通印刷股份有限公司印刷　新华书店经销

2022年10月第1版　2022年10月北京第1次印刷
开本：787毫米×1092毫米 1/16　印张：21.5
字数：290千字

ISBN 978-7-01-025200-1　定价：63.00元

邮购地址 100706　北京市东城区隆福寺街99号
人民东方图书销售中心　电话（010）65250042　65289539

版权所有·侵权必究
凡购买本社图书，如有印制质量问题，我社负责调换。
服务电话：（010）65250042